CIO 5.0

O Guia Definitivo para liderar a Transformação Digital

CIO 5.0

O Guia Definitivo para liderar a Transformação Digital

Fábio Correa Xavier

www.fabioxavier.com.br

ISBN: 978-65-00-77778-9
Selo editorial: Publicação independente.

Capa: Fábio Correa Xavier

www.fabioxavier.com.br

Dados Internacionais de Catalogação na Publicação (CIP)
(Câmara Brasileira do Livro, SP, Brasil)

Xavier, Fábio Correa
CIO 5.0 : o guia definitivo para liderar a transformação digital / Fábio Correa Xavier. -- São Paulo : Ed. do Autor, 2023.

ISBN 978-65-00-77778-9

1. Administração de empresas 2. Cultura organizacional 3. Inovações tecnológicas digitais 4. Inteligência artificial 5. Tecnologia da informação e comunicação 6. Transformação digital I. Título.

23-168535 CDD-658.514

Índices para catálogo sistemático:

1. Inovações tecnológicas : Administração 658.514

Eliane de Freitas Leite - Bibliotecária - CRB 8/8415

Dedico este livro com todo o meu amor e gratidão:

À minha amada esposa, Andressa, que sempre esteve ao meu lado, apoiando e incentivando cada passo do meu caminho. Sua paciência, compreensão e apoio inabalável foram a luz que me guiou durante essa jornada de criação e pela revisão deste livro. Sua presença é meu porto seguro, e dedico a você cada palavra escrita aqui.

Aos meus queridos pais, Ana e Raimundo (*in memoriam*) que me ensinaram desde cedo a importância do conhecimento, da perseverança e da dedicação. Seus valores moldaram minha visão de mundo e me inspiraram a buscar sempre o melhor. Esta obra é uma homenagem ao amor e aos ensinamentos que recebi de vocês.

Aos meus filhos, Gabriel e Isabella, minha fonte de inspiração constante. Cada palavra escrita neste livro é um reflexo do meu desejo de construir um mundo melhor para vocês, repleto de oportunidades e inovação. Que esta obra possa inspirá-los a sempre buscar o conhecimento e a trilhar caminhos de transformação.

"A inovação é o processo de criar algo novo e útil."

- Peter Drucker

Apresentação

Desde que comecei a estudar e trabalhar com Tecnologia da Informação, eu pensava como seria ser um CIO, ou o Diretor de TI. Ficava imaginando como seria o dia a dia, a rotina de trabalho, os desafios, as oportunidades. Como seria ser o responsável pela área de tecnologia de uma organização. E pensei em como me preparar para quando essa oportunidade surgisse para mim. Então estudei, fiz cursos, li bastante e me tornei um CIO. E vi que não havia um roteiro ou um guia que ensinasse como ser um CIO.

No mundo atual, em que a tecnologia avança de maneira assustadora, o papel do CIO também tem se transformado. A busca pela inovação e pela aclamada transformação digital que torna as organizações bem-sucedidas, que gera diferenciais competitivos, mudou o *job description* de todas as profissões. E pelo relevante papel da tecnologia na transformação digital, o CIO pode e deve liderar esse processo dentro das organizações.

Mas se é difícil ser um CIO, como ser um CIO inovador e líder da transformação digital? Há várias dicas, guias, processos, ferramentas, procedimentos, todos espalhados e picotados, segmentados tratando do tema. Foi por isso que decidi escrever este livro.

Este livro é para pessoas que desejam liderar a transformação digital em suas organizações. Busquei reunir nesta obra, dicas, ideias, metodologias para planejar e monitorar o processo de transformação digital dentro das empresas.

Ao longo dos nove capítulos, os leitores serão apresentados aos principais conceitos e desafios da transformação digital, bem como estratégias eficazes para liderar a implementação bem-sucedida de projetos de transformação digital. Com estudos de casos de organizações que conseguiram transformar seus negócios com sesso, este livro fornece *insights* valiosos sobre como os CIOs podem desenvolver equipes de TI eficazes e usar métricas e indicadores para tomar decisões estratégicas. Neste livro, os leitores são guiados pelo papel crucial do CIO na liderança da transformação digital, aprendendo a superar os desafios mais comuns, implementar estratégias eficazes, gerenciar projetos de transformação digital com sucesso e desenvolver uma equipe de TI eficaz. Parâmetros e guias para medir o sucesso da transformação digital são apresentados, assim como o potencial das novas tecnologias, como inteligência artificial e geração de linguagem natural.

A transformação digital é inevitável para qualquer organização que queira se manter competitiva no mundo atual. E para liderar essa mudança, o CIO tem um papel fundamental. Da mesma forma que a transformação digital, o aprendizado constante é uma jornada para o CIO. E eu aprendo cada vez mais nessa emocionante jornada.

Boa leitura!

Fabio Correa Xavier

Prefácio

A velocidade com que evolui a ciência da informação para quem a compreende e com ela convive profissionalmente é desafiante. Para o leigo, atordoante. As novidades se sucedem, incorporam-se ao mundo sem dar pausa para respirar e logo passam a integrar o cotidiano das pessoas, afastam-se um pouco apenas para dar lugar a instrumentos ou descobertas mais aperfeiçoadas e mais avançadas. Nesse mundo, o hoje já está superado.

Fábio Correa Xavier pertence a esse mundo, o meu é dos atônitos espectadores. E admiradores, devo acrescentar.

Em 2020 eclodiu a pandemia do Coronavírus, tomando o planeta despreparado para enfrentar a ameaça global, indiscriminada e crescente. Circunstancialmente cabia-me exercer a Presidência do Tribunal de Contas do Estado de São Paulo, de cujo Departamento de Tecnologia da Informação o autor era e é o responsável. Urgia, em primeiro lugar proteger as pessoas, com medidas rigorosas de isolamento atentas às orientações sanitárias dos órgãos oficiais. Por outro lado, pareceu-me intuitivo que para fazer frente à chegada do mal, desconhecido e assustador, nada como incentivar a vida. Era necessário mostrar a todos, especialmente ao público interno, que o TCE estava vivo, atuante, e que não abriria mão de suas obrigações para a sociedade e cidadãos. Nessa medida é que os recursos de TI se apresentaram fundamentais, efetivos e céleres como exigiam as urgências. Com algumas adaptações aos sistemas de controle á distância, aproveitando das ferramentas usuais adaptadas ao trabalho da fiscalização agora não presencial, praticamente todas as atividades do Tribunal foram mantidas, incluídas as difusão de conhecimento ou de treinamento a cargo da Escola de Contas, eventos como a Semana Jurídica e, o mais interessante, eleição da Mesa para o exercício subsequente por meio de sufrágio secreto e com apuração pública, em sistema prontamente imaginado, desenvolvido e que passou a ser adotado em outros tribunais de contas do país.

Fábio Xavier é o nosso CIO. O Guia Definitivo que oferece em mais esta publicação sobre o desenvolvimento e práticas de TI, inovação e transformação digital em ambientes corporativos revela a responsabilidade que recai sobre os que assumem o processo de liderança, para o que não basta o domínio do conhecimento e técnica, necessários que são o engenho, a criatividade e a capacidade de encontrar soluções nos mais desafiadores ambientes. Estes atributos continuam presentes no cotidiano das atividades do Tribunal de Contas do Estado de São Paulo, impulsionadas e aperfeiçoadas cada vez mais pela evolutiva e essencial contribuição dos instrumentos desenvolvidos e integrados às ações do controle externo da Administração.

E para os que temem a IA, a convicção clara de que nada prescinde do talento, da determinação e do compromisso ético presentes na alma das pessoas.

Edgard Camargo Rodrigues

Conselheiro do Tribunal de Contas do Estado de São Paulo

Sumário

1 INTRODUÇÃO

Fundamentos

Ao final deste capítulo, você será capaz de:

- Compreender as diferentes funções executivas relacionadas à tecnologia, incluindo CIO, CDO (Data), CDO (Digital) e CTO.
- Diferenciar os papéis específicos desempenhados por cada executivo e suas responsabilidades.
- Explorar os benefícios e a importância estratégica da transformação digital nas organizações.
- Entender o papel estratégico do CIO na liderança da transformação digital e na inovação tecnológica.
- Reconhecer a função crítica do CISO/CSO na segurança cibernética e na proteção de dados sensíveis.

Capítulo 1: Introdução

Neste primeiro capítulo abordaremos as funções e responsabilidades dos principais executivos na esfera tecnológica e digital de uma organização. Inicialmente, desvendaremos a "sopa de letrinhas" que inclui o CIO, CTO, CDO (Data), CSO e CDO (Digital), elucidando os papéis e nuances de cada uma dessas posições-chave. Em seguida, aprofundaremos a discussão sobre os papéis dos CIOs e CDOs no contexto da transformação digital, uma mudança paradigmática que tem reformulado o *modus operandi* de diversas empresas. Trataremos também do conceito de transformação digital, esclarecendo sua importância para as organizações na era atual. Por fim, focaremos especificamente no papel do CIO, explorando sua influência e liderança na condução desse processo transformador.

1. A sopa de letrinhas: CIO, CTO, CDO (Data), CSO e CDO (Digital)

Com o avanço acelerado e a crescente importância da tecnologia da informação nas organizações, surgiram diversos cargos executivos relacionados à área de TI, cada um com suas próprias responsabilidades e competências específicas. Esses executivos, comumente chamados de "*chiefs*", incluem CIO, CTO, CSO e CDO, entre outros. Essas siglas podem ser confusas para pessoas que não estão familiarizadas com o jargão da indústria, o que pode dificultar a compreensão das diferenças entre as funções de cada executivo.

No entanto, é fundamental que as organizações tenham um perfeito entendimento das diferenças entre esses executivos para garantir que eles estejam alinhados com os objetivos de negócios da empresa e maximizem o valor da tecnologia para a organização. Isso é especialmente importante em um ambiente de negócios cada vez mais orientado pela tecnologia, onde a gestão eficaz de TI pode ser a chave para o sucesso. Nesse sentido, podemos nos utilizar, inicialmente, dos princípios de Peter Drucker e Michael Porter sobre a gestão estratégica e competitiva das empresas. Drucker, em seu livro "*The Practice of Management*"[1], ensina que a gestão eficaz é essencial para o sucesso da organização. Ele enfatiza a importância de uma clara definição de papéis e responsabilidades dentro da organização, bem como uma compreensão clara dos objetivos de negócios e da estratégia da organização.

Por sua vez, Michael Porter, em seu livro "*Estratégia Competitiva*"[2], destaca a importância da gestão estratégica para a criação de vantagem competitiva. Ele argumenta que a compreensão clara dos objetivos de negócios e da estratégia da organização é essencial para a tomada de decisões estratégicas eficazes.

Drucker enfatizou ainda a importância da liderança e gestão estratégica na criação de valor para a empresa, enquanto Porter destacou a necessidade de uma estratégia competitiva clara e a importância de uma gestão eficaz das operações para atingir os objetivos almejados. Na área de TI, é

---

[1] Drucker, P. F. (2006). The practice of management. HarperBusiness.

[2] Porter, M. E. (1998). Estratégia competitiva: técnicas para análise de indústrias e da concorrência. Campus.

importante que a equipe executiva possa trabalhar em conjunto, visando desenvolver um planejamento claro, que garanta a implementação eficaz das soluções de TI que suportem a estratégia dantes delimitada.

O perfeito entendimento das diferenças entre esses cargos é essencial para garantir que cada um tenha suas funções e responsabilidades claramente definidas e que trabalhem de forma eficaz em equipe, contribuindo para a estratégia geral da organização. Além disso, compreender as diferenças entre os "*chiefs*" da área de tecnologia e os executivos de outras áreas, como finanças e recursos humanos, pode ajudar a promover uma colaboração mais efetiva entre as diferentes áreas da organização.

Dessa forma, a escolha correta do profissional e o alinhamento de suas funções com a visão da empresa podem ajudar a impulsionar a inovação e a competitividade no ambiente corporativo.

Importante destacar que, a despeito de a maioria das empresas tem um líder de negócios ou de TI no nível executivo em uma ou mais dessas funções, eles devem trabalhar em estreita colaboração, pois suas responsabilidades são distintas e complementares. Ou seja, eles precisam alinhar a estratégia de TI com as prioridades de negócios.

O problema é que as siglas fazem pouco para ilustrar as diferenças críticas entre CIOs, CDOs, CSOs e CTOs. Para complicar ainda mais, o termo CDO é usado de forma intercambiável para se referir a *Chief Digital Officer* e *Chief Data Officer* — duas posições com a mesma abreviação, mas funções muito diferentes.

É certo afirmar que nem todas as organizações optam por preencher todas essas funções, mas, para aquelas que o fazem, é crucial que todos os colaboradores entendam as distinções entre elas. A transformação digital depende em grande parte das funções e responsabilidades daqueles que são encarregados de conduzi-la.

Figura 1 - A sopa de letrinhas

1.1. Chief Information Officer (CIO)

O Chief Information Officer (CIO) é normalmente responsável pela estratégia geral de TI e pela implementação da infraestrutura de tecnologia de uma empresa. O CIO (*Chief Information Officer*) é o executivo responsável por garantir o alinhamento da tecnologia com os objetivos de negócio da empresa. De acordo com Trkman e McCormack (2009)[3], as funções do CIO incluem a gestão da infraestrutura de TI, a identificação de oportunidades de investimento em TI, o gerenciamento de riscos de TI e a garantia de conformidade com regulamentos de TI.

De maneira sucinta, as principais responsabilidades de um CIO seriam:

- **desenvolver** estratégias de TI e, principalmente, estratégias de negócios digitais;
- **supervisionar** a aquisição de novas tecnologias e ferramentas de TI;
- **entregar**, **manter o otimizar** serviços e soluções de TI;
- **gerenciar** o relacionamento entre os membros do conselho e outros executivos que se reportam ao CIO.

[3] Trkman, P., & McCormack, K. (2009). The chief information officer: A study of managerial roles. Journal of Information Technology, 24(2), 163-175.

Em suma, os *Chief Information Officers* geralmente são os líderes de TI de nível mais alto em uma organização. Muitos outros líderes de TI, incluindo CDOs, se reportam diretamente ao CIO, que, por sua vez, se reporta ao CEO e ao conselho das organizações.

1.2. Chief Data Officer (CDO)

Um *Chief Data Officer* (CDO) é um executivo sênior com experiência em dados. Eles se concentram em como os dados podem impulsionar a inovação e melhorar as operações da empresa. O principal objetivo do CDO é garantir que os dados sejam gerenciados de forma eficiente e eficaz para suportar os objetivos de negócio da empresa. De acordo com Ross, Beath e Mocker (2018)[4], as funções do CDO incluem a definição de políticas de gerenciamento de dados, a gestão da qualidade dos dados e a criação de uma cultura de dados na organização.

O CDO deve garantir a produção de *insights* baseados em dados, uma atividade importante e muito procurada por empresas modernas, uma vez que vivemos em um mundo cada vez mais orientado a dados – *data-driven*. Já se tornou um bordão afirmar que os dados são o novo petróleo, porém prefiro dizer que o novo petróleo é a capacidade de extrair informações de valor dos dados.

---

[4] Ross, J. W., Beath, C. M., & Mocker, M. (2018). Designing the digital organization. MIT Sloan Management Review, 60(3), 23-31.

Com o surgimento do *Big Data*, os CDOs podem ajudar a aproveitar ao máximo os dados corporativos, análises, Inteligência Artificial e tecnologias relacionadas para prever e responder a riscos e oportunidades.

Dentre as responsabilidades de um CDO, podemos citar:

- **Desenvolver** a estratégia de dados de uma empresa e alinhamento dessa estratégia com os objetivos de negócios
- **Supervisionar** o gerenciamento do ciclo de vida dos dados e manter a alta qualidade dos dados.
- **Otimizar** o uso de dados da empresa
- **Liderar** iniciativas relacionadas a dados
- **Treinar** os colaboradores sobre o uso de dados para extrair valor para a organização

As empresas devem entender que a função de CDO ainda é relativamente nova e está evoluindo rapidamente. Nesse contexto, é possível que apenas algumas empresas precisarão de um CDO, enquanto outras podem atribuir essa atividade para outros departamentos.

1.3. Chief Digital Officer (CDO)

O outro CDO, agora onde o "D" é de "Digital – *Chief Digital Officer* (CDO) – é o executivo responsável pela liderança da transformação digital de uma organização, com foco na adoção e implementação de tecnologias digitais para impulsionar a inovação e a eficiência nos negócios. De acordo com

Westerman, Bonnet e McAfee (2014)[5], as funções do CDO incluem a identificação de oportunidades de transformação digital, a criação de estratégias digitais e a gestão de equipes multifuncionais de transformação digital. Ou seja, o foco do trabalho do CDO é a transformação digital de negócios tradicionais – traduzindo processos de negócios analógicos em digitais.

Essa função se tornou bastante popular, mas muitos CDOs tiveram dificuldade em cumprir seu principal objetivo: a transformação digital. Um problema fundamental era o fato de a transformação gera impacto na forma de trabalhar da empresa e isso gera medo nos colaboradores, segundo o Fórum Econômico Mundial[6]. As pessoas – e as empresas – temem a mudança.

Esse último ponto, o medo da mudança, destaca a desconexão entre o "sonho" da transformação digital e as realidades que acompanham a mudança organizacional. Ou seja, a mudança traz benefícios, mas o caminho para a transformação dá trabalho e pode ser assustador.

Em suma, os CDOs não falham porque são desqualificados, desmotivados ou incompetentes. Eles falham porque o modelo da função do CDO está destinado a falhar.

---

[5] Westerman, G., Bonnet, D., & McAfee, A. (2014). Leading digital: Turning technology into business transformation. Harvard Business Press.

[6] WADE, Michael. From dazzling to departed - why Chief Digital Officers are doomed to fail. 2020. Disponível em: https://www.weforum.org/agenda/2020/02/chief-digital-officer-cdo-skills-tenure-fail/. Acesso em: 25 abr. 2023.

Contudo, as principais responsabilidades de um CDO seriam:

- **Gerenciar** os esforços de transformação digital dentro de uma organização.
- **Assumir a responsabilidade e gerenciar** os riscos associados à mudança organizacional.
- **Promover uma cultura** de agilidade e comunicação aberta.
- **Desafiar** constantemente o *status quo* dentro da indústria.

Podemos notar que as responsabilidades do CDO têm estrita relação com a capacidade de inovação. Inovação e transformação digital são ideias que vieram para ficar – mesmo que sob a liderança de outros executivos, como o CIO.

1.4. Chief Technology Officer (CTO)

O CTO (*Chief Technology Officer*) é o executivo responsável pela liderança da estratégia de tecnologia de uma organização, com foco na inovação tecnológica e no desenvolvimento de novas soluções para a organização. Assim como os CDOs, o *Chief Technology Officer* (CTO) é uma função subordinada e subordinada ao CIO em uma empresa típica. CIOs e CTOs são comumente confundidos.

No caminho das semelhanças, CIOs e CTOs precisam de forte compreensão do negócio e excelente conhecimento técnico.

No entanto, a diferença entre um CTO e um CIO é que o primeiro seria uma função mais voltada para o cliente, mais operacional e de execução. O objetivo de um CTO é usar a tecnologia para aprimorar as ofertas da empresa e os produtos externos. Eles devem habitar a mentalidade de um cliente e saber como aproveitar a tecnologia para fornecer uma melhor experiência aos clientes externos.

De acordo com Morschett, Schramm-Klein e Swoboda (2010)[7], as funções do CTO incluem:

- **identificar** tecnologias emergentes e sua aplicação aos negócios da empresa;
- **definir e estabelecer** padrões tecnológicos para a organização;
- **gerenciar** equipes de engenharia e desenvolvimento
- **experimentar** novas soluções de tecnologia para gerar valor comercial;
- **gerenciar** as relações com os clientes e garantir que as expectativas dos objetivos do serviço sejam atendidas;
- **gerenciar** a infraestrutura física, tecnológica e de pessoal.

Os CTOs geralmente têm a atribuição de gerar mais receita como uma de suas métricas de sucesso. Embora esse objetivo seja claro, uma das muitas habilidades necessárias

---

[7] Morschett, D., Schramm-Klein, H., & Swoboda, B. (2010). Decentralization vs. centralization of technology management: A strategic alignment perspective. Journal of Strategic Information Systems, 19(3), 202-219.

para um CTO bem-sucedido é a capacidade de medir o valor agregado em cada estágio da implantação de novas soluções tecnológicas.

1.5. Chief Information Security Officer (CISO/CSO)

No cenário de transformação digital, onde a tecnologia é uma força impulsionadora, a segurança da informação se tornou uma preocupação central para as organizações. É aqui que entra o *Chief Security Officer* (CSO) ou *Chief Information Security Officer* (CISO), o guardião da integridade, confidencialidade e disponibilidade dos ativos de informações da empresa.

O CSO ou CISO é o líder encarregado de proteger a infraestrutura tecnológica e os ativos de informações da organização contra ameaças cibernéticas e riscos de segurança. Eles desempenham um papel fundamental na garantia da confidencialidade, integridade e disponibilidade dos dados – o tripé da segurança da informação -, bem como na manutenção da conformidade com regulamentações de segurança e privacidade.

As responsabilidades do CSO/CISO são abrangentes e multifacetadas, incluindo:

- **fazer a gestão de Riscos de cibersegurança:** Identificar e avaliar os riscos de segurança cibernética enfrentados pela organização, bem como desenvolver estratégias e medidas para mitigá-los;
- **planejar a Estratégia de Segurança:** Definir a estratégia global de segurança de informações da empresa,

estabelecendo políticas, normas e procedimentos para garantir a segurança da informação;

- **monitoramento e responder incidentes:** Supervisionar a detecção, resposta e recuperação de incidentes de segurança, minimizando o impacto de violações de dados;
- **garantir a conformidade Regulatória:** Assegurar que a organização esteja em conformidade com leis e regulamentos relevantes de segurança cibernética e privacidade de dados;
- **promover a educação e conscientização:** Promover a educação em segurança cibernética em toda a organização, aumentando a conscientização dos funcionários sobre boas práticas de segurança;
- **avaliar vulnerabilidades e testes de penetração:** Realizar testes regulares para identificar vulnerabilidades em sistemas e redes, implementando medidas para corrigi-las;
- **estabelecer parcerias estratégicas:** Colaborar com outras partes interessadas internas e externas, como equipes de TI, fornecedores e agências reguladoras, para fortalecer a postura de segurança da organização.

Com a crescente dependência de tecnologia e dados digitais, as ameaças cibernéticas se tornaram mais sofisticadas e frequentes. Isso coloca um ônus significativo sobre o CSO/CISO para manter as informações sensíveis da organização seguras contra violações, *ransomwares* e ataques maliciosos.

Os CSOs/CISOs precisam estar à frente das últimas tendências e desenvolvimentos em segurança cibernética, mantendo-se atualizados sobre novas ameaças e vulnerabilidades. Eles devem equilibrar a necessidade de adotar tecnologias emergentes para impulsionar a inovação com a necessidade de proteger os ativos de informações da organização.

O CSO/CISO trabalha em estreita colaboração com outros executivos, incluindo o CIO. Enquanto o CIO se concentra na adoção de tecnologia para impulsionar a inovação e a transformação digital, o CSO/CISO garante que essa transformação ocorra de maneira segura e protegida contra ameaças cibernéticas.

Na era digital, a segurança da informação é uma prioridade fundamental. O CSO/CISO desempenha um papel vital na garantia da confidencialidade, integridade e disponibilidade dos ativos de informações da organização, permitindo que a transformação digital ocorra com segurança e confiança. Sua atuação é essencial para proteger a reputação da empresa, a confiança dos clientes e o sucesso contínuo nos negócios em um ambiente digital cada vez mais complexo e desafiador.

2. CIOs e CDOs: papéis na transformação digital

Muitas empresas, como já abordado, contrataram CDOs para ajudar seus negócios a se concentrar em novos modelos operacionais digitais. No entanto, em vez de contratar um novo cargo para liderar os esforços de transformação digital, muitos estão se voltando para seus próprios CIOs em busca de ajuda. Nesse sentido, os *Chief Information Officers*, além das atribuições já estabelecidas, passam a ser responsáveis pelas seguintes ações de transformação digital:

- **desenhar e liderar** iniciativas de transformação digital;
- **investir** em tecnologia emergente;
- **criar** *hubs* de inovação digital na empresa;
- **educar** outros executivos sobre o valor da tecnologia digital;
- **cultivar** uma cultura digital dentro da empresa.

Em suma, os CIOs estão estendendo suas responsabilidades além do gerenciamento de serviços de TI (ITSM) para incluir a estratégia de negócios e o processo seis sigma de transformação de negócios[8]. Como eles já fazem parte da hierarquia de negócios, geralmente estão mais bem posicionados para liderar os esforços de transformação digital. Além disso, como líderes de TI *de fato* dentro da empresa, os *Chief Data Officers* geralmente se reportam a eles. Embora os CDOs possam não estar direcionando os esforços de transformação digital, eles ainda são cruciais – e à medida que *Big Data*, IA e análises se tornam mais predominantes, a função do CDO se torna ainda mais importante.

No passado, o único foco da função de CIO era o gerenciamento de serviços de TI, mas isso está mudando à medida

---

[8] DIGITAL ADOPTION TEAM. **The Six Sigma Process of Business Transformation**. 2023. Disponível em: https://www.digital-adoption.com/six-sigma-process/. Acesso em: 25 abr. 2023

que as empresas modernas evoluem. O CIO moderno se concentra na estratégia e na visão e delega as operações diárias. Embora o *Chief Digital Officer* tenha liderado a digitalização em muitas organizações, esse papel está se transferindo para o CIO de forma que a figura do CDO – aquele onde o D é digital - pode desaparecer. Como resultado, os CIOs geralmente são responsáveis por projetar e liderar os esforços de transformação digital, com o apoio de outros líderes de TI. Os *Chief Data Officers*, por exemplo, tornaram-se mais necessários à medida que a tecnologia baseada em dados se torna cada vez mais comum. Nos próximos anos, podemos esperar que os CIOs e *Chief Data Officers* sejam mais proeminentes na liderança da transformação digital.

3. O que é transformação digital e por que é importante para as organizações

Dando um passo atrás, é importante definir transformação digital, um objeto de desejo no mundo dos negócios, que vem chamando a atenção de empresas em todos os setores e estimulando grandes investimentos. Há diversas pesquisas em que os chefes de empresas citam a transformação digital como sua preocupação número um.

O termo transformação digital é amplamente definido como o uso de tecnologias baseadas em computador para melhorar o desempenho de uma organização. Mas uma pergunta pode ser feita: por que demorou tanto? As chamadas tecnologias SMAC – *Social, Mobile, Analytics e Cloud* – que desencadearam a revolução dos negócios digitais apareceram nos radares corporativos há mais de uma década. Os gigantes digitais de hoje não se tornaram as empresas mais poderosas do mundo da noite para o dia. A Amazon vem educando os líderes empresariais sobre o valor e o poder disruptivo do envolvimento do cliente online desde que tirou Borders, a segunda maior rede de livrarias do mercado dos Estados Unidos em 2011. Esse também foi o ano em que a Apple vendeu 72 milhões de telefones celulares - a caminho dos 213 milhões de unidades vendidas em 2015, seu ano de pico.

Uma explicação para que a transformação digital seja mais lenta nas organizações tradicionais do que em organizações digitais é a diferença entre as tecnologias estruturantes que sustentam os negócios. Nestas últimas, as tecnologias evoluem, aparentemente, em alta velocidade. Um novo software pode ser construído e distribuído rapidamente em relação, por exemplo, a um dispositivo mecânico que requer ferramentas e uma instalação fabril. Assim, em empresas tradicionais, especialmente aquelas com milhões de dólares investidos em tecnologia legada, a transformação digital pode ser vista como uma disrupção a ser evitada ou executada em pequenos passos, de forma a preservar a planta já instalada.

Contudo, a pandemia do COVID-19 mudou radicalmente essa mentalidade, à medida que as empresas se esforçavam para permitir o trabalho remoto e atender os clientes em confinamento, a fim de manter seus negócios funcionando. Praticamente da noite para o dia, a transformação digital foi uma questão de sobrevivência. A necessidade de transformar o negócio para o mundo digital despertou muitos executivos de alto escalão, alertando-os para que parassem de limitar os esforços de transformação digital, porque eles constataram que as empresas mais maduras em sua transformação digital sofreram se adaptaram muito mais rapidamente e com menor custo.

A tecnologia pode ser definida como o uso de conhecimento científico aos objetivos práticos da vida humana ou ainda a aplicação desse conhecimento para mudar e manipular o ambiente humano. Tecnologia não se refere somente à tecnologia digital, aquela baseada em computadores. E nesse contexto, podemos afirmar que **a tecnologia é sempre disruptiva**. Vocês podem imaginar o impacto que teve a primeira fotografia que se tem notícia, tirada por Nicéphore Niépce[9], na França, entre 1826 e 1827. Para conseguir tal façanha, ele desenvolveu uma combinação de betume de Judeia, um tipo de asfalto, e espalhou sobre esta placa de estanho. Essa foi a tecnologia utilizada para revolucionar a forma com que as imagens poderiam ser registradas e preservadas. Até então, a forma de registrar imagens era por meio da pintura.

A seu turno, **a transformação digital em si também é disruptiva**: tecnologias emergentes como Inteligência Artificial, Internet das Coisas, automação robótica de processos (RPA) e computação de borda abrem oportunidades de negócios totalmente novas e geram expectativas de clientes completamente diferentes. As empresas com os recursos e a mentalidade para dar o salto ganham uma vantagem competitiva, aumentando a distância entre os retardatários e os líderes digitais. **A transformação digital é a incorporação de**

---

[9] Grundberg, Andy , Newhall, Beaumont , Gernsheim, Helmut Erich Robert and Rosenblum, Naomi. "history of photography". *Encyclopedia Britannica*, 10 Jan. 2023, https://www.britannica.com/technology/photography. Accessed 28 April 2023.

tecnologias baseadas em computador nos produtos, processos e estratégias de uma organização. Contudo, a definição de quais tecnologias digitais são usadas, como elas são implementadas e o porquê da escolha de uma tecnologia em detrimento de outra difere de empresa para empresa, tornando praticamente impossível uma definição única para o termo transformação digital. As iniciativas de transformação digital podem ter um escopo muito amplo, envolvendo o exame e a reinvenção de todas os aspectos de uma organização, desde cadeias de suprimentos e fluxo de trabalho até conjuntos de habilidades e organogramas de colaboradores e interações com clientes.

De qualquer forma, podemos identificar dois impulsionadores comuns nos processos de transformação digital: a busca pela otimização do fluxo de trabalho e a expansão do mercado e consequente crescimento da organização.

Embora a otimização e o crescimento sempre tenham sido os principais impulsionadores do sucesso dos negócios, o crescimento e a eficiência possibilitados pelas tecnologias digitais são potencialmente tão impactantes quanto as mudanças nos negócios estimuladas pela Revolução Industrial, tornando a transformação digital extremamente importante. As vantagens das tecnologias digitais incluem o seguinte:

- ao incorporar tecnologias digitais em produtos e processos, as organizações tornam-se mais ágeis;
- um software – a alma das tecnologias digitais - é mais fácil de modificar do que reequipar uma fábrica;

- a prospecção de novos clientes de forma online é mais fácil do que ir até a casa deles ou convencê-los a ir até suas lojas.
- sistemas de IA e RPA podem funcionar 24 horas por dia, 7 dias por semana, sem benefícios, aumentos ou implicações trabalhistas.

Assim, a transformação digital tem grande importância para as organizações pois está diretamente relacionada à capacidade de competir em um mercado cada vez mais digital e globalizado. As empresas que adotam a transformação digital podem obter vantagens competitivas em relação às suas concorrentes, seja por meio de redução de custos, aumento da eficiência, melhoria na qualidade do produto ou serviço ou mesmo por meio da criação de novos modelos de negócios.

Contudo, a transformação digital não é apenas sobre a implementação de novas tecnologias, mas sim sobre a **criação de uma cultura de inovação e experimentação contínua**. Ela envolve mudanças profundas na maneira como as organizações operam e interagem com seus clientes, fornecedores e colaboradores. Nesse contexto, podemos detalhar um pouco mais alguns objetivos que podem ser almejados como produtos do processo de transformação digital.

(i) **Aceleração da inovação e melhoria da eficiência**, fazendo com que as organizações implementem novas tecnologias para melhorar a eficiência operacional e aprimorar a experiência do cliente. Por exemplo, a adoção de automação de processos pode ajudar a reduzir custos e erros, além de liberar os funcionários para trabalhar em tarefas mais estratégicas. A análise de dados pode ajudar as empresas a entenderem melhor o comportamento do cliente e a tomar decisões mais informadas sobre marketing, vendas e operações. Além disso, a transformação digital permite que as organizações inovem mais rapidamente, trazendo novos produtos e serviços ao mercado com mais agilidade. Assim, uma empresa de varejo pode usar a tecnologia de realidade aumentada para criar experiências de compra mais envolventes e personalizadas. Da mesma forma, um fabricante pode usar a impressão 3D para prototipagem rápida e desenvolvimento de produtos mais eficiente.

(ii) **Criação de vantagem competitiva**, ajudando as organizações a se destacarem em um mercado cada vez mais globalizado e competitivo. A adoção de tecnologias digitais pode criar fontes de valor para os clientes e diferenciar as empresas de seus concorrentes. Por exemplo, uma empresa de serviços financeiros pode oferecer um aplicativo móvel inovador que torna o processo de gerenciamento de finanças pessoais mais fácil e intuitivo do que os concorrentes. Além disso, a transformação digital permite que as organizações redefinam seus modelos de negócios para se adaptar às mudanças no mercado e na demanda do cliente. Uma empresa de serviços de táxi, por exemplo, pode usar a tecnologia para criar um modelo de negócio baseado em compartilhamento de carros e mobilidade urbana.

(iii) **Melhoria da colaboração e da agilidade**, trazendo recursos tecnológicos que permitem que os funcionários trabalhem em equipe de forma mais eficiente, independentemente da sua localização geográfica. Por exemplo, a adoção de ferramentas de colaboração baseadas em nuvem pode permitir que os funcionários colaborem em tempo real em projetos e compartilhem documentos de forma segura.

4. O papel do CIO na liderança da transformação digital

A transformação digital está mudando a forma como as empresas fazem negócios. A tecnologia está transformando todos os aspectos da vida empresarial, desde a forma como as empresas gerenciam a cadeia de suprimentos até a maneira como os clientes interagem com as empresas. Neste cenário de mudanças, o CIO (*Chief Information Officer*) tem um papel fundamental na liderança da transformação digital.

Mas nem tudo são flores e a jornada para a transformação digital é repleta de desafios. Os obstáculos não são apenas abundantes, mas também podem mudar rapidamente e serão diferentes dependendo de onde você está em sua jornada para se tornar digital. O principal desafio para os CIOs que estão começando em programas de transformação é fazer com que os líderes de negócios e tomadores de decisão cheguem a um acordo sobre uma estratégia digital. Para organizações de TI experientes no desenvolvimento e implantação de novas tecnologias, o principal desafio geralmente é cultural: encontrar uma maneira que facilite para as pessoas em toda a organização aproveitarem os novos recursos digitais e encerrarem os processos legados.

As empresas estão cada vez mais dependentes da tecnologia para seus negócios, e a transformação digital é uma maneira de aproveitar essas tecnologias para melhorar a eficiência, aumentar a competitividade e criar oportunidades de negócios. A transformação digital envolve a adoção de tecnologias digitais como a nuvem, inteligência artificial, análise de dados e a Internet das Coisas (IoT). Mas é importante observar que a transformação digital não é apenas sobre a adoção de tecnologias, mas também sobre a mudança de mentalidade e a adoção de uma cultura de inovação. As empresas devem estar dispostas a experimentar, testar novas ideias e falhar rapidamente – sim, falhando rapidamente, a organização pode buscar outra solução sem perder muito tempo. Portanto, processos de transformação digital exigem uma liderança forte e uma visão clara dos objetivos de negócios.

O CIO é responsável por garantir que a infraestrutura de TI esteja alinhada aos objetivos de negócios da empresa, além de liderar a equipe de TI e gerenciar os recursos de tecnologia da informação. Com a transformação digital, o papel do CIO se torna ainda mais importante. A transformação digital é uma jornada que está mudando a forma como as empresas fazem negócios, e a tecnologia é fundamental nesse processo.

A liderança da transformação digital envolve a definição da visão e da estratégia de transformação digital, a implementação da estratégia e a gestão da mudança organizacional.

Inicialmente, a visão e a estratégia de transformação digital devem estar alinhadas aos objetivos de negócios da empresa. A implementação da estratégia, por sua vez, envolve a adoção de novas tecnologias e a integração dessas tecnologias com a infraestrutura existente. Por fim, a gestão da mudança organizacional envolve a preparação da equipe para a mudança e a criação de uma cultura de inovação e experimentação.

Pode-se notar que a liderança da transformação digital não é fácil, pois existem vários desafios que o CIO deve superar para liderar com sucesso a transformação digital. Alguns desses desafios são detalhados a seguir.

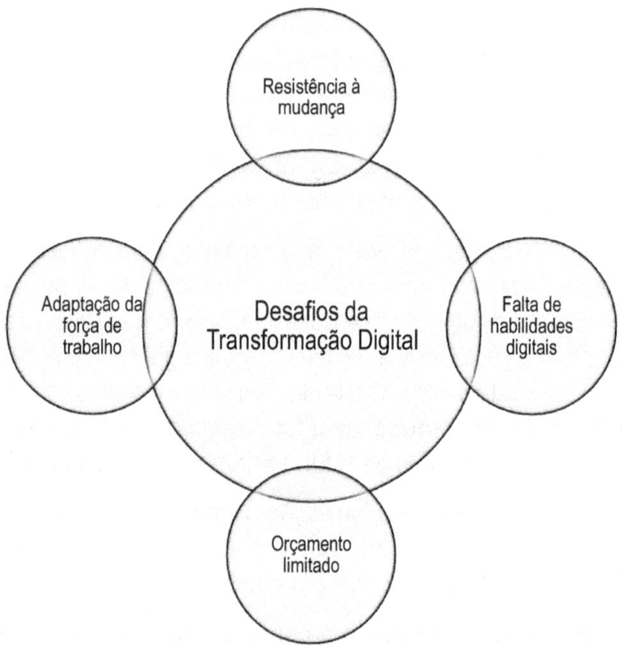

Figura 2 - Desafios da Transformação Digital

(i) **Resistência à mudança**, que é um dos maiores desafios da liderança da transformação digital. As pessoas tendem a resistir à mudança e a mudança digital pode ser particularmente desafiadora. Para superar a resistência à mudança, o CIO deve envolver a equipe e as partes interessadas na jornada de transformação digital.

(ii) **Falta de habilidades digitais**, pois a transformação digital requer habilidades digitais, e nem todas as empresas têm essas habilidades em sua equipe. O CIO deve garantir que a equipe tenha as habilidades digitais necessárias para liderar a transformação digital.

(iii) **Orçamento limitado**, pois nada é de graça e o processo de transformação digital requer investimentos significativos em tecnologia, o que pode ser um desafio financeiro para muitas empresas. O CIO deve liderar a identificação das tecnologias certas e garantir que os investimentos estejam alinhados com as metas de negócios da empresa

(iv) **Adaptação da força de trabalho**, uma vez que a transformação digital também requer a requalificação da força de trabalho para se adaptar às novas tecnologias e maneiras de trabalhar. O CIO deve liderar a identificação das habilidades necessárias e garantir que os funcionários estejam preparados para o futuro.

Como regra geral, em processos de transformação digital, o CIO deve trabalhar em estreita colaboração com outras áreas de negócios, incluindo finanças, operações e recursos humanos, para garantir que a tecnologia esteja sendo usada de maneira integrada em toda a empresa. Além disso, o CIO deve liderar a implantação de novas tecnologias e garantir que a empresa esteja preparada para lidar com mudanças tecnológicas e adaptações. Assim, a liderança da transformação digital pode ser um grande desafio para os CIOs, mas mesmo que ele não lidere o processo, a participação dele é chave para o sucesso da organização.

O CIO pode liderar a adoção de tecnologias que melhoram a eficiência, aumentam a produtividade e reduzem custos.

A transformação digital exige habilidades e competências específicas do CIO para liderar com sucesso o processo de mudança. Assim, o CIO precisa ter:

I. **Visão estratégica**: O CIO precisa ter uma visão clara e abrangente da transformação digital, compreendendo os desafios e as oportunidades que ela apresenta. Essa visão deve ser baseada em uma compreensão profunda dos negócios e das tecnologias disponíveis. Além disso, o CIO deve ser capaz de articular essa visão de forma clara e convincente para a equipe e para os demais líderes da empresa.

II. **Liderança**: O CIO deve ter habilidades de liderança para conduzir a equipe de tecnologia na direção certa, c om, é claro, expectativas realistas. O CIO também deve ser capaz de colaborar com outras áreas da empresa, construindo relações de confiança e respeito mútuo.

III. **Conhecimento técnico**: Embora não seja necessário que o CIO tenha um conhecimento técnico profundo, é importante que ele entenda as tecnologias envolvidas na transformação digital. Isso permitirá que o CIO avalie corretamente as opções tecnológicas disponíveis e tome decisões informadas sobre o uso dessas tecnologias.

IV. **Capacidade de inovar**: O CIO deve ser capaz de identificar oportunidades de inovação e implementar soluções criativas para melhorar os processos de negócios. Isso envolve manter-se atualizado com as tendências tecnológicas e ser capaz de pensar de forma criativa e fora da caixa.

V. **Capacidade de fazer a gestão de mudanças**: A transformação digital envolve mudanças significativas na cultura e nos processos da empresa. O CIO deve ser capaz de gerenciar essas mudanças de forma eficaz, comunicando claramente as mudanças necessárias e ajudando a equipe a se adaptar às novas formas de trabalhar.

VI. **Pensamento estratégico**: O CIO deve ser capaz de pensar estrategicamente sobre como a tecnologia pode ser usada para impulsionar os negócios da empresa. Isso envolve a compreensão dos desafios e oportunidades de negócios e a avaliação das opções tecnológicas para determinar a melhor abordagem.

VII. **Excelente comunicação**: O CIO deve ser um bom comunicador, capaz de se comunicar efetivamente com todas as partes interessadas, desde a equipe de tecnologia até os líderes de negócios. Isso envolve a capacidade de transmitir ideias complexas de forma clara e convincente.

Nos demais capítulos deste livro, exploraremos um pouco mais essas habilidades e competências, ilustrados na figura a seguir.

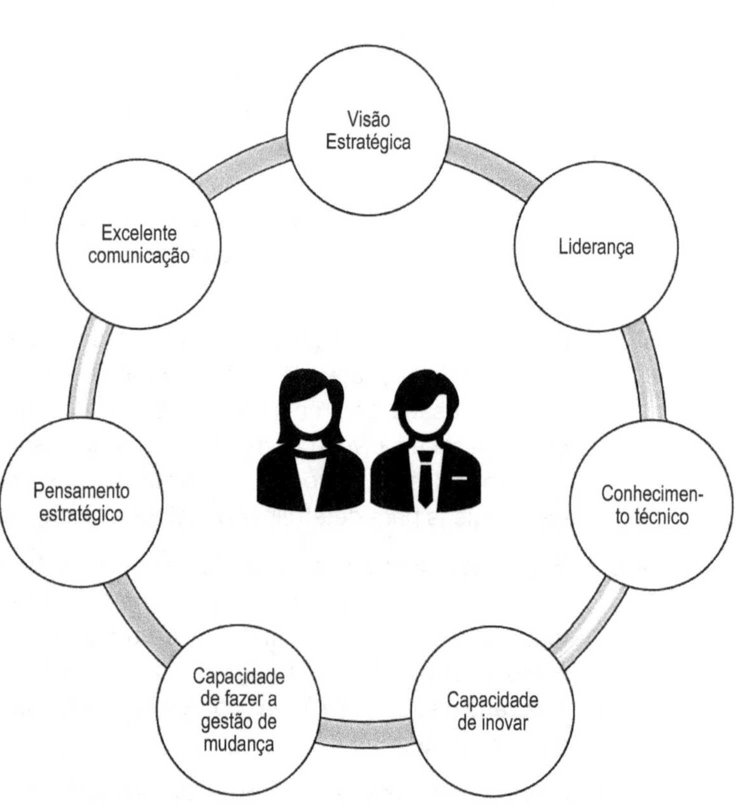

Figura 3 - Habilidades e Competências para liderar a transformação digital

2 DESAFIOS DA TRANSFORMAÇÃO DIGITAL

Desafios

Ao final deste capítulo, você será capaz de:

- Reconhecer os desafios comuns na transformação digital enfrentados pelas organizações.
- Aplicar estratégias para superar a resistência à mudança na transformação digital.
- Desenvolver uma cultura organizacional que favoreça a inovação e a transformação digital.
- Utilizar tecnologias emergentes, como IA e IoT, para impulsionar a transformação digital.
- Liderar a implementação de estratégias de transformação digital, focando na experiência do cliente e na capacitação da equipe.

Capítulo 2: Desafios da Transformação Digital

A transformação digital é um processo de mudança fundamental que afeta todas as partes de uma organização. Ela envolve a adoção de novas tecnologias e processos para melhorar a eficiência, a produtividade e a experiência do cliente. Por isso, pode ser uma tarefa desafiadora, mas também pode ser uma oportunidade de crescimento e inovação. As organizações que conseguem superar os desafios da transformação digital podem se tornar mais competitivas e bem-sucedidas.

Neste capítulo mergulharemos profundamente nos obstáculos que as organizações enfrentam ao embarcar no processo de transformação digital. Iniciaremos identificando os desafios mais comuns que surgem durante essa transição. Em seguida, o foco se voltará para o papel central dos CIOs, discutindo estratégias e soluções para superar cada um desses desafios. Abordaremos temas como a resistência à mudança, a influência da cultura organizacional, a lacuna de habilidades e conhecimentos, a integração de sistemas legados e a segurança cibernética. Além disso, contemplaremos a gestão da mudança, os dilemas associados a custos e orçamentos e as mudanças nas expectativas dos clientes. O capítulo culminará com uma reflexão sobre os próximos passos para os CIOs frente a essas adversidades.

1. Identificando os desafios mais comuns enfrentados pelas organizações na transformação digital

A era da inovação e transformação digital trouxe consigo uma série de oportunidades empolgantes para as organizações, mas também desafios complexos que precisam ser superados. Enquanto as empresas buscam abraçar a mudança e evoluir para atender às demandas de um mundo cada vez mais digital, elas se deparam com obstáculos significativos ao longo do caminho. Neste capítulo, exploraremos detalhadamente os desafios mais comuns enfrentados pelas organizações durante a jornada de transformação digital, trazendo exemplos e referências bibliográficas relevantes para cada tópico abordado.

I. **Resistência à mudança**: A resistência à mudança é um dos desafios mais frequentes durante a transformação digital. Muitos colaboradores podem se sentir inseguros ou desconfortáveis com as mudanças tecnológicas, o que pode levar a uma adoção lenta e, em alguns casos, até mesmo à sabotagem das iniciativas de transformação. Um exemplo interessante é o estudo de Kotter e Schlesinger (2008)[10] que examinou a experiência de colaboradores em processos de mudança em empresas. Os pesquisadores descobriram que os colaboradores que foram envolvidos no processo de mudança e que tiveram a oportunidade de expressar suas preocupações e sugestões eram mais propensos a aceitar e comprometer-se com a mudança do que aqueles que não foram envolvidos. Os pesquisadores também descobriram que os colaboradores que foram envolvidos no processo de mudança eram mais propensos a ver a mudança como sendo benéfica para eles e para a empresa. Os resultados do estudo de Kotter e Schlesinger (2008) sugerem que a

[10] Kotter, J. P., & Schlesinger, L. A. (2008). Choosing strategies for change. Harvard Business Review, 86(7-8), 139-148.

participação dos colaboradores no processo de mudança é uma estratégia eficaz para aumentar a aceitação e o comprometimento com a mudança. As empresas que estão buscando implementar mudanças devem considerar envolver os colaboradores no processo e dar-lhes a oportunidade de expressar suas preocupações e sugestões.

II. **Cultura Organizacional**: A cultura existente dentro das organizações pode ser um grande obstáculo para a transformação digital. Se a cultura não estiver alinhada com os valores da inovação e aprendizado contínuo, pode haver uma resistência generalizada à adoção de novas tecnologias e práticas. A liderança desempenha um papel fundamental na criação de uma cultura de inovação, incentivando a experimentação e recompensando a aprendizagem. Um exemplo inspirador é a cultura organizacional da Google, conhecida por promover a liberdade dada aos colaboradores para dedicar parte do tempo de trabalho a projetos pessoais, o famoso "tempo 20%"[11]. Essa cultura é conhecida por promover a liberdade dos colaboradores para dedicar parte do tempo de trabalho a projetos pessoais. Essa iniciativa tem sido fundamental para a inovação da empresa. Alguns dos produtos mais bem-sucedidos do Google, como o Gmail, o Google Maps e o Google

---

- [11] Page, L., & Brin, S. (2004). The 20% time. Fast Company, 94, 86-89.

AdSense, foram criados por colaboradores durante o tempo 20%. Além disso, a iniciativa tem ajudado a Google a atrair e reter os melhores talentos. O tempo 20% é um exemplo inspirador de como a cultura organizacional pode ser usada para promover a inovação e a produtividade. A iniciativa é voluntária e os colaboradores são livres para escolher o que querem trabalhar. A Google fornece recursos e suporte aos colaboradores que participam do tempo 20%, como espaço de trabalho, acesso a equipamentos e treinamento. Outras empresas podem se beneficiar ao adotar uma abordagem semelhante.

Falta de Habilidades e Conhecimentos: A tecnologia em constante evolução pode exigir habilidades e conhecimentos específicos que nem sempre estão presentes na força de trabalho atual. A falta de profissionais qualificados e a necessidade de requalificação podem representar um desafio significativo para a implementação bem-sucedida da transformação digital. Empresas como a Microsoft têm investido em programas de capacitação interna para desenvolver habilidades digitais em seus colaboradores, oferecendo cursos online, treinamentos presenciais e parcerias com instituições de ensino para a oferta de cursos especializados. Esses cursos são abertos para qualquer pessoa, por meio da plataforma Microsoft Learn[12].

III. **Integração de Sistemas Legados**: Muitas organizações têm sistemas legados que foram desenvolvidos

[12] https://learn.microsoft.com/pt-br/

ao longo de anos ou décadas. Integrar esses sistemas com novas tecnologias e plataformas pode ser uma tarefa complexa, exigindo um planejamento cuidadoso e investimentos significativos. A Vodafone, uma empresa de telecomunicações global com operações em mais de 100 países, adotou uma abordagem gradual para a integração dos sistemas legados com a nova plataforma de atendimento ao cliente. Em 2016, a empresa enfrentou o desafio de integrar seus sistemas legados com a implementação de uma nova plataforma de atendimento ao cliente. A nova plataforma precisava ser capaz de acessar e processar dados de vários sistemas legados, incluindo sistemas de faturamento, sistemas de suporte ao cliente e sistemas de rede. A primeira etapa foi identificar os dados mais importantes que precisavam ser acessados pela nova plataforma. Uma vez que os dados mais importantes foram identificados, eles foram migrados gradualmente para a nova plataforma. O processo de migração foi realizado em um ambiente de teste para garantir que todos os dados fossem migrados com sucesso. A segunda etapa do processo de integração foi implementar interfaces de programação de aplicativos (APIs) para facilitar a comunicação entre os sistemas legados e a nova plataforma de atendimento ao cliente. As APIs foram projetadas para permitir que os sistemas legados compartilhassem dados com a nova plataforma de atendimento ao cliente de forma segura e eficiente. O processo de Integração dos sistemas legados com a nova plataforma de atendimento ao cliente foi um sucesso. A nova plataforma foi capaz de acessar e processar dados de vários sistemas legados, o que melhorou significativamente a experiência do cliente. Essa ação trouxe alguns benefícios como: (a) melhoria da experiência do cliente: uma nova plataforma de atendimento ao cliente pode fornecer uma experiência mais personalizada e integrada para os clientes; (b) aumento da eficiência: uma nova plataforma de atendimento ao cliente pode ajudar a melhorar a eficiência dos processos de atendimento ao cliente; (c) redução de custos: uma nova plataforma de atendimento ao cliente pode ajudar a reduzir os custos de atendimento ao cliente; (d) melhoria da segurança: uma nova plataforma de atendimento ao cliente pode ajudar a melhorar a segurança dos dados dos clientes.

IV. **Segurança Cibernética**: Com a crescente digitalização dos processos de negócios, a segurança cibernética se tornou um desafio crítico. As organizações enfrentam ameaças cada vez mais sofisticadas de ataques cibernéticos, e garantir a proteção adequada dos dados e sistemas é fundamental para a confiança dos clientes e parceiros. Um exemplo marcante é incidente de 2021, no Ministério da Saúde, que foi vítima de um ataque cibernético que expôs os dados de mais de 200 milhões de brasileiros. O ataque ocorreu devido a uma vulnerabilidade no sistema de gestão de dados do ministério, implantado como resultado de uma mudança tecnológica recente. A mudança consistia na implementação de um novo sistema de gestão de dados, que não foi adequadamente testado antes de ser implementado. Isso permitiu que os hackers explorassem a vulnerabilidade e acessassem os dados dos pacientes. O ataque cibernético teve um impacto significativo na transformação digital do Ministério da Saúde. O ministério foi obrigado a suspender a implementação do novo sistema de gestão de dados e a investir em novas medidas de segurança. O ataque também afetou a confiança dos pacientes no ministério, o que pode dificultar a implementação de novos programas de saúde digital no futuro.

V. **Gestão da Mudança**: A transformação digital requer uma mudança significativa na forma como as organizações operam. A falta de uma estratégia de gestão de mudança bem elaborada pode levar ao fracasso do processo de transformação, deixando os colaboradores desorientados e inseguros sobre seu papel nessa nova realidade. O modelo de gestão de mudança proposto por Kotter (1996)[13] destaca a importância de criar um senso de urgência, estabelecer uma coalizão de liderança, desenvolver uma visão compartilhada e comunicar claramente os objetivos da transformação. Esse modelo é um processo em oito etapas que pode ser usado para gerenciar com sucesso a mudança em organizações de todos os tamanhos. As oito etapas são: (1) Criar um senso de urgência: a primeira etapa é criar um senso de urgência entre os membros da

- [13] Kotter, J. P. (1996). Leading change. Boston, MA: Harvard Business School Press.

organização sobre a necessidade de mudança. Isso pode ser feito identificando os problemas atuais da organização e mostrando como a mudança pode ajudar a resolvê-los. (2) Estabelecer uma coalizão de liderança: a segunda etapa é estabelecer uma coalizão de liderança composta por indivíduos que têm o poder e a influência para liderar a mudança. Essa coalizão deve ser composta por pessoas de diferentes áreas da organização e deve ter um forte compromisso com a mudança. (3) Desenvolver uma visão compartilhada: a terceira etapa é desenvolver uma visão compartilhada da mudança que todos na organização possam entender e apoiar. Essa visão deve ser clara, concisa e inspiradora. (4) Comunicar claramente os objetivos da transformação: a quarta etapa é comunicar claramente os objetivos da transformação para todos na organização. Isso ajudará a garantir que todos estejam na mesma página e que estejam trabalhando para o mesmo objetivo. (5) Remover obstáculos: a quinta etapa é remover quaisquer obstáculos que possam impedir a mudança. Isso pode incluir mudanças na estrutura organizacional, processos ou cultura. (6) Obter vitórias rápidas: a sexta etapa é obter vitórias rápidas ao longo do caminho. Isso ajudará a manter o moral alto e o impulso da mudança. (7) Construir sobre o sucesso: a sétima etapa é construir sobre o sucesso ao longo do caminho. Isso pode envolver a expansão da mudança para novas áreas da organização ou o aprofundamento da mudança nas áreas onde já foi implementada. (8) Consolidar a mudança: a oitava e última etapa é consolidar a mudança. Isso envolve manter o foco na mudança e garantir que ela seja incluída na cultura da organização. O modelo de gestão de mudança de Kotter é um processo eficaz para gerenciar com sucesso a mudança em organizações de todos os tamanhos. Ao seguir essas oito etapas, as organizações podem aumentar suas chances de sucesso na mudança.

VI. **Custos e Orçamentos**: A implementação de iniciativas de transformação digital pode ser cara, especialmente para organizações de menor porte. Garantir o financiamento adequado e alocar recursos de forma inteligente é essencial para o sucesso da transformação digital. Empresas como a General Electric investiram bilhões de dólares em iniciativas de transformação digital, incluindo a criação de centros de inovação, parcerias estratégicas e aquisições de startups tecnológicas. A GE também está investindo pesadamente em tecnologias como inteligência artificial, aprendizado de máquina e análise de dados. A Amazon é outra empresa que está investindo pesadamente em transformação digital. A empresa gastou mais de US$ 13 bilhões em pesquisa e desenvolvimento em 2020. Esses investimentos estão sendo usados para desenvolver novas tecnologias, como inteligência artificial, aprendizado de máquina e robótica. A Amazon também está investindo em novas plataformas, como o Amazon Web Services (AWS), que permite que outras empresas construam e executem aplicativos na nuvem. A Microsoft também está investindo pesadamente em transformação digital. A empresa gastou mais de US$

11 bilhões em pesquisa e desenvolvimento em 2020. Esses investimentos estão sendo usados para desenvolver novas tecnologias, como inteligência artificial, aprendizado de máquina e realidade aumentada. A Microsoft também está investindo em novas plataformas, como o Microsoft Azure, que permite que outras empresas construam e executem aplicativos na nuvem. No Brasil, podemos citar o caso do Nubank que está revolucionando a forma como as pessoas fazem suas finanças. A empresa está usando tecnologias como inteligência artificial, aprendizado de máquina e *Blockchain* para oferecer produtos e serviços financeiros inovadores e acessíveis. Recentemente, o Nubank se tornou o 4º maior do Brasil em número de clientes[14].

VII. **Mudança nas Expectativas dos Clientes**: Com a tecnologia impactando diretamente as experiências dos clientes, as organizações precisam se adaptar rapidamente às mudanças nas expectativas e preferências dos consumidores. Aqueles que não conseguirem acompanhar podem ficar para trás na concorrência. A Amazon é conhecida por sua capacidade de inovação contínua e rápida resposta às mudanças nas expectativas dos clientes. A empresa introduziu o conceito de entrega rápida e conveniente com o serviço Amazon

---

[14] Nubank passa o Banco do Brasil em número de clientes e se torna o 4º maior do Brasil. G1, 26 de julho de 2023. Disponível em: <https://g1.globo.com/economia/negocios/noticia/2023/07/26/nubank-passa-o-banco-do-brasil-em-numero-de-clientes-e-se-torna-o-4o-maior-do-brasil.ghtml>. Acesso em: 26 de julho de 2023.

Prime, revolucionando o mercado de comércio eletrônico.

VIII. **Governança e Gerenciamento de Projetos**: Uma estrutura de governança inadequada ou uma má gestão de projetos pode levar a atrasos, conflitos e desperdício de recursos durante a transformação digital. O uso de metodologias ágeis de gerenciamento de projetos, como o Scrum, tem se mostrado eficaz na gestão de projetos de transformação digital. Empresas como o Spotify têm utilizado essa abordagem com sucesso para desenvolver e implementar suas iniciativas de inovação e transformação digital. As metodologias ágeis são um conjunto de práticas que se concentram na entrega de software em iterações curtas e recorrentes. Essa abordagem é adequada para projetos de transformação digital, pois permite que as empresas se adaptem rapidamente às mudanças e entreguem valor aos clientes o mais rápido possível. O Spotify é uma empresa de streaming de música que usa metodologias ágeis para desenvolver e implementar seus produtos. A empresa divide seus projetos em iterações curtas, chamadas de sprints, e cada sprint dura cerca de duas semanas. Durante cada sprint, o time se concentra em entregar uma funcionalidade específica do produto. No final de cada sprint, o time apresenta o produto ao cliente para feedback. Esse processo de feedback e iteração permite que o Spotify desenvolvesse produtos que atendem às necessidades dos clientes. As metodologias ágeis são uma ferramenta poderosa que pode ser usada para gerenciar com sucesso projetos de transformação digital. As empresas que estão buscando implementar uma transformação digital devem considerar o uso de metodologias ágeis para aumentar suas chances de sucesso.

A transformação digital é um processo emocionante, porém desafiador, que requer uma abordagem cuidadosa e estratégica para superar os obstáculos que podem surgir ao longo do caminho. Conscientizar-se sobre os desafios mais comuns e aprender com exemplos inspiradores de outras empresas pode ajudar as organizações a se prepararem melhor para essa jornada de inovação e crescimento no mundo digital.

2. Como os CIOs podem superar esses desafios

Um bom líder de transformação digital deve ter competências de liderança transformacional, que incluem a criação de uma visão inspiradora do futuro, motivação e inspiração das pessoas para absorver essa visão, gerenciamento do processo de alcançar essa visão e criação de uma equipe unida e eficaz para alcançar os objetivos estabelecidos pela visão. Além disso, o líder deve ter uma abordagem honesta e profissional para o trabalho, ser responsável pelas tarefas e não evitar a responsabilidade por falhas e erros. O líder também deve ser capaz de antecipar as consequências de suas ações e estar preparado para as mudanças que a transformação digital pode trazer. O líder deve ser capaz de promover o desenvolvimento de cada funcionário e da equipe como um todo, bem como de toda a organização. O líder deve ser capaz de proteger os funcionários e a estrutura da organização de forças e tendências destrutivas e facilitar a busca por consenso entre diferentes grupos dentro da unidade. Ademais, deve ser capaz de criar um sistema de valores organizacionais e cultura interna, desenvolver intuição e compreensão de processos e motivar as pessoas a agir.

Para isso, há algumas competências e habilidades essenciais que um líder de transformação digital deve ter para ser bem-sucedido em seu papel. Essas competências foram identificadas por meio de pesquisas e estudos sobre liderança transformacional e transformação digital.

O líder de transformação digital deve ter habilidades de liderança transformacional, que envolvem a criação de uma visão inspiradora e a motivação da equipe para alcançá-la. Essa habilidade é importante porque a transformação digital pode ser um processo complexo e desafiador - e a equipe precisa estar motivada e engajada para alcançar os objetivos da organização.

Outra habilidade importante é a responsabilidade e a honestidade no trabalho. O líder deve ser capaz de assumir a responsabilidade por falhas e erros e aprender com eles, em vez de evitá-los. Isso é importante porque a transformação digital pode envolver riscos e incertezas, e é importante que o líder seja honesto e responsável em relação a esses desafios.

Além disso, o líder deve ter habilidades de previsão e adaptação a mudanças. A transformação digital pode trazer mudanças significativas na organização e na equipe, e o líder deve estar preparado para essas mudanças e ser capaz de antecipá-las.

Por fim, o líder deve ser capaz de desenvolver as habilidades e competências de cada funcionário e da equipe como um todo, além de proteger a equipe e a organização de forças e tendências destrutivas. Essa habilidade é importante porque a transformação digital pode exigir que a equipe desenvolva novas habilidades e competências, e o líder deve estar preparado para ajudá-los nesse processo.

Como um dos principais responsáveis pela transformação digital em uma organização, o CIO (*Chief Information Officer*) desempenha um papel crucial na superação dos desafios que surgem ao longo desse processo de mudança. Para se destacar como líder na transformação digital, o CIO deve assumir várias responsabilidades estratégicas e táticas, enfrentando os desafios com criatividade, liderança e inovação. Mas como o CIO pode tratar os desafios apresentados na seção anterior? Podemos usar o exemplo de casos de sucesso, abordados a seguir.

2.1. Resistência à Mudança

O CIO pode mitigar a resistência à mudança ao envolver toda a equipe no processo de transformação digital desde o início. Isso pode ser alcançado por meio de comunicações claras e transparentes, destacando os benefícios da transformação para os colaboradores e a organização como um todo.

Um exemplo inspirador é o caso da Adobe, em que o CIO liderou a transição para uma abordagem de nuvem, incentivando a participação ativa dos colaboradores no planejamento e fornecendo treinamento para o uso das novas tecnologias. Essa estratégia resultou em maior aceitação e comprometimento com a mudança. A Adobe é uma empresa de software que oferece uma variedade de produtos e serviços, incluindo software de edição de imagens, design e publicação. Em 2013, a Adobe decidiu migrar sua infraestrutura de TI para a nuvem. A transição foi liderada pelo CIO Mark Hurd. Hurd sabia que a transição para a nuvem seria um desafio, por isso decidiu envolver os colaboradores desde o início do processo. Ele criou um comitê de transição que incluía representantes de todas as áreas da empresa. O comitê foi responsável por desenvolver um plano de transição e por comunicar o plano aos colaboradores. Hurd também sabia que os colaboradores precisariam de treinamento para usar as novas tecnologias e, por isso, criou um programa de treinamento que foi oferecido a todos os colaboradores da empresa. O programa de treinamento cobriu uma variedade de tópicos, incluindo segurança de nuvem, gerenciamento de nuvem e desenvolvimento de aplicativos de nuvem. A estratégia de Hurd foi bem-sucedida: a transição para a nuvem foi concluída sem problemas e os colaboradores foram receptivos às novas tecnologias. A Adobe agora economiza milhões de dólares por ano em custos de TI e está mais bem preparada para o futuro.

Deste exemplo, podemos tirar alguns insights:

(1) Envolver os colaboradores desde o início do processo.

(2) Comunicar o plano de transformação de forma clara e concisa.

(3) Fornecer treinamento para os colaboradores para que eles possam usar as novas tecnologias.

(4) Ser paciente e compreensivo.

(5) Ser flexível e estar disposto a fazer mudanças no plano, se necessário.

2.2. Cultura Organizacional

O CIO pode promover uma cultura de inovação e aprendizado contínuo, incentivando a experimentação e reconhecendo as iniciativas bem-sucedidas.

Um exemplo notável é o da Netflix. O CIO da empresa, Neil Hunt, é um forte defensor da cultura de inovação. Ele acredita que os colaboradores devem ser encorajados a sugerir novas ideias e experimentar novas tecnologias, mesmo que falhem. A cultura de inovação da Netflix levou a uma série de inovações, incluindo o algoritmo de recomendação de conteúdo. Esse algoritmo usa uma variedade de fatores, como histórico de visualização, avaliações de usuários e classificações de críticos, para recomendar conteúdo aos usuários. O algoritmo de recomendação de conteúdo da Netflix foi um dos principais fatores do sucesso da plataforma. Ele ajudou a Netflix a se tornar um dos serviços de streaming de vídeo mais populares do mundo. A cultura de inovação da Netflix é um exemplo inspirador de como o CIO pode liderar com sucesso a transformação digital.

Ao criar um ambiente onde os colaboradores se sintam seguros em sugerir novas ideias e experimentar novas tecnologias, os CIOs podem ajudar suas empresas a se manterem à frente da concorrência.

2.3. Falta de Habilidades e Conhecimentos

O CIO pode liderar iniciativas de capacitação e desenvolvimento de habilidades digitais dentro da equipe, buscando parcerias com instituições de ensino ou oferecendo programas de treinamento internos.

Um exemplo inspirador é o da General Electric, onde Bill Ruh, então CIO e um forte defensor da educação e treinamento digital, criou uma universidade corporativa chamada GE Digital Academy. Ele acreditava que os colaboradores devem ser capacitados nas habilidades digitais mais recentes para que possam permanecer competitivos. A academia oferece uma variedade de cursos em habilidades digitais, incluindo inteligência artificial, análise de dados e *Machine Learning*. A GE Digital Academy foi um sucesso. Mais de 100.000 colaboradores já se matricularam em cursos da academia e a empresa registrou um aumento de 20% na produtividade desde a criação da academia. A GE Digital Academy é um exemplo inspirador de como o CIO pode liderar com sucesso a transformação digital.

Ao investir na educação e treinamento digital, as empresas podem ajudar seus colaboradores a desenvolverem as habilidades de que precisam para ter sucesso no mundo digital.

2.4. Integração de Sistemas Legados

O CIO pode liderar a estratégia de integração de sistemas legados, trabalhando em conjunto com as equipes de TI e outras áreas da empresa. É essencial adotar abordagens flexíveis, como o uso de APIs e microsserviços, para facilitar a comunicação entre sistemas antigos e novas tecnologias.

Um exemplo notável é o da Delta Air Lines. O CIO da empresa, Gil West, é um forte defensor da modernização de sistemas legados. Ele acredita que as empresas devem modernizar seus sistemas legados para se manterem competitivas no mercado digital. Em 2017, a Delta Air Lines lançou uma iniciativa de modernização de sistemas legados, a qual usou APIs para integrar sistemas mais antigos com novas aplicações móveis e de atendimento ao cliente. A iniciativa de modernização de sistemas legados da Delta Air Lines foi um sucesso. A empresa registrou uma redução de custos de US$ 1 bilhão e uma melhoria de 20% na satisfação do cliente.

2.5. Segurança Cibernética

O CIO deve garantir que a segurança cibernética seja uma prioridade em todas as iniciativas de transformação digital. Isso inclui a implementação de medidas robustas de proteção de dados e a criação de uma cultura de segurança entre os colaboradores.

Um exemplo inspirador é o da Microsoft. O CIO da empresa, Satya Nadella, é um forte defensor da segurança cibernética. Ele acredita que as empresas devem adotar uma abordagem holística de segurança, que inclua o uso de inteligência artificial, *Machine Learning* e *Big Data*. A Microsoft está usando uma variedade de tecnologias para melhorar sua segurança cibernética, como, por exemplo, o uso da inteligência artificial para detectar e prevenir ameaças em tempo real. A Microsoft também usa *Machine Learning* para aprender com seus dados de segurança e melhorar sua capacidade de detectar e prevenir ameaças. A empresa também lança mão de *Big Data* para identificar tendências em ataques cibernéticos e melhorar sua capacidade de se defender contra essas ameaças. A abordagem de segurança cibernética da Microsoft tem sido bem-sucedida, vez que a empresa tem sido elogiada por seus esforços de segurança cibernética e foi nomeada uma das empresas mais seguras do mundo por várias organizações. A abordagem de segurança cibernética da Microsoft é um exemplo inspirador de como as empresas podem usar a tecnologia para melhorar sua segurança. Nota-se que a empresa está usando uma variedade de tecnologias para detectar e prevenir ameaças, e está tendo sucesso em seus esforços, tornando-se, assim, um exemplo do que as empresas podem alcançar ao adotar uma abordagem holística de segurança cibernética.

2.6. Gestão da Mudança

O CIO deve liderar a gestão da mudança de forma estratégica, criando uma visão compartilhada da transformação digital e alinhando os objetivos com a estratégia de negócios.

Um exemplo notável é o da Intel. Anil Nanduri, então CIO da empresa, acreditava que a tecnologia pode ser usada para impulsionar a inovação e o crescimento dos negócios. Nanduri liderou a transformação digital da Intel, estabelecendo uma visão clara de como a tecnologia poderia ser usada para melhorar a eficiência, reduzir custos e melhorar a experiência do cliente. A transformação digital da Intel foi um sucesso. A empresa registrou um aumento de 20% na receita e uma redução de 10% nos custos desde o início da transformação digital, sendo um exemplo inspirador de como as empresas podem usar a tecnologia para impulsionar a inovação e o crescimento dos negócios. A empresa está usando a tecnologia para melhorar sua eficiência, reduzir custos e melhorar a experiência do cliente, demonstrando o alto potencial de uma abordagem de transformação digital

2.7. Custos e Orçamentos

O CIO deve liderar a alocação inteligente de recursos e o planejamento financeiro para garantir que a transformação digital seja viável e sustentável a longo prazo.

A empresa de seguros AXA, por exemplo, alocou US$ 1 bilhão para transformar sua infraestrutura de TI, usando esses recursos para migrar seus sistemas para a nuvem, melhorar sua segurança cibernética e desenvolver novos aplicativos móveis. Como resultado, a AXA conseguiu reduzir seus custos de TI em 20% e melhorar a satisfação do cliente em 15%. A empresa de varejo Walmart, por sua vez, alocou US$ 11 bilhões para transformar suas operações de varejo, usando esses mesmos recursos para instalar novos sistemas de automação, desenvolver novos aplicativos móveis e melhorar sua experiência de atendimento ao cliente. Como resultado, a Walmart conseguiu aumentar suas vendas em 10% e melhorar sua margem de lucro em 5%.

Outro exemplo é empresa de serviços financeiros JPMorgan Chase, que alocou US$ 10 bilhões para transformar seus serviços de *backoffice*. A empresa usou esses recursos para instalar novos sistemas de gerenciamento de risco, desenvolver novos aplicativos de processamento de pagamentos e melhorar sua segurança cibernética. Como resultado, a JPMorgan Chase conseguiu reduzir seus custos de *backoffice* em 15% e melhorar sua eficiência em 20%.

Ao alocar recursos de forma inteligente e desenvolver planos financeiros cuidadosos, os CIOs podem ajudar suas empresas a se beneficiar da transformação digital e se manter à frente da concorrência. Algumas ações podem ajudar nessa tarefa:

(1) **Defina objetivos claros e mensuráveis** para a transformação digital. O que você espera alcançar com a transformação digital? Uma vez que você tenha objetivos claros, poderá desenvolver um plano financeiro para alcançá-los.

(2) **Realize uma avaliação abrangente** de seus recursos atuais. Quais são seus pontos fortes e fracos? Quais são suas necessidades de TI mais urgentes? Uma avaliação abrangente o ajudará a identificar onde você precisa alocar seus recursos.

(3) **Desenvolva um plano financeiro detalhado**. Seu plano financeiro deve incluir uma estimativa dos custos da transformação digital, bem como os benefícios esperados. O plano também deve incluir um cronograma para implementação.

(4) **Monitore o progresso** da transformação digital e faça ajustes conforme necessário. A transformação digital é um processo contínuo. É importante monitorar o progresso da transformação digital e fazer ajustes conforme necessário para garantir que você esteja no caminho certo para alcançar seus objetivos.

2.8. Mudança nas Expectativas dos Clientes

O CIO deve se manter atento às mudanças nas expectativas dos clientes e usar a tecnologia para atender às suas necessidades em constante evolução. Um exemplo notável é o da Amazon, cujo CIO liderou a transformação da empresa em uma plataforma centrada no cliente, usando tecnologias como a análise de dados para personalizar a experiência de consumo e fornecer recomendações de produtos relevantes.

Outro a ser citado novamente é o Nubank, um banco digital que usa a tecnologia para oferecer serviços bancários mais eficientes e acessíveis. A empresa usa aplicativos móveis, *chatbots* e outras tecnologias para fornecer atendimento ao cliente 24 horas por dia, 7 dias por semana.

O Mercado Livre, a seu turno, é uma plataforma de e-commerce que usa a tecnologia para conectar compradores e vendedores de todo o mundo. A empresa usa inteligência artificial, *Machine Learning* e outros recursos para melhorar a experiência do comprador, como recomendar produtos, rastrear pedidos e fornecer suporte ao cliente.

Também não poderia deixar de citar o 99, aplicativo de transporte que usa a tecnologia para conectar motoristas e passageiros, fazendo uso de GPS, de inteligência artificial e de outros recursos para melhorar a experiência do passageiro, como rastrear o motorista em tempo real, avaliar o motorista e fazer reclamações.

2.9. E agora CIO?

Como mostrado até agora, o CIO desempenha um papel essencial na superação dos desafios da transformação digital, fornecendo liderança estratégica e criativa para garantir o sucesso dessa jornada. Através do envolvimento da equipe, promoção de uma cultura de inovação, desenvolvimento de habilidades digitais, integração de sistemas legados, priorização da segurança cibernética, gestão da mudança e planejamento financeiro inteligente, o CIO pode capacitar sua organização a enfrentar os desafios da transformação digital e colher os benefícios da inovação e crescimento no mundo digital. Exemplos inspiradores de outras empresas bem-sucedidas fornecem *insights* valiosos sobre como abordar cada um desses desafios de forma eficaz e estratégica.

3 ESTRATÉGIAS DE TRANSFORMAÇÃO DIGITAL

Estratégia

Ao final deste capítulo, você será capaz de:

- Compreender as estratégias eficazes para a transformação digital nas organizações.
- Aprender a estimular uma cultura de inovação como impulsionador da transformação digital.
- Descobrir a importância do foco na experiência do cliente para o sucesso da transformação digital.
- Explorar a adoção estratégica de tecnologias emergentes, como IA e IoT, na transformação digital.
- Reconhecer como as parcerias estratégicas e aquisições podem potencializar a transformação digital da empresa.

Capítulo 3: Estratégias de Transformação Digital

A transformação digital é uma jornada essencial para as organizações que buscam se manter competitivas e relevantes em um cenário de constante mudança tecnológica. Neste capítulo, exploraremos as estratégias eficazes para a transformação digital nas organizações, compreendendo como os CIOs (*Chief Information Officers*) podem assumir um papel fundamental na liderança e implementação dessas estratégias.

A primeira parte deste capítulo examinará as estratégias-chave para a transformação digital, destacando abordagens comprovadas que têm impulsionado o sucesso em diversas organizações. Será demonstrado como a colaboração entre os departamentos, o desenvolvimento de uma cultura de inovação, a adoção de tecnologias emergentes e a personalização da experiência do cliente se tornaram pilares fundamentais para conduzir a transformação digital de forma eficaz. Além disso, analisaremos casos inspiradores de empresas que adotaram estratégias inovadoras, conquistando resultados excepcionais no mercado global.

Na segunda parte deste capítulo, concentraremos nosso olhar nos CIOs e no seu papel essencial como líderes na implementação das estratégias de transformação digital. Exploraremos as competências e habilidades que os CIOs devem desenvolver para assumir esse desafiador papel, compreendendo como eles podem alinhar a tecnologia com os objetivos de negócio, superar resistências internas, promover a colaboração interdepartamental e garantir a segurança cibernética durante todo o processo de transformação.

Por meio de exemplos contextuais e casos reais de organizações que obtiveram sucesso na transformação digital sob a liderança de CIOs visionários, este capítulo pretende proporcionar *insights* valiosos para que os líderes de TI e executivos possam adotar estratégias eficazes e liderar suas organizações rumo a um futuro digital promissor. A transformação digital é um desafio emocionante e complexo, mas com as estratégias corretas e líderes inspiradores, as organizações podem conquistar um posicionamento estratégico no cenário digital em constante evolução.

1. Estratégias eficazes para a transformação digital nas organizações

A transformação digital é um processo complexo e abrangente que envolve mudanças estruturais, culturais e tecnológicas em uma organização. Para obter sucesso nessa jornada, as empresas precisam adotar estratégias eficazes que as ajudem a enfrentar os desafios e aproveitar as oportunidades oferecidas pela era digital.

Abaixo, apresentamos algumas das principais estratégias e planos de ação que podem ser adotados pelas organizações em sua transformação digital.

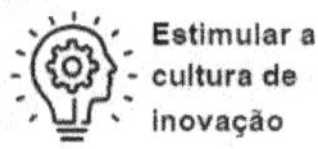

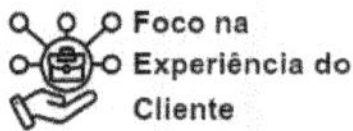

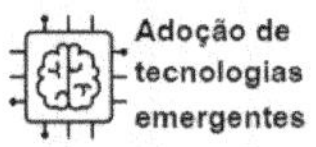

Figura 4 - Estratégias eficazes para a transformação digital

1.1. Estimular a Cultura de Inovação

Uma cultura de inovação é fundamental para impulsionar a transformação digital. Isso envolve a criação de um ambiente onde a experimentação e o aprendizado contínuo são valorizados. Os líderes devem encorajar os colaboradores a pensarem fora da caixa, testar novas ideias e aprender com os erros. Para isso, as empresas podem implementar programas de incentivo à inovação, como *hackathons* internos, workshops de criatividade e programas de aceleração de startups. Além disso, é importante que os líderes demonstrem abertura para novas ideias e estejam dispostos a investir em projetos inovadores. Para isso, algumas ações podem ser tomadas:

- Incentivar a experimentação e o aprendizado contínuo. Dê aos seus colaboradores a oportunidade de experimentar novas ideias e aprender com seus erros. Isso pode ser feito por meio de programas de incentivo à inovação, como *hackathons* internos, workshops de criatividade e programas de aceleração de startups.

- Valorizar a criatividade e a autonomia. Dê aos seus colaboradores a liberdade para pensar fora da caixa e testar novas ideias. Isso criará um ambiente onde as pessoas se sintam confortáveis em assumir riscos e inovar.

- Demonstrar abertura para novas ideias. Como líder, você deve demonstrar que está aberto a novas ideias e disposto a investir em projetos inovadores. Isso enviará uma mensagem aos seus colaboradores de que você valoriza a inovação e está comprometido com o sucesso da empresa.

- Criar um ambiente de confiança e colaboração. As pessoas precisam se sentir à vontade para compartilhar suas ideias e trabalhar em conjunto para desenvolver novas soluções.

- Recompensar a inovação. Quando as pessoas são recompensadas por sua inovação, elas são mais propensas a continuar a inovar. Isso pode ser feito através de programas de reconhecimento, promoções ou aumentos salariais.

A Netflix é um excelente exemplo de uma empresa que adotou uma cultura de inovação desde o início. A empresa criou um ambiente onde os funcionários são encorajados a experimentar e testar novas ideias. Eles investem pesadamente em pesquisa e desenvolvimento, buscando constantemente melhorar sua plataforma e oferecer uma experiência única aos usuários. O algoritmo de recomendação da Netflix é um exemplo de como a empresa utiliza a inovação para personalizar a experiência do cliente, sugerindo filmes e séries altamente relevantes com base nos dados de visualização de cada usuário.

A fintech brasileira Nubank adotou uma cultura de inovação desde o início de suas operações, incentivando a experimentação e o aprendizado contínuo entre seus colaboradores. Eles valorizam a criatividade e a autonomia dos funcionários para testar novas ideias e soluções. O Nubank é conhecido por ser uma das principais inovadoras do setor financeiro no Brasil. Ao criar um ambiente propício à inovação, a empresa desenvolveu diversos produtos disruptivos, como o cartão de crédito sem anuidade e a NuConta, uma conta digital com facilidades para seus clientes. Essa cultura de inovação permitiu à Nubank se destacar no mercado e conquistar uma base significativa de clientes fiéis.

1.2. Foco na Experiência do Cliente

A experiência do cliente é um dos principais impulsionadores da transformação digital. As organizações devem se concentrar em oferecer uma experiência mais personalizada, antecipando as necessidades dos clientes e proporcionando uma jornada coesa e sem atritos. Isso pode ser alcançado por meio do uso inteligente de dados de clientes para oferecer recomendações personalizadas, bem como pela integração de canais de atendimento para proporcionar uma experiência *omnichannel*.

Ao se concentrar na experiência do cliente, as organizações podem obter uma série de benefícios, incluindo:

- aumento da satisfação e fidelidade do cliente;
- redução dos custos operacionais;
- aumento das vendas e receita;
- melhora da reputação da marca;
- maior vantagem competitiva.

A experiência do cliente é um ativo valioso que as organizações podem usar para se diferenciar da concorrência e alcançar o sucesso. Ao se concentrar na experiência do cliente, as organizações podem criar relacionamentos fortes e consolidados, aumentando a satisfação e a fidelidade do cliente, reduzindo, por via de consequência, os custos operacionais e, noutro turno, aumentando as vendas e receita.

A Amazon é um exemplo clássico de como o foco na experiência do cliente pode impulsionar a transformação digital. A empresa utiliza dados de clientes para fornecer recomendações altamente relevantes, aumentando a satisfação e fidelidade do cliente. Além disso, a jornada *omnichannel* da Amazon permite que os clientes tenham uma experiência coesa ao navegar e comprar em diferentes dispositivos e canais, como site, aplicativo móvel e lojas físicas da Amazon Go.

O Magazine Luiza, uma varejista brasileira, tem investido em tecnologia e inovação para aprimorar a experiência do cliente, tanto nas lojas físicas quanto nas plataformas online. A empresa adota uma abordagem *omnichannel* para integrar todas as interações com o cliente, proporcionando uma experiência fluida e personalizada. A rede varejista tem se destacado no cenário do varejo brasileiro ao investir em nessas estratégias para aprimorar a experiência de compra dos clientes. Assim, por meio de aplicativos e plataformas online, os consumidores têm acesso a recomendações personalizadas com base em seu histórico de compras e preferências. Além disso, a empresa adotou a opção de "retirada na loja" para oferecer mais conveniência aos clientes, permitindo que eles comprem online e retirem seus produtos em uma loja física de sua escolha.

1.3. Adoção de Tecnologias Emergentes: IA e Internet das Coisas (IoT)

A adoção de tecnologias emergentes é um aspecto crucial da transformação digital. Tecnologias como a Inteligência Artificial (IA) e a Internet das Coisas (IoT) podem impulsionar a eficiência operacional, melhorar a tomada de decisões e criar oportunidades de negócios.

A adoção de tecnologias emergentes pode beneficiar empresas de todos os setores e ajudar a melhorar seus negócios nos seguintes aspectos:

- Eficiência operacional: as tecnologias emergentes podem ajudar as empresas a automatizarem tarefas, melhorar a comunicação e colaboração e tomar decisões mais informadas. Isso pode levar a uma redução de custos, aumento da produtividade e melhor atendimento ao cliente.

- Melhoria da tomada de decisões: as tecnologias emergentes podem ajudar as empresas a coletarem e analisar grandes quantidades de dados. Isso pode fornecer insights para tomada de decisões mais informadas, que podem levar a melhores resultados financeiros.
- Criação de novas oportunidades de negócios: as tecnologias emergentes podem ajudar as empresas a criarem novos produtos e serviços, entrar em novos mercados e expandir seus negócios.

A adoção de tecnologias emergentes é uma jornada, não um destino. As empresas devem começar pequeno e escalar suas iniciativas de transformação digital conforme necessário. É importante ter uma estratégia clara e definir metas mensuráveis para o sucesso. As empresas também devem estar preparadas para enfrentar desafios, como a falta de recursos, a resistência à mudança e a necessidade de treinamento.

A Tesla é um exemplo de empresa que utiliza tecnologias emergentes em sua transformação digital. Os carros elétricos da Tesla estão equipados com sensores IoT, que coletam dados em tempo real sobre o desempenho do veículo, condições da estrada e hábitos de direção dos usuários. Esses dados são usados para melhorar continuamente o desempenho e a segurança dos veículos, por meio de atualizações remotas. Além disso, a Tesla utiliza IA para aprimorar seu sistema de condução autônoma, tornando seus carros ainda mais avançados e seguros.

O setor agrícola brasileiro tem se beneficiado da adoção de tecnologias emergentes, como a Internet das Coisas (IoT) e a Inteligência Artificial (IA), para melhorar a produtividade e a eficiência no campo. A empresa brasileira Solinftec implementou soluções baseadas em IoT e IA para monitorar e otimizar as operações agrícolas. Através de sensores inteligentes instalados em máquinas agrícolas, a empresa coleta dados em tempo real sobre condições climáticas, umidade do solo e desempenho das máquinas. Essas informações são processadas por algoritmos de IA que fornecem *insights* para tomada de decisões, como o momento ideal para irrigação e aplicação de insumos agrícolas. Tal abordagem tem auxiliado os agricultores a otimizarem suas atividades, reduzindo custos e aumentando a produtividade.

Apesar dos desafios, a adoção de tecnologias emergentes pode ser uma vantagem competitiva para as empresas que estão dispostas a se transformar. As companhias que adotam as tecnologias emergentes mais cedo estarão em melhor posição para aproveitar as oportunidades que surgem na era digital.

1.4. Parcerias Estratégicas e Aquisições

Parcerias estratégicas e aquisições são estratégias que podem acelerar a transformação digital de uma organização. Ao colaborar com outras empresas ou adquirir *startups* e empresas tecnológicas, as organizações podem acessar novos mercados, inovações e talentos, acelerando sua transformação digital e expandir sua oferta de serviços. Ao adotar uma estratégia de parcerias e aquisições, as organizações podem posicionar-se para o sucesso na era digital. Isso inclui:

- Acesso a novos mercados: as parcerias e aquisições podem ajudar as organizações a acessarem novos mercados que elas não poderiam alcançar por conta própria. Por exemplo, uma empresa pode fazer uma parceria com outra empresa em um país diferente para entrar em um novo mercado. Ou, uma empresa pode adquirir uma empresa que já está operando em um mercado-alvo.
- Acesso a novas tecnologias: As parcerias e aquisições podem ajudar as organizações a acessarem novas tecnologias que elas não poderiam desenvolver ou adquirir por conta própria. Por exemplo, uma empresa pode fazer uma parceria com uma universidade para desenvolver uma nova tecnologia. Ou, uma empresa pode adquirir uma empresa que já possui uma tecnologia que é importante para a estratégia de transformação digital da empresa.
- Incorporação de novos talentos: As parcerias e aquisições podem ajudar as organizações a incorporarem novos talentos que elas não poderiam contratar por conta própria. Por exemplo, uma empresa pode fazer uma parceria com uma universidade para recrutar candidatos para vagas de emprego. Ou, uma empresa pode adquirir uma empresa que já possui uma equipe

de talentos que é importante para a estratégia de transformação digital da empresa.

O Facebook é um exemplo de uma empresa que utilizou aquisições estratégicas para impulsionar sua transformação digital. Em 2012, o Facebook adquiriu o Instagram por US$ 1 bilhão. Essa aquisição permitiu que o Facebook expandisse sua presença no universo móvel e alcançasse um novo público de usuários. O Instagram se tornou uma parte essencial do portfólio do Facebook, ajudando a empresa a manter sua relevância e competitividade no mercado de redes sociais.

Outro exemplo de uma empresa que utilizou aquisições estratégicas para impulsionar sua transformação digital é o Bradesco. Em 2019, o Bradesco adquiriu a empresa de tecnologia Nelogica por R$ 2,7 bilhões. Essa aquisição permitiu ao Bradesco fortalecer sua capacidade de análise de dados e oferecer serviços mais personalizados e relevantes para seus clientes. Além disso, o banco também tem firmado parcerias com startups de tecnologia para impulsionar sua inovação interna e expandir seus serviços digitais.

As parcerias estratégicas e as aquisições são estratégias poderosas que podem ajudar as organizações a acelerarem sua transformação digital. No entanto, é importante selecionar os parceiros e alvos de aquisição certos. As organizações também devem estar preparadas para lidar com os desafios de integração e cultura que podem surgir após uma aquisição.

Ao adotar uma estratégia de parcerias estratégicas e aquisições, as organizações podem posicionar-se para o sucesso na era digital. Ao acessar novos mercados, tecnologias e talentos, as organizações podem acelerar sua transformação digital e expandir sua oferta de serviços.

2. Como os CIOs podem liderar a implementação dessas estratégias

O papel do CIO (*Chief Information Officer*) tem evoluído consideravelmente nas últimas décadas, passando de um foco operacional para um papel estratégico na condução da transformação digital nas organizações. O CIO, como líder de tecnologia, desempenha um papel crucial na identificação, desenvolvimento e implementação de estratégias de transformação digital para impulsionar o sucesso da empresa na era digital. Neste capítulo, discutiremos como o CIO pode liderar a implementação dessas estratégias de forma eficaz, garantindo que a organização alcance seus objetivos de negócio.

O CIO precisa assumir um papel de liderança visionária, estratégica e adaptável para enfrentar os desafios da transformação digital.

O primeiro passo para o CIO liderar a implementação de estratégias de transformação digital é estabelecer uma visão clara do que a organização busca alcançar com a transformação. Essa visão deve ser alinhada com os objetivos de negócio da empresa, identificando como a tecnologia e a digitalização podem contribuir para o crescimento, a inovação e a melhoria da eficiência operacional. O CIO deve trabalhar em estreita colaboração com os demais executivos e partes interessadas para garantir que a visão seja compartilhada e compreendida por toda a organização. Em seguida, é importante criar um *roadmap* detalhado para a transformação digital da empresa. Esse roteiro deve abranger os objetivos estratégicos, as metas específicas, os projetos-chave e os prazos para implementação. O CIO deve trabalhar em conjunto com os líderes de negócio e as áreas de tecnologia para garantir que o *roadmap* esteja alinhado com as necessidades da organização e com a visão de longo prazo para a transformação.

Para liderar com sucesso a implementação de estratégias de transformação digital, o CIO deve possuir uma série de habilidades essenciais. Uma das principais é a visão estratégica, que envolve a capacidade de enxergar além do presente e antecipar o cenário futuro. Isso permite alinhar as iniciativas de transformação digital com os objetivos de negócio da organização, garantindo que as mudanças tecnológicas estejam em sintonia com a direção geral da empresa.

Além disso, a comunicação eficaz é uma habilidade crucial para o CIO. Ele deve ser capaz de articular de forma clara e concisa o *roadmap* de transformação digital para todas as partes interessadas, sejam elas executivos, líderes de equipe ou colaboradores - em todos os níveis da organização. Por meio dessa comunicação transparente, o CIO garante o engajamento e o alinhamento de todos os envolvidos com a visão de transformação digital, tornando mais fácil a adoção das mudanças necessárias.

Para ilustrar essas habilidades, podemos imaginar o seguinte cenário: Um CIO de uma empresa de varejo identifica que a concorrência está cada vez mais forte no ambiente digital e que é essencial implementar uma estratégia de transformação digital para se manter competitivo no mercado. Com sua visão estratégica, o CIO consegue analisar o cenário futuro e identificar as oportunidades tecnológicas que podem levar a organização a novos patamares de crescimento.

Em seguida, ele precisa comunicar essa visão para os demais executivos e líderes de equipe. Utilizando suas habilidades de comunicação eficaz, o CIO prepara apresentações claras e envolventes que explicam os benefícios da transformação digital, as etapas do processo e como cada área da empresa será impactada. Ele busca ouvir as preocupações e sugestões de seus colegas, criando um diálogo aberto e colaborativo.

Com a visão compartilhada e o engajamento de toda a equipe, o CIO lidera a implementação das estratégias de transformação digital. Ele acompanha de perto o progresso, ajusta o rumo quando necessário e celebra as conquistas alcançadas ao longo do caminho.

Nesse exemplo, a visão estratégica do CIO permitiu que ele identificasse as oportunidades de transformação digital para a empresa, enquanto sua comunicação eficaz foi fundamental para engajar e alinhar toda a organização em torno dessa visão, tornando a transformação digital uma realidade bem-sucedida. Essas habilidades são fundamentais para que o CIO seja um líder eficiente e inspire a equipe a abraçar as mudanças tecnológicas necessárias para o crescimento e a competitividade da empresa.

2.1. Criando uma cultura de Inovação e Experimentação

A cultura de inovação é um dos pilares fundamentais para o sucesso da transformação digital em uma organização. O CIO desempenha um papel de liderança nessa jornada, atuando como o principal catalisador para criar e incentivar uma cultura que valorize a inovação e a experimentação. Para compreender melhor como o CIO pode desempenhar esse papel, é importante explorar os fundamentos da cultura de inovação e como ela se relaciona com o sucesso da transformação digital.

Em um cenário empresarial cada vez mais competitivo e volátil, a inovação se tornou uma necessidade estratégica para a sobrevivência e o crescimento sustentável das organizações. A transformação digital, por sua vez, é um processo contínuo de adaptação e evolução para atender às demandas de um ambiente em constante mudança, impulsionado pela tecnologia e pelas expectativas dos clientes. O CIO, como líder responsável pelas estratégias tecnológicas da empresa, tem um papel fundamental na definição e execução da transformação digital. Isso inclui não apenas a implementação de novas tecnologias, mas também a criação de uma cultura organizacional que valorize a inovação, a experimentação e o aprendizado contínuo.

Nesse sentido, torna-se imperativa a criação de uma cultura de inovação, ou seja, um ambiente que promove a criatividade, encoraja o pensamento "fora da caixa" e permite que as ideias sejam compartilhadas e desenvolvidas livremente. Para criar essa cultura, o CIO deve adotar algumas práticas fundamentais:

- Liderança Inspiradora: O CIO deve ser um líder inspirador, que demonstre entusiasmo e paixão pela inovação. A liderança pelo exemplo é fundamental para incentivar a equipe a se engajar em projetos inovadores e arriscados.

- Encorajamento à Experimentação: Incentivar a experimentação significa aceitar o risco de falhas como parte do processo de aprendizado. O CIO deve criar um ambiente onde a equipe se sinta segura para testar novas ideias, mesmo que nem todas sejam bem-sucedidas.
- Valorização das Ideias: Todas as ideias devem ser valorizadas e consideradas, independentemente de sua origem. O CIO deve garantir que a equipe se sinta ouvida e respeitada, criando um ambiente inclusivo que estimule a diversidade de pensamento.
- Aprendizado Contínuo: A cultura de inovação também envolve um compromisso com o aprendizado contínuo. O CIO deve incentivar o desenvolvimento profissional da equipe, fornecendo recursos e oportunidades de capacitação.

Um dos exemplos mais notáveis de cultura de inovação é a gigante do entretenimento Netflix. Desde sua fundação como uma locadora de filmes até se tornar uma plataforma de streaming líder mundial, a Netflix sempre valorizou a experimentação e a inovação.

Reed Hastings, cofundador e ex-CEO da Netflix, destacou a importância da cultura de experimentação para a empresa. A equipe é incentivada a testar novas ideias e a arriscar em projetos inovadores, mesmo que isso signifique enfrentar algumas falhas. A cultura de inovação da Netflix permitiu a evolução constante de seu modelo de negócio, resultando em uma plataforma que revolucionou a forma como o entretenimento é consumido em todo o mundo.

Outro caso inspirador é o da Amazon, que sob a liderança de Jeff Bezos, manteve uma cultura de inovação e experimentação desde o início. A empresa adota o conceito de "Day 1"[15], que representa a mentalidade de uma *startup*, mesmo sendo uma das maiores empresas do mundo. Essa abordagem permite que a Amazon continue inovando e se reinventando constantemente, lançando novos produtos e serviços disruptivos.

Podemos notar que a cultura de inovação é essencial para a transformação digital bem-sucedida nas organizações. O CIO desempenha um papel fundamental na criação e liderança dessa cultura, incentivando a experimentação, valorizando ideias e promovendo o aprendizado contínuo. Ao adotar uma abordagem centrada na inovação, o CIO pode liderar com sucesso a transformação digital e posicionar a empresa para um futuro de prosperidade e relevância no mercado.

2.2. Foco na Experiência do cliente: O papel do CIO como agente de transformação digital

A transformação digital tem como principal objetivo atender às expectativas e necessidades do cliente na era digital. O

---

[15] Amazon Web Services. Como a Amazon define e operacionaliza uma cultura Day 1. AWS Blog, 2022. Disponível em: https://aws.amazon.com/pt/executive-insights/content/how-amazon-defines-and-operationalizes-a-day-1-culture/. Acesso em: 22 jan. 2023.

CIO, como líder da estratégia tecnológica da organização, desempenha um papel fundamental em garantir que essa jornada seja centrada na experiência do cliente. Isso implica entender profundamente o comportamento e as preferências dos clientes por meio da coleta e análise de dados, a fim de desenvolver soluções digitais personalizadas e intuitivas que aprimorem a experiência do cliente em todos os pontos de contato com a empresa.

Nesse sentido, o CIO deve liderar a iniciativa de coletar e analisar dados para entender o perfil do cliente, suas preferências, hábitos de consumo e expectativas em relação aos produtos e serviços oferecidos. Isso pode ser alcançado por meio de análise de dados de clientes existentes, pesquisas de mercado, feedbacks e interações em plataformas digitais.

Além disso, tecnologias emergentes, como a análise de dados em tempo real e o uso de inteligência artificial, podem ser aplicadas para obter *insights* mais profundos e preditivos sobre o comportamento do cliente. Compreender as necessidades em jogo é o primeiro passo para criar uma experiência personalizada e envolvente.

Com base nos *insights* obtidos, o CIO deve liderar a equipe de tecnologia na criação de soluções digitais que atendam às necessidades específicas dos clientes. Isso pode incluir a criação de aplicativos móveis intuitivos, websites de fácil navegação, sistemas de atendimento ao cliente automatizados e outras inovações digitais que simplifiquem a interação do cliente com a empresa.

Um exemplo inspirador é o Nubank, um banco digital brasileiro que revolucionou a experiência bancária dos clientes. O CIO do Nubank liderou a implementação de uma estratégia centrada no cliente, oferecendo uma plataforma simples, transparente e eficiente que conquistou milhões de usuários satisfeitos. Através de um aplicativo móvel amigável e funcionalidades inovadoras, o Nubank conseguiu oferecer uma experiência bancária personalizada, superando as expectativas dos clientes tradicionais de bancos.

Outro aspecto importante é a personalização da experiência do cliente em todos os pontos de contato com a empresa. Isso significa garantir que a experiência seja consistente e relevante, independentemente do canal utilizado pelo cliente, seja ele o website, o aplicativo móvel, as redes sociais ou atendimento presencial. O CIO deve liderar a integração de todos esses canais para proporcionar uma experiência *omnichannel* perfeita. Em um mundo cada vez mais digital e conectado, a personalização da experiência do cliente tornou-se um dos principais diferenciais competitivos para as empresas. Os clientes esperam ser tratados de forma única, com ofertas e interações que reflitam suas preferências individuais. Nesse contexto, o CIO desempenha um papel essencial na criação de uma experiência do cliente personalizada e consistente em todos os pontos de contato com a empresa. Por exemplo, o cliente que inicia uma interação pelo aplicativo móvel deve ter uma experiência fluida e consistente ao alternar para o atendimento por telefone ou chat online.

A personalização da experiência do cliente está diretamente relacionada à compreensão profunda dos hábitos e preferências dos clientes. Isso requer uma abordagem baseada em dados, onde são feitas a coleta, análise e interpretação de informações relevantes. Os dados podem incluir histórico de compras, comportamento de navegação, interações anteriores com a empresa e preferências declaradas pelos próprios clientes.

Com base nessa compreensão, é possível trabalhar em conjunto com os times de marketing, atendimento ao cliente e desenvolvimento de produtos para criar ofertas personalizadas que atendam a necessidades individualizadas. Por exemplo, ao analisar o histórico de compras de um cliente, a empresa pode oferecer recomendações de produtos ou serviços que se alinhem aos seus interesses, aumentando a probabilidade de conversão de *leads* em clientes.

Uma das principais demandas consiste na criação de uma abordagem de atendimento integrada independentemente do canal – a experiência *Ominichannel*. Isso significa que o cliente deve ter a possibilidade de transitar entre diferentes canais de atendimento de forma fluida e consistente. Aquele que inicia uma interação pelo aplicativo móvel, por exemplo, espera poder continuar essa interação através de outros meios, como telefone ou *chat* online, sem precisar repetir informações ou enfrentar dificuldades na transição. Para atender a essa expectativa, o CIO deve liderar a integração de todos os canais de atendimento e comunicação da empresa. Isso envolve a implementação de tecnologias e sistemas que permitam o compartilhamento de dados entre os diversos pontos de contato, garantindo uma visão única do cliente em toda a organização.

Um exemplo real de sucesso na implementação da estratégia *omnichannel* é o caso da Starbucks. A empresa possibilita que os clientes realizem pedidos de forma conveniente por meio de seu aplicativo móvel, o que permite personalizar suas bebidas e escolher a loja de preferência para retirá-las. Ao chegar à loja, o cliente pode simplesmente fazer o check-in no aplicativo e retirar seu pedido, sem precisar esperar em filas. Além disso, os pontos de fidelidade são automaticamente acumulados, independentemente do canal de compra utilizado, o que aumenta o engajamento e a satisfação dos consumidores.

Embora a personalização da experiência do cliente e a estratégia *omnichannel* ofereçam grandes oportunidades de crescimento e fidelização, também apresentam desafios significativos para o CIO. A integração de sistemas, a segurança da informação e a privacidade dos dados são aspectos que demandam atenção especial para garantir uma experiência do cliente consistente e segura.

Outro desafio é a capacitação das equipes de atendimento e vendas para lidar com a personalização e integração de canais. O CIO deve liderar a implementação de treinamentos e ferramentas que permitam aos colaboradores oferecerem um atendimento ágil, eficiente e personalizado, independentemente do canal utilizado pelo cliente.

Podemos ver que o CIO desempenha um papel crucial na transformação digital centrada na experiência do cliente. Ao compreender profundamente as necessidades e preferências dos consumidores e liderar a equipe de tecnologia na criação de soluções personalizadas e intuitivas, ele pode impulsionar a satisfação do cliente e aumentar a competitividade da organização no mercado digital. Os exemplos do Nubank e Starbucks demonstram como a estratégia centrada no cliente pode levar ao sucesso na transformação digital, destacando a importância de uma liderança visionária e inovadora. Ao adotar essas práticas e referências, o CIO estará preparado para liderar com sucesso a organização em sua jornada de transformação digital e alcançar resultados positivos e duradouros.

2.3. Adoção de Tecnologias Emergentes para a Transformação Digital

A adoção de tecnologias emergentes é um dos principais pilares da transformação digital nas organizações, e cabe ao CIO desempenhar um papel fundamental na identificação, avaliação e implementação dessas tecnologias de forma estratégica. Ele deve estar sempre atento às tendências tecnológicas, compreendendo seu potencial e buscando maneiras de aplicá-las para impulsionar a inovação e a eficiência nos negócios.

Para ser um líder eficaz na transformação digital, o CIO precisa estar atualizado sobre as últimas tendências tecnológicas. A Inteligência Artificial (IA), por exemplo, tem o potencial de automatizar processos, melhorar a tomada de decisões e personalizar a experiência do cliente. A Internet das Coisas (IoT), por sua vez, possibilita a conectividade entre dispositivos e a coleta de dados em tempo real, o que pode levar a *insights* valiosos para o negócio. Além disso, a tecnologia *Blockchain* tem o poder de proporcionar maior transparência, segurança e eficiência em transações e processos.

Ao acompanhar as tendências, o CIO deve analisar como essas tecnologias podem agregar valor ao negócio. É importante identificar oportunidades de aplicação em processos internos, no relacionamento com os clientes e até mesmo em novos modelos de negócio. A chave para o sucesso é entender as necessidades específicas da organização e alinhar as tecnologias emergentes às metas estratégicas.

Um exemplo notável de sucesso na adoção de tecnologias emergentes é a Maersk, líder mundial em transporte e logística[16]. Sob a liderança de seu CIO, a empresa adotou a tecnologia *Blockchain* para revolucionar sua cadeia logística. Maersk é uma empresa dinamarquesa líder global em transporte marítimo e logística, operando em um setor que tradicionalmente enfrenta desafios como a complexidade da cadeia de suprimentos, a falta de transparência e a burocracia envolvida nos processos. Ao adotar a tecnologia *Blockchain* sob a liderança de seu CIO, a Maersk buscou solucionar esses desafios. O *Blockchain* é uma tecnologia de registro distribuído que permite registrar e rastrear transações e eventos de forma segura e transparente. Na logística de transporte de contêineres, o uso do *Blockchain* permitiu à Maersk criar um sistema de registro confiável e imutável, que acompanha toda a jornada dos contêineres desde o ponto de origem até o destino.

---

[16] MAERSK. Maersk Logistics: Digital Revolution. Maersk,. Disponível em: https://www.maersk.com/~/media_sc9/maersk/solutions/technology-and-electronics/files/maersk-logistics-digital-revolution.pdf. Acesso em: 24jul2023.

Com a implementação do *Blockchain*, a Maersk conseguiu eliminar grande parte da papelada e processos manuais que antes geravam burocracia e atrasos nos envios. Com todas as informações registradas na *Blockchain* de forma transparente, os diversos participantes da cadeia de suprimentos, como transportadoras, alfândegas e clientes, puderam ter acesso em tempo real aos dados relevantes, o que aprimorou a visibilidade e a colaboração entre as partes envolvidas.

O resultado foi uma redução significativa nos tempos de trânsito, uma diminuição dos custos operacionais e uma maior eficiência nos processos logísticos. Essa transformação digital proporcionou uma experiência mais ágil e satisfatória para os clientes da Maersk, que puderam acompanhar suas remessas de forma mais precisa e contar com prazos mais confiáveis de entrega.

O caso da Maersk foi amplamente reconhecido como um exemplo bem-sucedido de implementação de *Blockchain* no setor logístico, demonstrando como a tecnologia pode oferecer soluções inovadoras para desafios tradicionais. Além disso, ele ilustra a importância do papel do CIO como um líder estratégico na adoção de tecnologias emergentes e na transformação digital de uma organização.

Uma vez identificadas as oportunidades, o CIO deve liderar a implantação estratégica das tecnologias emergentes. É importante criar um plano detalhado de implementação, considerando aspectos como infraestrutura, integração de sistemas e treinamento das equipes. Além disso, a gestão da mudança é essencial para garantir que os colaboradores compreendam os benefícios das novas tecnologias e estejam preparados para utilizá-las de forma eficaz.

Em alguns casos, a adoção de tecnologias emergentes pode exigir expertise ou recursos que a organização não possui internamente. Nesse contexto, o CIO pode buscar parcerias estratégicas com empresas especializadas ou até mesmo considerar a aquisição de startups que desenvolvem soluções inovadoras. Essas parcerias e aquisições podem acelerar a transformação digital e fornecer uma vantagem competitiva no mercado.

2.4. Parcerias Estratégicas e Aquisições

As parcerias estratégicas e aquisições são estratégias fundamentais para a transformação digital das organizações, pois permitem o acesso rápido a conhecimentos e recursos especializados, além de acelerar a inovação e a expansão para novos mercados. O CIO desempenha um papel crucial nesse processo, liderando a identificação e seleção de parcerias e aquisições que se alinhem com a visão de transformação digital da empresa.

A colaboração com startups é uma das formas mais comuns de estabelecer parcerias estratégicas. Startups são empresas jovens e ágeis, muitas vezes focadas em soluções inovadoras e tecnologias emergentes. Ao se associar a essas empresas, as organizações podem adotar rapidamente novas tecnologias e modelos de negócios, evitando os processos burocráticos típicos de grandes corporações. A parceria da Nestlé com startups de tecnologia alimentar é um exemplo relevante de como a colaboração com empresas inovadoras pode impulsionar a transformação digital em uma grande organização. A Nestlé, uma das maiores empresas de alimentos e bebidas do mundo, reconheceu a importância de se adaptar às mudanças no mercado e às preferências do consumidor em um cenário cada vez mais digitalizado.

Essa parceria estratégica permitiu à Nestlé explorar novas abordagens no desenvolvimento de produtos e serviços relacionados à indústria de alimentos. Startups de tecnologia alimentar geralmente são empresas que se destacam pela inovação e pela busca de soluções disruptivas para os desafios do setor. Ao se associar a essas startups, a Nestlé teve a oportunidade de alavancar a expertise e o conhecimento dessas empresas, trazendo inovação para seus produtos e processos.

Um exemplo específico dessa parceria é a aquisição da Sweet Earth, uma startup de alimentos baseada em vegetais, pela Nestlé em 2017. Essa aquisição permitiu à Nestlé expandir sua oferta de produtos vegetarianos e veganos para atender à crescente demanda por alternativas de origem vegetal. A Sweet Earth já havia conquistado uma base de consumidores fiéis com sua linha de alimentos à base de vegetais e a Nestlé detectou a oportunidade de capitalizar esse mercado em crescimento. Essa parceria não apenas permitiu à Nestlé ampliar sua oferta de produtos, mas também agregou um novo conjunto de habilidades e conhecimentos ao seu portfólio. As startups muitas vezes possuem uma cultura ágil e orientada para a inovação, o que pode influenciar positivamente a cultura organizacional de empresas maiores, tornando-as mais adaptáveis e dispostas a experimentar novas ideias.

Outra estratégia é a aquisição de empresas que possuam tecnologias, produtos ou serviços complementares ao portfólio da organização. Isso pode fornecer uma vantagem competitiva significativa, pois a empresa adquire novas capacidades rapidamente, sem precisar desenvolvê-las internamente.

A aquisição da empresa de mapeamento e navegação Waze pelo Google é um caso notável de como uma estratégia de aquisição pode impulsionar a transformação digital de uma empresa. Em junho de 2013, o Google anunciou a aquisição do Waze, um aplicativo de mapeamento e navegação com base em GPS que permite que os usuários compartilhem informações em tempo real sobre o tráfego, condições das estradas e outros eventos relevantes nas rotas. Essa aquisição foi estratégica para o Google, pois permitiu que a empresa aprimorasse significativamente seus serviços de mapas e navegação, bem como expandisse sua base de usuários. Uma das principais razões pelas quais o Google adquiriu o Waze foi a capacidade da empresa de fornecer informações de trânsito em tempo real e atualizações precisas sobre as condições das estradas. Com a integração do Waze ao Google Maps, os usuários do aplicativo passaram a se beneficiar dessas informações adicionais, tornando a experiência de navegação ainda mais eficiente e precisa. Além disso, a tecnologia do Waze permitiu ao Google oferecer rotas mais inteligentes e alternativas em tempo real, com base nas informações fornecidas pelos próprios usuários.

Outro ponto crucial dessa aquisição foi a possibilidade de o Google aumentar sua base de usuários. O Waze já contava com uma comunidade ativa de milhões de usuários em todo o mundo, o que permitiu ao Google expandir sua presença em mercados específicos e atingir novos públicos. Ao integrar o Waze ao Google Maps, a empresa pôde oferecer aos usuários uma plataforma mais completa e atraente para navegação, incentivando ainda mais pessoas a usarem seus serviços.

Esse caso de aquisição é um exemplo de como a estratégia de parcerias e aquisições pode ser uma maneira eficaz de acelerar a transformação digital de uma empresa. Ao adquirir uma empresa que possui tecnologias, conhecimentos ou base de usuários complementares, o Google conseguiu melhorar seus serviços e fortalecer sua posição no mercado de mapas e navegação.

Para garantir o sucesso das parcerias estratégicas e aquisições, o CIO deve seguir algumas etapas essenciais:

- **Alinhamento com a Estratégia Digital**: Antes de buscar parcerias ou realizar aquisições, é crucial que o CIO esteja alinhado com a estratégia digital da empresa. As parcerias devem estar em consonância com os objetivos de transformação digital e as necessidades específicas da organização.
- **Identificação de Parceiros Adequados**: O CIO deve realizar uma análise criteriosa do mercado e identificar startups ou empresas que possuam expertise nas áreas-chave para a transformação digital da organização. Além disso, é fundamental avaliar a cultura organizacional e a compatibilidade com os valores da empresa.

- ***Due Diligence***: Antes de concretizar qualquer parceria ou aquisição, é necessário realizar uma *Due Diligence* minuciosa. *Due Diligence* é um processo de investigação, análise e avaliação minuciosa realizado por uma empresa ou investidor interessado em adquirir outra empresa, realizar uma fusão, investir em um projeto ou estabelecer parcerias estratégicas. O objetivo dessa diligência é obter informações detalhadas e confiáveis sobre o negócio em questão, avaliar seus riscos, oportunidades e o real valor da transação. Essa análise abrangente é essencial para tomar decisões informadas e reduzir incertezas, garantindo que o negócio em questão seja uma escolha sólida e esteja alinhado com os objetivos e interesses do investidor. A *Due Diligence* pode ser realizada em diferentes áreas, como financeira, legal, operacional, ambiental e de recursos humanos, dependendo do tipo de transação e dos aspectos relevantes para a empresa interessada.

- **Integração e Gestão de Mudanças**: Após a conclusão da parceria ou aquisição, o CIO deve se envolver ativamente na integração das equipes e na gestão das mudanças organizacionais. A integração bem-sucedida é essencial para aproveitar ao máximo os benefícios da parceria ou aquisição.

2.5. Fomentar a Capacitação e a Inclusão Digital

A transformação digital é um processo complexo que envolve mudanças significativas nas práticas, processos e cultura de uma organização. Para que essa transformação seja bem-sucedida, é fundamental contar com a participação ativa e engajada de todos os colaboradores da empresa. O papel do CIO nesse contexto é de extrema importância, pois ele é o líder responsável por impulsionar a adoção das novas tecnologias e garantir que a empresa esteja preparada para enfrentar os desafios e aproveitar as oportunidades da era digital.

Uma das principais responsabilidades do CIO é fomentar a capacitação digital dos colaboradores. Isso significa oferecer treinamentos e recursos para desenvolver as habilidades necessárias para o uso eficiente das ferramentas digitais. Os treinamentos podem abranger desde a utilização básica de softwares e aplicativos até o desenvolvimento de habilidades mais avançadas, como análise de dados, programação e inteligência artificial. É importante que os colaboradores se sintam preparados e confiantes para utilizar as novas tecnologias em seu dia a dia de trabalho.

Um CIO pode liderar essa estratégia por meio da implementação de um programa abrangente de capacitação digital e da promoção de uma cultura colaborativa. A seguir, apresenta-se um modelo passo a passo que pode ser adotado para alcançar esse objetivo:

- **Passo 1: Avaliação das Necessidades Digitais.** O primeiro passo é realizar uma avaliação abrangente das necessidades digitais da empresa. O CIO deve identificar quais são as tecnologias e ferramentas digitais mais relevantes para as atividades da organização, levando em consideração as áreas de maior impacto e oportunidades de inovação. Essa avaliação permitirá que o programa de capacitação seja direcionado de forma precisa para atender às demandas específicas da empresa.

- **Passo 2: Desenvolvimento do Programa de Capacitação.** Com base na avaliação das necessidades digitais, o CIO deve desenvolver um programa de capacitação detalhado. Esse programa deve incluir treinamentos em áreas-chave, como o uso de softwares específicos, análise de dados, automação de processos e outras habilidades digitais relevantes. É importante que os treinamentos sejam práticos e aplicáveis ao dia a dia dos colaboradores.
- **Passo 3: Incentivo à Colaboração e Troca de Conhecimento.** Para promover uma cultura colaborativa, o CIO deve incentivar a formação de grupos de trabalho interdisciplinares. Esses grupos devem ser compostos por colaboradores de diferentes áreas da empresa, de modo a estimular a troca de conhecimentos e experiências entre eles. O compartilhamento de ideias e aprendizados contribui para uma compreensão mais abrangente das necessidades de cada setor e função, enriquecendo o processo de capacitação.
- **Passo 4: Fomento à Inovação e Experimentação.** O CIO deve criar um ambiente propício à inovação e à experimentação. Os colaboradores devem ser incentivados a experimentar novas abordagens e soluções,

mesmo que isso envolva correr riscos controlados. O erro é visto como uma oportunidade de aprendizado, e a empresa deve valorizar as lições aprendidas com as experiências.

- **Passo 5: Acompanhamento e Avaliação Contínua.** O programa de capacitação deve ser acompanhado e avaliado continuamente pelo CIO e pela equipe res-

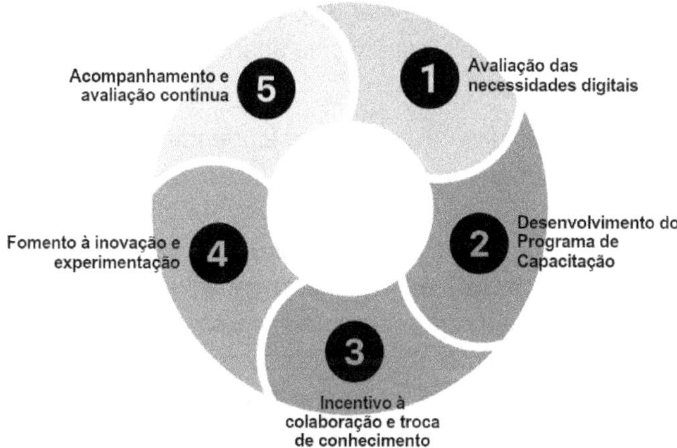

Figura 5 - Como fomentar a capacitação e inclusão digital

ponsável. É importante medir os resultados e impactos das capacitações, identificar oportunidades de melhoria e ajustar o programa conforme necessário.

A adoção desse modelo pode ser um passo significativo para uma transformação digital bem-sucedida, garantindo que todos os colaboradores estejam preparados e engajados para aproveitar as oportunidades oferecidas pelas novas tecnologias e impulsionar o crescimento e inovação da organização.

Outro aspecto fundamental é garantir a inclusão digital, assegurando que todos os colaboradores tenham acesso às tecnologias necessárias para participar do processo de transformação. Isso envolve disponibilizar os recursos tecnológicos adequados, bem como promover um ambiente inclusivo e aberto à participação de todos. A inclusão digital é especialmente importante para evitar disparidades entre os colaboradores e garantir que ninguém seja abandonado nessa jornada de transformação.

Como podemos ver, o CIO desempenha um papel fundamental na liderança da implementação de estratégias de transformação digital nas organizações. Ao fomentar uma cultura de inovação e colaboração, garantir a segurança e a governança de dados - e promover a capacitação e a inclusão digital, o CIO está preparando a empresa para enfrentar os desafios da era digital e aproveitar as oportunidades de crescimento e inovação. Os exemplos reais apresentados demonstram como essas estratégias têm sido aplicadas com sucesso no Brasil, inspirando outras organizações a seguirem o caminho da transformação digital.

4 GESTÃO DE PROJETOS DE TRANSFORMAÇÃO DIGITAL

Gestão

Ao final deste capítulo, você será capaz de:

- Dominar as técnicas essenciais para gerenciar com sucesso projetos de transformação digital.
- Explorar as diferentes metodologias para a gestão de projetos de transformação digital, incluindo PMBOK© e Metodologias Ágeis.
- Compreender as particularidades do PMBOK© (Project Management Body of Knowledge) e seu papel na transformação digital.
- Analisar as metodologias ágeis, como Scrum e Kanban, para otimizar a gestão de projetos de transformação digital.
- Desenvolver as habilidades e ferramentas necessárias para que o CIO lidere com eficácia os projetos de transformação digital, incluindo gestão de projetos, tomada de decisões baseada em dados, colaboração e busca contínua por inovação.

Capítulo 4: Gestão de Projetos de Transformação Digital

A transformação digital é um imperativo para as organizações que buscam se manter competitivas e relevantes em um cenário de constantes mudanças tecnológicas e demandas dos clientes. Nesse contexto, a gestão de projetos de transformação digital desempenha um papel fundamental para garantir o sucesso das iniciativas e maximizar os resultados alcançados.

Neste capítulo abordaremos como os líderes e equipes podem conduzir projetos de transformação digital de maneira bem-sucedida. Inicialmente, detalharemos estratégias gerais para gerenciar tais projetos eficazmente. Em seguida, investigaremos as metodologias mais relevantes na gestão desses projetos, como o PMBOK© (*Project Management Body of Knowledge*) e as Metodologias Ágeis, dando destaque para o Scrum e o Kanban, assim como realizando comparativos entre essas metodologias para entender suas particularidades e vantagens.

Posteriormente, focaremos no papel do CIO na condução destes projetos, explorando as habilidades e ferramentas essenciais. Isso incluirá a discussão sobre gestão de projetos, tomada de decisões baseadas em dados, a importância da colaboração e do engajamento das partes interessadas, e a busca contínua por inovação no âmbito da transformação digital.

1. Como gerenciar projetos de transformação digital com sucesso

A gestão de projetos de transformação digital é uma disciplina que visa planejar, executar e monitorar iniciativas que buscam promover mudanças profundas nas organizações, por meio da aplicação estratégica de tecnologias digitais. Essa abordagem visa não apenas a implementação de soluções tecnológicas, mas também a transformação dos processos, cultura e modelos de negócio da empresa, para se adaptar às demandas do mundo digital e atender às expectativas dos clientes. O objetivo é alcançar uma transformação significativa na forma como a empresa opera, oferece valor aos clientes e se posiciona no mercado, por meio da adoção estratégica de tecnologias digitais.

Para ter sucesso na gestão de projetos de transformação digital, é necessário considerar alguns conceitos e fundamentos:

I. **Planejamento Estratégico e Alinhamento de Objetivos**: antes de iniciar qualquer projeto de transformação digital, é essencial que a iniciativa esteja alinhada com a estratégia de negócio da organização. Isso significa que os objetivos do projeto devem estar em sintonia com os objetivos de longo prazo da empresa, para que as mudanças promovidas estejam de acordo com a visão e missão da organização. É fundamental que a alta direção da empresa estabeleça uma visão clara do futuro desejado e os objetivos estratégicos que a transformação digital busca alcançar. Esses objetivos devem ser alinhados com as metas de negócio e identificar oportunidades para melhorar a experiência do cliente, otimizar processos internos e impulsionar a inovação.

II. **Identificação e Priorização de Iniciativas**: após o estabelecimento dos objetivos estratégicos, é necessário identificar as iniciativas de transformação digital que serão realizadas. Essa identificação deve considerar a viabilidade técnica e financeira, o impacto potencial nas operações e o alinhamento com os objetivos estratégicos. É importante também priorizar as iniciativas de acordo com sua relevância e capacidade de entregar valor rapidamente.

III. **Gestão de Mudanças e Engajamento dos Colaboradores:** a transformação digital envolve mudanças significativas na cultura, nos processos e na forma como as pessoas trabalham. Uma gestão de mudanças eficaz é fundamental para garantir que os colaboradores estejam preparados e engajados na adoção das novas tecnologias. Comunicar de forma transparente os objetivos da transformação, envolver os colaboradores em todas as etapas do projeto e oferecer treinamentos e capacitação são algumas das práticas importantes nesse contexto.

IV. **Orientação ao Cliente**: a transformação digital deve ser conduzida com foco no cliente. Compreender as necessidades, expectativas e comportamentos dos clientes é essencial para desenvolver soluções digitais relevantes e que agreguem valor aos usuários finais.

V. **Abordagem Iterativa e Ágil**: a natureza volátil e dinâmica do ambiente digital exige uma abordagem iterativa e ágil na gestão de projetos de transformação digital. Em vez de adotar um modelo de gestão de projetos tradicional, a metodologia ágil permite uma maior flexibilidade e adaptação às mudanças que podem surgir ao longo do processo.

VI. **Governança e Gestão de Riscos**: a transformação digital geralmente envolve mudanças significativas na organização, o que pode trazer riscos e incertezas. Por isso, é fundamental estabelecer uma governança adequada para a gestão de riscos, garantindo que os impactos negativos sejam minimizados e que os benefícios sejam maximizados. A gestão de riscos é essencial em projetos de transformação digital, pois envolve a implementação de tecnologias complexas e novas formas de trabalhar. É importante identificar e analisar os riscos potenciais, desenvolver planos de mitigação e monitorar continuamente o progresso do projeto. Além disso, é fundamental estabelecer indicadores de desempenho e resultados que permitam medir o impacto das iniciativas e fazer ajustes ao longo do tempo.

VII. **Gestão de Mudanças e Envolvimento dos Colaboradores**: a transformação digital só será bem-sucedida se contar com o envolvimento e comprometimento dos colaboradores. Engajar a equipe desde o início do projeto, ouvir suas ideias e preocupações, e oferecer treinamentos e suporte são estratégias essenciais para promover a adoção das novas tecnologias. Uma gestão de mudanças eficaz é fundamental para garantir que os colaboradores estejam preparados e engajados na adoção das novas tecnologias. Comunicar de forma transparente os objetivos da transformação, envolver os colaboradores em todas as etapas do projeto e oferecer treinamentos e capacitação são algumas das práticas importantes nesse contexto.

VIII. **Medição e Avaliação de Resultados**: é importante estabelecer indicadores de desempenho e metas claras para avaliar o progresso e os resultados alcançados ao longo do projeto. A medição constante dos resultados permitirá ajustes necessários e garantirá que o projeto esteja alinhado com as expectativas.

IX. **Colaboração e Comunicação**: a comunicação transparente e a colaboração efetiva entre as equipes envolvidas no projeto são cruciais para garantir o alinhamento de todas as partes interessadas e para superar possíveis desafios durante a transformação digital.

Tenha sempre esse checklist em mãos, quando for avaliar a viabilidade de algum projeto de transformação digital:

Fundamento	Questionamentos básicos
Planejamento Estratégico e Alinhamento de Objetivos:	O projeto de transformação digital está alinhado com a estratégia institucional?
	Foram definidos objetivos mensuráveis para o acompanhamento do projeto?
Identificação e Priorização de Iniciativas:	Foram identificadas as iniciativas do projeto?
	Foram feitas as análises de viabilidade técnica e financeira das iniciativas?

Fundamento	Questionamentos básicos
	As iniciativas foram priorizadas?
Gestão de Mudanças e Engajamento dos Colaboradores:	O impacto do projeto foi comunicado de forma efetiva e transparente para os colaboradores?
Orientação ao Cliente:	A transformação pretendida tem foco no cliente?
Abordagem Iterativa e Ágil:	A gestão da iniciativa será flexível e dinâmica?
Governança e Gestão de Riscos	Foram criadas as estruturas de governança e gestão de risco para as iniciativas?
	Foram criados os planos de mitigação de riscos?
Medição e Avaliação de Resultados	Foram criados os indicadores de desempenho e resultados para a iniciativa?
Colaboração e Comunicação:	Foi criado um plano de comunicação constante e transparente?

Figura 6 - Checklist para avaliação de projetos de transformação digital

2. Metodologias para Gestão de Projetos de Transformação Digital

A gestão de projetos de transformação digital é essencial para o sucesso das iniciativas que buscam aplicar estrategicamente tecnologias digitais para promover mudanças significativas nas organizações. Para alcançar resultados positivos e alinhar os objetivos de negócio com as soluções tecnológicas adotadas, é crucial empregar metodologias eficazes de gerenciamento de projetos.

Duas das principais abordagens amplamente utilizadas no mercado são o PMBOK© (*Project Management Body of Knowledge*) e as metodologias ágeis. Ambas oferecem diretrizes e práticas que permitem a condução de projetos de transformação digital de forma organizada, colaborativa e com foco no valor entregue ao cliente. Vejamos uma breve descrição de cada uma e um comparativo entre ambas.

2.1. PMBOK© (Project Management Body of Knowledge):

O PMBOK©[17] é um guia desenvolvido pelo *Project Management Institute* (PMI) e representa uma referência consolidada para a gestão de projetos em geral. O guia PMBOK© é considerado uma referência internacional e reúne as melhores práticas, processos e padrões para a gestão de projetos em geral. Ele apresenta um conjunto de processos, ferramentas e técnicas comprovadas que podem ser aplicadas em diversos tipos de projetos, incluindo os projetos de transformação digital.

O PMBOK© é um guia abrangente que oferece uma estrutura sólida para o gerenciamento de projetos. Ele aborda tanto aspectos técnicos como fatores humanos envolvidos na condução de um projeto. Entre as principais características do PMBOK©, destacam-se:

- **Processos Padronizados**: O PMBOK© define um conjunto de processos padrão que abrangem todas as etapas de um projeto, desde o início até o encerramento. Esses processos são organizados em grupos de acordo com suas características e objetivos,

[17] Project Management Institute. A Guide to the Project Management Body of Knowledge (PMBOK Guide). 6th ed. PMI, 2017.

garantindo uma abordagem sistemática e estruturada para o gerenciamento.

- **Boas Práticas**: O guia reúne uma compilação de boas práticas, técnicas e ferramentas testadas e aprovadas em projetos reais, que podem ser aplicadas em diferentes contextos e setores.
- **Atualizações e Revisões**: O PMBOK©, lançado inicialmente em 1987, é atualizado periodicamente para se adaptar às mudanças no cenário dos projetos e incorporar novas práticas e metodologias que surgem com o avanço da gestão de projetos.

O enfoque do PMBOK© é sequencial e hierárquico, o que significa que os processos são executados em uma ordem específica e cada fase depende da conclusão da anterior. Cada grupo de processos é executado em uma sequência lógica e pode ocorrer várias vezes ao longo do projeto, conforme necessário. Os grupos de processos são:

1. **Iniciação**: neste grupo, os processos são realizados para definir e autorizar o início de um projeto ou uma fase do projeto.
2. **Planejamento**: nesta fase, são desenvolvidos planos detalhados que guiarão a execução do projeto. O plano de gerenciamento do projeto é criado, bem como os planos auxiliares para áreas específicas, como escopo, cronograma, custos, qualidade, recursos humanos, comunicações, riscos, aquisições e partes interessadas.

3. **Execução**: aqui, o projeto é executado conforme planejado e os processos são realizados para garantir que as atividades sejam executadas de acordo com o plano do projeto.
4. **Monitoramento e Controle**: nesta etapa, o projeto é monitorado e controlado para acompanhar o progresso e garantir que o projeto esteja em conformidade com o planejado. Caso sejam identificadas variações, medidas corretivas são implementadas.
5. **Encerramento**: nesta fase, os processos são executados para encerrar formalmente o projeto ou uma fase dele, incluindo a documentação e lições aprendidas.

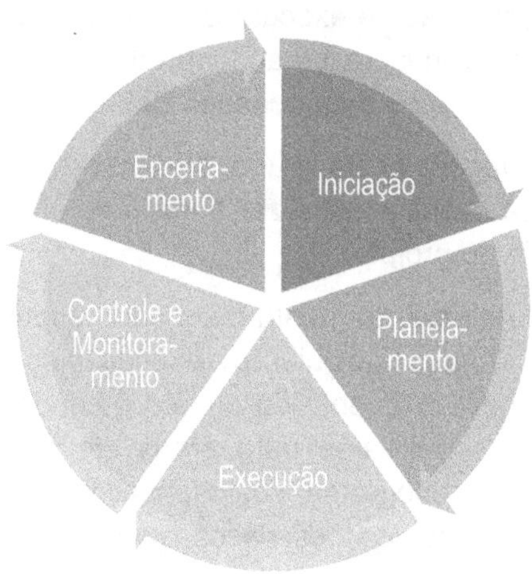

Figura 7 - Grupos de Processos

Cada grupo contém processos específicos que abrangem desde a definição do escopo e a elaboração do cronograma até o controle das mudanças e a entrega do produto final.

Assim, o PMBOK© oferece uma estrutura sólida para o gerenciamento de projetos, fornecendo uma base de conhecimento para os profissionais da área planejarem, executarem e controlarem projetos de forma eficiente e eficaz. Sua aplicação abrange diversos setores e tipos de projetos, sendo uma referência indispensável para profissionais de gerenciamento de projetos em todo o mundo.

2.2. Metodologias Ágeis

As metodologias ágeis, como Scrum e Kanban, surgiram como uma alternativa ao gerenciamento tradicional de projetos, trazendo uma abordagem mais colaborativa, flexível e iterativa. Essas metodologias têm se mostrado especialmente eficazes na gestão de projetos de transformação digital, onde a rapidez nas respostas às mudanças do mercado e a entrega contínua de valor ao cliente são fundamentais para o sucesso.

2.2.1. Scrum

O Scrum é uma das metodologias ágeis mais conhecidas e amplamente utilizadas. Ele se baseia na divisão do projeto em ciclos chamados Sprints, geralmente com duração de duas a quatro semanas. Cada Sprint tem um objetivo claro e bem definido, e durante esse período, a equipe se concentra em planejar e executar as tarefas necessárias para atingir o objetivo do Sprint. Ao final de cada Sprint, uma entrega parcial do produto ou funcionalidade é realizada.

O roteiro passo a passo para implementar o Scrum em um projeto de transformação digital inclui:

1. **Formação da equipe Scrum:** Constituir uma equipe multidisciplinar com profissionais de diferentes áreas de especialização, como desenvolvedores, designers, analistas de negócio etc.
2. **Definição do Product Backlog:** Criar uma lista prioritária de requisitos e funcionalidades que serão desenvolvidos ao longo do projeto. Essa lista é dinâmica e pode ser ajustada ao longo do tempo conforme novas demandas surgem.
3. **Planejamento do Sprint:** Reunir a equipe no início de cada Sprint para definir o escopo das tarefas que serão executadas e estimar o esforço necessário para cada uma delas.
4. **Execução do Sprint:** Durante o Sprint, a equipe trabalha de forma colaborativa para concluir as tarefas planejadas, realizando reuniões diárias de acompanhamento do progresso.
5. **Revisão do Sprint:** Ao final de cada Sprint, a equipe apresenta o que foi concluído e realiza uma revisão para coletar feedback dos stakeholders e ajustar o rumo do projeto, se necessário.
6. **Retrospectiva do Sprint:** A equipe realiza uma retrospectiva para identificar pontos fortes e áreas de melhoria no processo de trabalho, buscando aprimorar continuamente o desempenho.

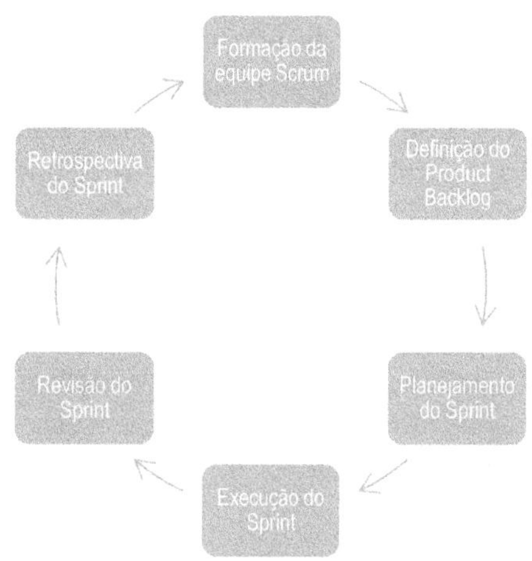

Figura 8 - Passo a passo do Scrum

Vamos ilustrar, imaginando que uma empresa de tecnologia decide desenvolver um aplicativo móvel para aprimorar a experiência do cliente. Eles aplicam a metodologia Scrum ao projeto, dividindo-o em Sprints de três semanas. Ao final de cada Sprint, eles entregam novas funcionalidades e recursos aos usuários, permitindo que eles experimentem e forneçam feedback valioso para a equipe de desenvolvimento. Com base nas revisões e retrospectivas do Sprint, a equipe faz ajustes contínuos no planejamento para melhorar a qualidade do produto e atender às necessidades do cliente de forma ágil.

2.2.2. Kanban

O Kanban é outra metodologia ágil que se baseia em fluxo contínuo, sem a definição de Sprints. Nessa abordagem, as tarefas são visualizadas em um quadro Kanban, onde cada etapa do processo é representada por uma coluna. À medida que as tarefas são concluídas, novas tarefas são adicionadas ao quadro, permitindo uma maior flexibilidade na gestão das demandas e na alocação de recursos.

O roteiro passo a passo para implementar o Kanban em um projeto de transformação digital inclui:

1. **Visualização do Fluxo de Trabalho:** Mapear todas as etapas do processo de desenvolvimento e criar um quadro Kanban com colunas representando cada etapa.
2. **Limitar o Trabalho em Andamento:** Definir limites para o número de tarefas que podem estar em cada coluna do quadro ao mesmo tempo, evitando sobrecarga e garantindo foco nas atividades em andamento.
3. **Priorização das Tarefas:** Definir critérios claros para priorizar as tarefas no quadro, garantindo que a equipe esteja concentrada nas atividades mais relevantes para o projeto.
4. **Gerenciamento Visual:** Utilizar cartões para representar as tarefas no quadro, possibilitando uma visão clara do progresso e do status de cada atividade.
5. **Melhoria Contínua:** Realizar reuniões regulares para revisar o quadro Kanban, identificar gargalos e oportunidades de melhoria no processo.

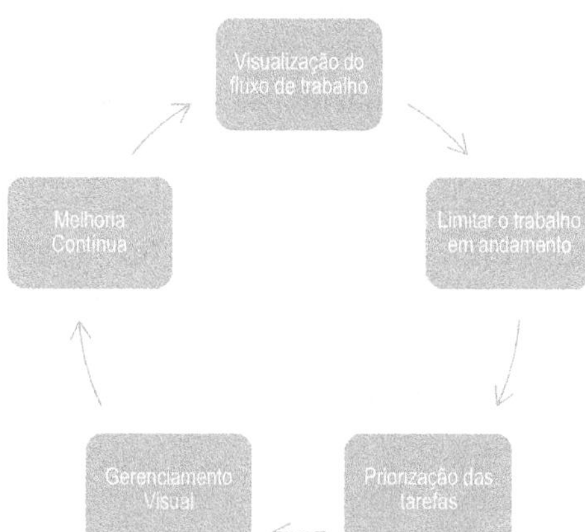

Figura 9 - Passo a passo do Kanban

Para ilustrar, imagine que um departamento de TI de uma empresa de varejo utiliza a metodologia Kanban para gerenciar o desenvolvimento de novos recursos para o site de e-commerce. As etapas do processo, como análise de requisitos, desenvolvimento, testes e implantação, são mapeadas no quadro Kanban. A equipe estabelece limites para o trabalho em andamento em cada etapa, garantindo que a quantidade de tarefas em progresso não sobrecarregue a equipe. Com essa abordagem, o departamento de TI consegue gerenciar de forma mais eficiente o fluxo de trabalho e atender às demandas da empresa com agilidade.

2.2.3. Comparativo entre Scrum e Kanban

Embora tanto o Scrum quanto o Kanban sejam metodologias ágeis, eles possuem algumas diferenças significativas:

1. **Estrutura do Processo:** O Scrum possui uma estrutura mais definida, com Sprints e ritos específicos (reuniões de planejamento, revisão e retrospectiva). Já o Kanban é mais flexível, não possui a definição de Sprints e permite que as tarefas fluam em um fluxo contínuo.
2. **Foco na Entrega:** O Scrum enfatiza a entrega contínua de valor ao cliente a cada Sprint, enquanto o Kanban se concentra na melhoria contínua do fluxo de trabalho, sem a restrição de entregas em ciclos predefinidos.
3. **Previsibilidade:** O Scrum é mais previsível, pois os Sprints têm uma duração fixa e o trabalho é planejado com antecedência. No Kanban, o fluxo contínuo permite uma maior flexibilidade nas prioridades, o que pode tornar a previsibilidade um pouco mais desafiadora.

Ambas as metodologias têm suas vantagens e são adequadas para diferentes contextos e tipos de projetos. A escolha entre Scrum e Kanban dependerá das necessidades específicas da equipe e do projeto em questão. No entanto, ambas as abordagens compartilham o princípio fundamental da agilidade, que é a capacidade de responder rapidamente às mudanças e entregar valor ao cliente de forma contínua.

2.3. Comparativo entre PMBOK© e Metodologias Ágeis

No universo da gestão de projetos, duas abordagens distintas têm se destacado por sua eficiência e relevância em contextos diversos: o PMBOK© (Project Management Body of Knowledge) e as metodologias ágeis. Ambos os enfoques são amplamente reconhecidos como ferramentas valiosas para o gerenciamento de projetos, porém, apresentam diferenças significativas em suas características e aplicabilidades.

Nesta seção, exploraremos e compararemos de forma detalhada o PMBOK©, conhecido como um guia de melhores práticas para a gestão de projetos, com as metodologias ágeis, como Scrum e Kanban, que surgiram como alternativas inovadoras para lidar com projetos complexos e em constante evolução. Analisaremos os fundamentos, princípios e processos de cada abordagem, bem como suas vantagens e desafios.

Enquanto o PMBOK© oferece uma abordagem sequencial, com foco em planejamento detalhado e etapas bem definidas, as metodologias ágeis são iterativas e incrementais, permitindo uma maior flexibilidade para lidar com mudanças e prioridades em projetos dinâmicos. Além disso, exploraremos como essas metodologias priorizam a colaboração, a entrega contínua de valor e o aprendizado contínuo ao longo do projeto.

Ao compreender as características distintas e as aplicações adequadas de cada abordagem, os profissionais de gerenciamento de projetos estarão aptos a fazer escolhas mais assertivas e alinhadas com as necessidades específicas de suas iniciativas. Através de exemplos práticos e análises detalhadas, este capítulo fornecerá insights valiosos para o sucesso na gestão de projetos de transformação digital, sejam eles de grande escala ou com requisitos dinâmicos e em constante mudança.

De forma resumida, podemos destacar os seguintes aspectos:

• **Abordagem**: O PMBOK© segue uma abordagem sequencial, também conhecida como *waterfall*, em que o projeto é dividido em fases distintas, como planejamento, execução e controle. Cada fase é realizada de forma sequencial e só avança para a próxima após a conclusão da anterior. Já as metodologias ágeis são iterativas e incrementais, ou seja, o projeto é dividido em ciclos repetitivos de trabalho, nos quais as tarefas são executadas de forma incremental e iterativa. Essa abordagem permite uma maior flexibilidade para ajustar o escopo e as prioridades do projeto ao longo do tempo.

• **Flexibilidade**: As metodologias ágeis oferecem maior flexibilidade para lidar com mudanças e adaptações durante o projeto. Em projetos de transformação digital, onde os requisitos e tecnologias podem estar em constante evolução, a abordagem ágil permite que a equipe se adapte rapidamente às mudanças do mercado e às necessidades do cliente. No PMBOK©, as mudanças podem ser mais desafiadoras de serem incorporadas, uma vez que a sequencialidade das fases pode tornar o processo mais rígido.

• **Entregas**: Uma das principais diferenças entre o PMBOK© e as metodologias ágeis é a forma como as entregas são realizadas. No PMBOK©, as entregas geralmente ocorrem ao final de cada fase, ou seja, o cliente só recebe os resultados finais após a conclusão de todo o projeto. Já nas metodologias ágeis, as entregas são frequentes e incrementais, ocorrendo ao final de cada iteração do projeto. Isso permite que o cliente tenha acesso a funcionalidades e resultados parciais do projeto em um período mais curto, possibilitando um feedback mais rápido e uma maior flexibilidade para ajustar as prioridades.

• **Colaboração**: As metodologias ágeis enfatizam a colaboração entre os membros da equipe e os stakeholders do projeto. As reuniões diárias de acompanhamento (*Daily Stand-ups*) são um exemplo disso, onde a equipe compartilha o progresso e os desafios enfrentados, promovendo a transparência e o alinhamento entre todos os envolvidos. O PMBOK© também valoriza a colaboração, mas a rigidez das fases pode limitar um pouco a interação entre as partes interessadas até a conclusão de cada fase.

• **Complexidade**: O PMBOK© é mais adequado para projetos com escopo bem definido e de maior complexidade, em que os requisitos e entregas podem ser mais estáveis ao longo do tempo. Já as metodologias ágeis são mais indicadas para projetos mais flexíveis e dinâmicos, nos quais a complexidade pode surgir devido às mudanças constantes. Em projetos de transformação digital, onde a inovação e a evolução são parte fundamental, a abordagem ágil se mostra mais apropriada para lidar com a incerteza e a velocidade de mudança.

• **Aprendizado Contínuo**: As metodologias ágeis promovem o aprendizado contínuo ao longo do projeto. Cada iteração permite que a equipe analise o que foi entregue, colete feedback dos usuários e *stakeholders* e aplique esse aprendizado para melhorar as próximas iterações. O PMBOK© também prevê processos de controle e monitoramento do projeto, mas a frequência das revisões pode ser menor do que nas metodologias ágeis.

A tabela a seguir traz esse comparativo de forma estruturada:

Tabela 1 - Comparativo PMBOK©, Scrum e Kanban

Características	PMBOK©	Scrum	Kanban
Abordagem	Sequencial	Iterativa e Incremental	Fluxo Contínuo
Foco	Planejamento detalhado e etapas bem definidas	Flexibilidade e adaptação a mudanças	Gestão visual e melhoria contínua
Entregas	Entregas mais definidas ao final de cada fase	Entregas frequentes e incrementais	Entregas contínuas
Ciclo de Vida	Definido e estruturado	Ciclos iterativos (Sprints)	Fluxo contínuo de trabalho
Papéis e Responsabilidades	Funções específicas e bem definidas	Papéis flexíveis e colaborativos	Papéis e responsabilidades adaptáveis
Colaboração	Colaboração importante, mas não centralizada	Colaboração intensa e autogerenciamento	Colaboração e comunicação efetivas
Complexidade	Adequado para projetos complexos e bem definidos	Adequado para projetos flexíveis e dinâmicos	Adequado para projetos ágeis e contínuos
Aprendizado Contínuo	Foco na execução de acordo com o plano previamente estabelecido	Melhoria contínua e adaptação constante	Melhoria contínua e ajustes contínuos

É importante ressaltar que a escolha entre o PMBOK© e as metodologias ágeis deve levar em consideração o contexto e as características específicas de cada projeto de transformação digital. Em alguns casos, a abordagem híbrida, combinando conceitos das duas metodologias, pode ser a mais apropriada para otimizar o gerenciamento e o sucesso da iniciativa. Por exemplo, uma empresa que realiza a gestão de um projeto de desenvolvimento de software pode adotar o Scrum para a etapa de desenvolvimento, com ciclos de entregas incrementais, e utilizar o PMBOK© para a fase de planejamento e controle, garantindo uma gestão estruturada e abrangente do projeto como um todo.

3. O CIO na condução de projetos de transformação digital: habilidades e ferramentas

Para liderar a implementação dos projetos de transformação digital, o CIO deve desenvolver algumas habilidades e fazer uso de ferramentas e metodologias como as descritas na seção anterior. Isso inclui o gerenciamento de recursos, o acompanhamento dos prazos e o controle dos resultados alcançados. O CIO deve trabalhar em estreita colaboração com os líderes de projeto e as equipes para garantir que os projetos sejam entregues dentro do prazo e do orçamento estabelecidos.

Para liderar com sucesso a transformação digital, o CIO deve desenvolver e aprimorar diversas habilidades essenciais. Neste capítulo, destacamos algumas das principais competências que o CIO deve possuir para conduzir a organização em sua jornada de inovação e mudança.

3.1. Habilidade de Gestão de Projetos

A gestão de projetos de transformação digital é uma peça fundamental para garantir que as iniciativas sejam bem-sucedidas. O CIO deve ser capaz de planejar, organizar e controlar cada etapa dos projetos, estabelecendo metas claras e prazos realistas. É crucial que o CIO saiba alocar os recursos adequados, gerenciar riscos e garantir a eficiência na execução. Para isso, o uso de boas práticas como o PMBOK© (*Project Management Body of Knowledge*) ou metodologias ágeis pode ser de grande valia, proporcionando uma abordagem estruturada e bem-sucedida na gestão de projetos. Como o líder responsável por essa gestão, o CIO precisa possuir habilidades essenciais para planejar, organizar e controlar cada etapa do processo, assegurando que os projetos alcancem seus objetivos dentro dos prazos e orçamentos estabelecidos. Nessa toada, destacam as seguintes habilidades:

1. **Planejamento Estratégico**: O CIO deve ter uma visão estratégica clara das metas e objetivos da transformação digital. Isso envolve a definição de uma abordagem integrada que alinhe os projetos de transformação aos objetivos de negócio da empresa. O planejamento estratégico é fundamental para garantir que os recursos sejam alocados de forma eficiente e que os esforços estejam focados em iniciativas que realmente impulsionem o crescimento e a inovação.

2. **Estabelecimento de Metas Claras**: É importante que o CIO defina metas claras e mensuráveis para cada projeto de transformação digital. Essas metas devem

ser específicas, mensuráveis, alcançáveis, relevantes e com prazo definido (conhecidas como SMART[18]). Ao

---

[18] O SMART é uma abordagem amplamente utilizada para definir metas de forma clara e eficiente, ajudando a garantir que elas sejam alcançáveis e mensuráveis. Esse acrônimo é formado pelas iniciais de cinco características essenciais que uma meta deve possuir:

1. *Specific* (Específica): A meta deve ser bem definida e clara, evitando ambiguidades ou interpretações divergentes. Ela deve responder às perguntas: o que será alcançado? Por que é importante? Quem estará envolvido? Onde acontecerá? Definir uma meta específica permite que todos os envolvidos estejam alinhados quanto ao objetivo a ser alcançado.
2. *Measurable* (Mensurável): A meta deve ser quantificável, possibilitando a medição do progresso e a determinação do seu alcance. Utilizar indicadores ou métricas para mensurar o avanço em relação à meta é fundamental para acompanhar o sucesso do projeto e avaliar o cumprimento das expectativas.
3. *Achievable* (Alcançável): A meta deve ser realista e factível, levando em consideração os recursos disponíveis, como tempo, orçamento, tecnologias e habilidades da equipe. É importante que a meta represente um desafio, mas que ainda seja possível de ser alcançada com esforço e dedicação adequados.
4. *Relevant* (Relevante): A meta deve estar alinhada com os objetivos de negócio da organização. Ela deve ter um propósito claro e contribuir diretamente para o sucesso da empresa, agregando valor e impactando positivamente os resultados finais.
5. *Time-bound* (Temporalmente Definida): A meta deve ter um prazo estabelecido para ser concluída. Definir uma data limite para a realização da meta ajuda a manter o foco e a evitar a procrastinação. O prazo também permite uma

estabelecer metas claras, o CIO facilita a comunicação e o alinhamento entre as equipes, garantindo que todos estejam cientes dos resultados esperados.

melhor gestão do tempo e dos recursos, tornando mais eficiente o planejamento e a execução das atividades.

Ao utilizar a abordagem SMART para definir metas, os gestores e equipes têm uma base sólida para a tomada de decisões, o monitoramento de progresso e a avaliação dos resultados alcançados. A aplicação do SMART auxilia na definição de objetivos claros e alcançáveis, aumentando as chances de sucesso nos projetos de transformação digital e em outras iniciativas empresariais.

Figura 10 - SMART

3. **Alocação de Recursos**: O CIO deve ser capaz de alocar os recursos necessários para a execução dos projetos de transformação digital. Isso inclui recursos financeiros, tecnológicos e humanos. Uma alocação adequada de recursos é fundamental para garantir que as equipes tenham o suporte necessário para realizar suas atividades de forma eficiente e produtiva.
4. **Gerenciamento de Riscos**: A transformação digital envolve incertezas e riscos. O CIO deve ser proativo na identificação e gerenciamento de riscos potenciais que possam afetar o andamento dos projetos. Isso envolve a implementação de planos de contingência e estratégias de mitigação de riscos para garantir que os projetos estejam preparados para enfrentar eventuais desafios.
5. **Escolha de Metodologias Adequadas**: O CIO tem a responsabilidade de escolher as metodologias mais adequadas para a gestão dos projetos de transformação digital. O uso de boas práticas como o PMBOK© ou metodologias ágeis, como Scrum e Kanban, pode ser de grande valia nesse sentido. O PMBOK© oferece uma abordagem estruturada e abrangente para a gestão de projetos, enquanto as metodologias ágeis são mais flexíveis e adaptáveis a projetos em constante evolução.

Para ilustrar, imagine que o CIO de uma empresa de telecomunicações esteja liderando a transformação digital da empresa para melhorar a experiência do cliente em seus serviços. Ele realiza um planejamento estratégico detalhado, definindo metas claras para a redução do tempo de resposta do atendimento ao cliente e a melhoria da qualidade das conexões.

O CIO alocou recursos para a implantação de um novo sistema de atendimento ao cliente baseado em inteligência artificial, que seria capaz de resolver problemas comuns de forma mais rápida e eficiente. Ele também designou uma equipe multidisciplinar para trabalhar na otimização da infraestrutura de rede e garantir que as conexões fossem mais estáveis e rápidas.

Ao longo do processo, o CIO identificou riscos potenciais, como possíveis atrasos na implantação do novo sistema de atendimento e a resistência à mudança por parte dos colaboradores. Ele desenvolveu planos de contingência para mitigar esses riscos, incluindo a possibilidade de contratar consultores externos para apoiar a equipe interna e treinar os colaboradores para que se adaptassem às novas tecnologias.

Com uma abordagem bem planejada e com a escolha adequada das metodologias ágeis para lidar com as incertezas do processo, o CIO conseguiu garantir que os projetos de transformação digital fossem bem-sucedidos, resultando em uma melhoria significativa na experiência do cliente e no posicionamento competitivo da empresa no mercado de telecomunicações.

3.2. Tomada de Decisão Baseada em Dados

A transformação digital exige decisões informadas e fundamentadas em dados. A tomada de decisão baseada em dados é uma habilidade crítica para o CIO liderar a transformação digital com sucesso. Nesse contexto, o CIO deve ser capaz de utilizar métricas e informações relevantes para avaliar o progresso dos projetos e tomar decisões informadas e embasadas. Para isso, é fundamental que o CIO possua as seguintes competências:

Figura 11 - Competências para uma tomada de decisão baseada em dados

1. **Análise de Dados**: O CIO deve ter habilidades analíticas para compreender e interpretar os dados coletados ao longo dos projetos de transformação digital. Isso inclui a capacidade de identificar padrões, tendências e *insights* relevantes para apoiar a tomada de decisão. A análise de dados pode envolver o uso de técnicas estatísticas e algoritmos de *Machine Learning* para extrair informações valiosas dos dados brutos.
2. **Utilização de Ferramentas de Análise de Dados**: Para facilitar a análise de dados, o CIO deve estar familiarizado com ferramentas de análise de dados e *Business Intelligence*. Essas ferramentas permitem a visualização e a interpretação dos dados de forma mais eficiente, facilitando a identificação de oportunidades e desafios nos projetos de transformação digital.
3. **Visão Holística dos Resultados**: O CIO deve ter uma visão holística dos resultados alcançados ao longo da transformação digital. Isso significa compreender como cada iniciativa se encaixa nos objetivos estratégicos da organização e como elas se relacionam entre si. Ter uma visão panorâmica dos resultados permite ao CIO fazer ajustes precisos no rumo dos projetos e garantir que eles estejam alinhados com a visão de futuro da empresa.

4. **Agilidade na Tomada de Decisão**: A transformação digital é um processo dinâmico e em constante evolução. Nesse contexto, o CIO deve ser ágil na tomada de decisão, capaz de responder rapidamente a mudanças e novas oportunidades que possam surgir ao longo do processo. A agilidade na tomada de decisão permite ao CIO direcionar os projetos de forma mais efetiva, garantindo que eles se adaptem às necessidades do mercado e da organização.

Para contextualizar, vamos imaginar que uma empresa de varejo está passando por uma transformação digital para aprimorar sua experiência de compra online. O CIO está acompanhando métricas como o tempo médio de carregamento do site, a taxa de conversão de vendas, o número de visitantes únicos, entre outros indicadores-chave de desempenho.

Ao analisar os dados, o CIO percebe que a taxa de conversão de vendas está abaixo do esperado e que o tempo médio de carregamento do site está acima do ideal. Utilizando ferramentas de análise de dados, o CIO identifica que a lentidão do site está afetando negativamente a experiência dos clientes, levando à queda nas vendas.

Com base nessas informações, o CIO toma a decisão de priorizar a otimização do tempo de carregamento do site como uma ação imediata. Ele também decide investir em uma estratégia de personalização do conteúdo para melhorar a experiência de compra dos clientes.

Conforme as mudanças são implementadas, o CIO continua monitorando as métricas e ajustando as estratégias conforme necessário. A tomada de decisão baseada em dados permitiu ao CIO identificar rapidamente os gargalos no processo de compra online e direcionar os esforços para melhorar a experiência do cliente, impulsionando assim o sucesso da transformação digital na empresa de varejo.

3.3. Promovendo a Colaboração e o Engajamento das Partes Interessadas:

A transformação digital não é um esforço isolado; requer a colaboração de diversas partes interessadas, tanto internas quanto externas à organização. Nesse sentido, o CIO deve atuar como um facilitador, promovendo uma comunicação eficaz entre os departamentos de negócio, a equipe de tecnologia, os fornecedores e os clientes. É crucial que haja um alinhamento entre todas as partes envolvidas, de forma a garantir o sucesso dos projetos e a concretização dos objetivos estabelecidos.

Uma das principais habilidades necessárias para o CIO nesse contexto é a negociação. Conflitos podem surgir durante a implementação de projetos de transformação digital, especialmente quando há divergências de opiniões ou prioridades entre os diferentes setores da empresa. O CIO deve ser capaz de atuar como mediador, buscando soluções que sejam benéficas para todas as partes envolvidas. Uma negociação bem-sucedida pode resultar em um ambiente mais colaborativo, onde as equipes trabalham em conjunto para alcançar os objetivos comuns.

Além disso, a empatia é uma habilidade importante para o CIO ao lidar com as partes interessadas. Compreender as necessidades e expectativas de cada área e indivíduo ajuda a criar um ambiente de confiança e respeito mútuo. Ao demonstrar interesse genuíno pelo bem-estar e sucesso das equipes, o CIO incentiva o engajamento e o comprometimento dos colaboradores em relação aos projetos de transformação digital.

Para promover a colaboração, o CIO deve estabelecer canais de comunicação eficazes, garantindo que as informações fluam de maneira clara e transparente entre os envolvidos. A realização de reuniões periódicas e a disponibilidade para ouvir feedbacks e sugestões são práticas que fortalecem o trabalho em equipe e o engajamento dos stakeholders.

Outro aspecto relevante é o envolvimento dos colaboradores em todas as etapas da transformação digital. Quando as pessoas se sentem parte ativa do processo de mudança e têm voz nas decisões, estão mais propensas a apoiar e contribuir positivamente para o sucesso dos projetos.

Um exemplo de como a promoção da colaboração e do engajamento das partes interessadas pode impactar positivamente na transformação digital é o caso da Microsoft. Durante a implementação de novas estratégias de transformação digital, a empresa criou grupos interdisciplinares compostos por profissionais de diferentes áreas, incluindo desenvolvedores, designers, especialistas em marketing e representantes de clientes. Essa abordagem colaborativa possibilitou uma visão mais holística dos desafios e oportunidades, resultando em soluções inovadoras e alinhadas com as necessidades do mercado.

Portanto, ao desenvolver habilidades de negociação, empatia e comunicação, e ao promover a participação ativa das partes interessadas, o CIO pode criar um ambiente colaborativo e engajado que potencializa o sucesso da transformação digital na organização. Ao trabalhar em conjunto com todas as equipes e *stakeholders* envolvidos, a implementação de projetos de transformação digital se torna mais eficiente e eficaz, impulsionando o crescimento e a inovação da empresa.

3.4. Busca da Inovação Contínua

A busca pela inovação contínua é um dos pilares fundamentais para o sucesso da transformação digital. A transformação digital é um processo em constante evolução, exigindo que o CIO esteja sempre em busca de inovação. É fundamental que o CIO esteja atento a novas tecnologias, tendências e oportunidades que possam impulsionar o crescimento da organização. Estar atualizado com as melhores práticas do mercado é essencial, e para isso, o CIO deve incentivar a equipe de tecnologia a participar de eventos, conferências e cursos de capacitação.

Ter uma mentalidade de aprendizado é crucial, pois permite ao CIO buscar novos conhecimentos e experiências que possam contribuir para a inovação e a evolução contínua da empresa. Além disso, é fundamental desenvolver um pensamento estratégico, sendo capaz de identificar tendências emergentes e avaliar como elas podem ser aplicadas para gerar valor e vantagem competitiva para a organização.

Desenvolver um pensamento estratégico é outra competência crucial para o CIO. Identificar tendências emergentes e avaliar como elas podem ser aplicadas para gerar valor para a organização é essencial para tomar decisões informadas e promover a inovação de forma estratégica. Um CIO com pensamento estratégico é capaz de antecipar oportunidades e desafios, tornando a empresa mais ágil e preparada para enfrentar as mudanças do mercado.

Um exemplo inspirador de busca por inovação contínua é a empresa Amazon. Sob a liderança de seu CIO, a empresa tem sido pioneira em diversas tecnologias disruptivas, como o uso de inteligência artificial em seus sistemas de recomendação e a implementação de drones para entregas de produtos. Essas inovações têm sido fundamentais para aprimorar a experiência do cliente e consolidar a Amazon como uma das empresas mais inovadoras do mundo.

Outro exemplo que merece destaque é o Bradesco, um dos maiores bancos do Brasil. Dentre as inúmeras inovações, destacam-se o Bradesco Next, um banco digital voltado para o público mais jovem, e o NextLab, um laboratório de inovação que fomenta o desenvolvimento de novas soluções digitais. Essas iniciativas impulsionaram a digitalização dos serviços bancários e fortaleceram a posição do Bradesco como líder no setor financeiro.

Em resumo, para liderar efetivamente a transformação digital, o CIO deve estar comprometido com a busca contínua por inovação. Desenvolver habilidades de gestão de projetos, tomada de decisão baseada em dados, promoção da colaboração e engajamento das partes interessadas, e buscar constantemente a inovação serão fundamentais para conduzir a organização em sua jornada de transformação digital. Ao adotar uma abordagem estratégica e orientada para a aprendizagem contínua, o CIO estará preparado para enfrentar os desafios da era digital e aproveitar as oportunidades de crescimento e inovação que ela oferece.

CIO 5.0

O GUIA DEFINITIVO PARA LIDERAR A TRANSFORMAÇÃO DIGITAL

5 DESENVOLVIMENTO DE EQUIPES PARA A TRANSFORMAÇÃO DIGITAL

Equipe

Ao final deste capítulo, você será capaz de:

- Definir perfis necessários com precisão para formar uma equipe completa e complementar.
- Realizar recrutamento e seleção estratégicos alinhados com a visão da transformação digital.
- Construir equipes multidisciplinares capazes de enfrentar os desafios da transformação digital.
- Cultivar uma liderança inspiradora que motive a equipe na busca dos objetivos de transformação digital.
- Identificar necessidades de capacitação e promover o desenvolvimento contínuo da equipe.
- Investir de forma inteligente em programas de treinamento para fortalecer as habilidades da equipe.
- Promover a cultura de aprendizado contínuo, acompanhando as rápidas mudanças tecnológicas.

Capítulo 5: Desenvolvimento de Equipes para a Transformação Digital

A transformação digital se tornou uma prioridade estratégica para as organizações que buscam se adaptar ao cenário competitivo em constante evolução e explorar as oportunidades proporcionadas pelas tecnologias emergentes. Nesse contexto, a equipe de Tecnologia da Informação (TI) desempenha um papel fundamental, sendo responsável por conduzir e liderar a jornada de transformação digital.

Desenvolver uma equipe de TI eficaz é essencial para o sucesso da transformação digital. Essa equipe não apenas implementará as soluções tecnológicas, mas também será responsável por definir uma visão clara de como a organização pode se tornar mais ágil, inovadora e orientada a dados.

O desenvolvimento dessa equipe envolve uma combinação de habilidades técnicas e comportamentais, além de uma cultura organizacional que valorize a inovação, a colaboração e o aprendizado contínuo. É preciso ter profissionais capacitados, alinhados com os objetivos estratégicos da empresa e capazes de promover mudanças significativas em toda a organização.

Neste capítulo, o foco recai sobre a criação e capacitação de equipes eficazes no contexto da TI, especialmente para conduzir a transformação digital nas organizações. Inicialmente, discutiremos como desenvolver uma equipe de TI competente, abrangendo desde a definição dos perfis necessários até estratégias de recrutamento e seleção, com ênfase na formação de grupos multidisciplinares e na importância de uma liderança inspiradora. Em seguida, mergulharemos profundamente na questão do treinamento e desenvolvimento de habilidades, destacando a identificação de necessidades de capacitação, a importância de investir em programas de treinamento eficazes e a promoção de uma cultura de aprendizado contínuo, garantindo que as equipes estejam sempre à frente, adaptando-se às constantes mudanças e inovações do cenário digital.

1. Como desenvolver uma equipe de TI eficaz para liderar a transformação digital

A transformação digital tem se tornado uma prioridade estratégica para empresas de diversos setores, impulsionada pelas rápidas mudanças tecnológicas e pelas novas demandas do mercado. Nesse contexto, a equipe de Tecnologia da Informação (TI) desempenha um papel crucial na liderança e implementação da transformação digital. Desenvolver uma equipe de TI eficaz é essencial para garantir o sucesso dessa jornada, pois são esses profissionais que conduzirão a organização em direção à inovação, eficiência e vantagem competitiva.

Esta seção aborda a importância de desenvolver uma equipe de TI capacitada e preparada para liderar a transformação digital. Para isso, exploraremos as etapas fundamentais para formar uma equipe alinhada com os objetivos estratégicos da empresa e dotada das competências necessárias para enfrentar os desafios tecnológicos em constante evolução.

Iniciaremos pela definição dos perfis profissionais necessários para conduzir a transformação digital. Com o cenário tecnológico em constante mudança, as demandas por habilidades específicas, como especialistas em inteligência artificial, análise de dados e segurança cibernética, têm se tornado cada vez mais importantes.

Em seguida, discutiremos a importância de um recrutamento e seleção estratégicos. A atração dos melhores talentos do mercado requer uma abordagem direcionada, buscando candidatos com experiência e habilidades relevantes para a transformação digital, bem como uma afinidade com os valores e cultura da empresa.

Outro aspecto crucial abordado neste capítulo é a formação de equipes multidisciplinares. Essas equipes, compostas por profissionais com habilidades complementares, são essenciais para a promoção da colaboração, criatividade e inovação, elementos fundamentais para o sucesso da transformação digital.

Além disso, destacaremos a importância de uma liderança inspiradora. Um líder capacitado e visionário é essencial para motivar a equipe de TI, compartilhar uma visão clara do futuro digital da organização, criar um ambiente de confiança e incentivar a busca incessante pela inovação e excelência.

Para ilustrar esses conceitos, apresentaremos o exemplo de sucesso da empresa Google. Com uma cultura de inovação e liberdade criativa, a equipe de TI do Google desenvolveu soluções revolucionárias que impactaram positivamente a vida de bilhões de pessoas ao redor do mundo.

Ao final desta seção, os leitores terão uma visão abrangente das etapas e práticas essenciais para desenvolver uma equipe de TI eficaz na liderança da transformação digital, preparando suas organizações para enfrentar os desafios e aproveitar as oportunidades do cenário tecnológico em constante evolução.

1.1. Definição dos perfis necessários

O sucesso da transformação digital depende diretamente da composição adequada da equipe de TI. O primeiro passo para desenvolver uma equipe eficaz é a definição clara dos perfis profissionais necessários para conduzir essa jornada rumo à inovação e eficiência. A seleção dos perfis certos é fundamental para garantir que a equipe possua as habilidades e conhecimentos necessários para enfrentar os desafios tecnológicos e atender às demandas específicas da organização.

Nesse contexto, é essencial que a empresa analise cuidadosamente suas necessidades e prioridades estratégicas antes de determinar os perfis necessários para a equipe de TI. Algumas das principais habilidades que geralmente são requeridas em uma equipe de transformação digital incluem:

- **Especialistas em Inteligência Artificial (IA)**: Profissionais com expertise em IA têm um papel crucial na transformação digital, pois podem desenvolver soluções e algoritmos avançados que automatizam processos, otimizam decisões e fornecem *insights* valiosos para o negócio.
- **Analistas de Dados**: A análise de dados é um pilar fundamental da transformação digital. Por meio da interpretação de dados, a equipe pode identificar

padrões, tendências e oportunidades de melhoria para orientar a tomada de decisões estratégicas.

- **Desenvolvedores de Software**: Os desenvolvedores são responsáveis pela criação e manutenção das soluções digitais que irão impulsionar a transformação da empresa. Eles devem possuir conhecimentos em linguagens de programação, arquitetura de sistemas e metodologias de desenvolvimento.
- **Especialistas em Segurança Cibernética**: Com a crescente digitalização dos negócios, a segurança cibernética torna-se uma preocupação crítica. Especialistas em segurança são responsáveis por proteger a organização contra ameaças e garantir a integridade dos dados e sistemas.
- **Profissionais de Experiência do Usuário (UX):** A experiência do usuário é um aspecto essencial da transformação digital. Profissionais de UX são responsáveis por projetar interfaces intuitivas e amigáveis, garantindo que as soluções digitais atendam às necessidades e expectativas dos usuários.
- **Especialistas em Tecnologias Emergentes:** À medida que novas tecnologias emergem, como *Blockchain*, realidade virtual e internet das coisas, a equipe de TI deve contar com profissionais especializados nessas áreas, capazes de identificar oportunidades de aplicação e implementação dessas tecnologias na empresa.

É importante ressaltar que a definição dos perfis necessários não é uma abordagem única, pois cada organização possui necessidades específicas com base em seu setor de atuação, tamanho, maturidade digital e objetivos estratégicos. Portanto, é recomendável realizar uma análise minuciosa do contexto da empresa e das tendências de mercado para identificar os perfis mais relevantes para o sucesso da transformação digital.

Além das habilidades técnicas específicas, é fundamental considerar as chamadas "*Soft Skills*", ou habilidades comportamentais, que desempenham um papel crucial na capacidade da equipe de se adaptar, inovar e colaborar durante o processo de transformação digital. Ao definir os perfis, é importante considerar as seguintes etapas:

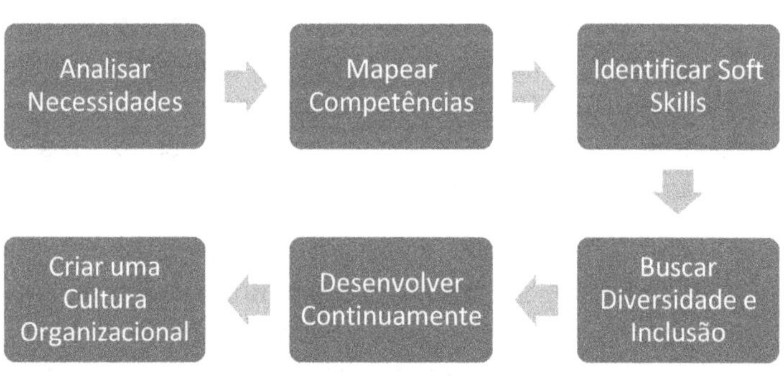

Figura 12 - Passos para a formação de uma equipe

- Analisar as Necessidades: A equipe de liderança, em conjunto com os principais stakeholders, deve analisar as necessidades e objetivos da transformação digital. Isso inclui identificar áreas-chave onde a tecnologia pode agregar valor, como otimização de processos, melhorias na experiência do cliente, redução de custos, entre outras.
- Mapear Competências: Com base nas necessidades identificadas, é essencial mapear as competências técnicas necessárias para cada área. Por exemplo, se a organização pretende adotar a inteligência artificial para melhorar a personalização do atendimento ao cliente, será necessário contar com especialistas em IA e análise de dados.
- Identificar *Soft Skills*: Além das competências técnicas, as *Soft Skills* são igualmente importantes para o sucesso da equipe. Entre as habilidades comportamentais relevantes para a transformação digital estão a criatividade, capacidade de resolução de problemas, habilidades de comunicação, pensamento crítico, resiliência e adaptabilidade.
- Buscar a Diversidade e Inclusão: Ao formar a equipe, é benéfico buscar diversidade em termos de experiência, perspectivas e origens culturais. Equipes diversas têm maior potencial para gerar inovação e encontrar soluções criativas para os desafios da transformação digital.
- Desenvolver Continuamente: A transformação digital é um processo dinâmico e contínuo. Portanto, é

essencial incentivar o desenvolvimento contínuo dos membros da equipe, por meio de programas de treinamento, capacitação e atualização nas mais recentes tecnologias e tendências.

- Criar um Cultura Organizacional: A cultura organizacional também desempenha um papel fundamental no desenvolvimento da equipe de TI. É importante criar um ambiente de trabalho que valorize a colaboração, a aprendizagem e o compartilhamento de conhecimentos, para que a equipe esteja motivada e engajada na busca pela transformação digital.

A empresa de tecnologia IBM é um exemplo de sucesso na transformação digital, e sua abordagem estratégica na definição dos perfis profissionais necessários desempenhou um papel fundamental nesse processo. A IBM é uma empresa centenária que se reinventou ao longo dos anos, mantendo-se relevante e líder no mercado de tecnologia. Ao decidir embarcar em sua jornada de transformação digital, a IBM identificou que áreas-chave, como inteligência artificial, *Big Data* e segurança cibernética, seriam essenciais para impulsionar seu crescimento e inovação. Nesse sentido, a empresa priorizou a contratação de profissionais altamente especializados nessas áreas, que pudessem liderar e desenvolver soluções inovadoras. Essa definição estratégica de perfis permitiu à IBM construir uma equipe de TI altamente capacitada, com profissionais que possuíam expertise nas tecnologias emergentes e nas demandas do mercado. Ao contar com especialistas em inteligência artificial, a IBM pôde desenvolver sistemas de IA avançados que revolucionaram diversos setores, como saúde, finanças e indústria. Além disso, a equipe de *Big Data* permitiu à IBM processar e analisar grandes volumes de dados, gerando insights valiosos para seus clientes e ajudando-os a tomar decisões mais informadas e estratégicas. Com uma equipe especializada em segurança cibernética, a IBM conseguiu oferecer soluções robustas e confiáveis para proteger os dados de seus clientes e garantir a integridade de suas operações digitais.

A abordagem da IBM na definição de perfis também envolveu o desenvolvimento contínuo de suas equipes, por meio de treinamentos, programas de capacitação e incentivos para a atualização constante de conhecimentos. Dessa forma, a empresa garantiu que seus profissionais estivessem sempre alinhados com as últimas tendências e avanços tecnológicos.

Ou seja, com uma equipe de TI eficaz e altamente especializada, a IBM conseguiu liderar sua transformação digital e consolidar sua posição como uma das principais empresas de tecnologia do mundo. A capacidade de identificar e atrair talentos com as habilidades certas foi um fator-chave para o sucesso da empresa nessa jornada de inovação e transformação digital. A IBM é um exemplo inspirador para outras organizações que buscam obter sucesso em suas próprias iniciativas de transformação digital, destacando a importância de uma abordagem estratégica na formação de uma equipe de TI capaz de liderar a revolução digital.

1.2. Recrutamento e seleção estratégicos

O processo de recrutamento e seleção estratégicos é de extrema importância para construir uma equipe de TI eficaz que seja capaz de liderar a transformação digital de uma organização. A busca pelos melhores talentos do mercado é um desafio, especialmente em um cenário competitivo, onde a demanda por profissionais especializados em tecnologia é alta.

Para garantir o sucesso nessa etapa, é fundamental que a empresa tenha uma clara compreensão dos perfis profissionais necessários, como mencionado anteriormente, e estabeleça critérios claros para a seleção dos candidatos. Além das habilidades técnicas, é crucial identificar profissionais que também possuam as chamadas "*Soft Skills*" ou habilidades comportamentais.

As "*Soft Skills*" são atributos pessoais que vão além das competências técnicas e são fundamentais para o desempenho eficaz dos profissionais no ambiente de trabalho. Algumas das *Soft Skills* mais relevantes para a equipe de TI incluem:

- **Comunicação**: Profissionais de TI precisam ser capazes de se comunicar de forma clara e eficaz, tanto com membros da equipe quanto com *stakeholders* externos. A capacidade de explicar conceitos técnicos de maneira acessível é essencial para a colaboração e o sucesso dos projetos.
- **Adaptabilidade**: A transformação digital é um processo dinâmico, que exige que os profissionais sejam adaptáveis e capazes de lidar com mudanças e desafios constantes. A habilidade de se ajustar a novos cenários e abraçar inovações é essencial para acompanhar as demandas do mercado.

- **Trabalho em equipe**: A colaboração entre os membros da equipe de TI é fundamental para a resolução de problemas complexos e a entrega de resultados. Profissionais que valorizam o trabalho em equipe e são capazes de ouvir e considerar diferentes perspectivas são essenciais para o sucesso da transformação digital.
- **Pensamento crítico**: Profissionais de TI precisam ter habilidades de pensamento crítico para analisar problemas, identificar soluções criativas e tomar decisões fundamentadas em dados.
- **Orientação para resultados**: A equipe de TI deve estar focada em resultados e orientada para a entrega de valor ao cliente. Profissionais que são motivados a alcançar metas e objetivos são fundamentais para garantir o sucesso dos projetos de transformação digital.
- **Motivação e Empenho:** A transformação digital muitas vezes envolve a adoção de novas ferramentas, processos e abordagens de trabalho. Colaboradores engajados são mais propensos a abraçar essas mudanças com uma atitude positiva. Sua motivação intrínseca impulsiona o empenho em aprender novas habilidades, experimentar tecnologias e buscar maneiras de melhorar a eficiência.
- **Resiliência e Resolução de Problemas:** Transformações digitais podem encontrar obstáculos e desafios inesperados. Colaboradores engajados demonstram resiliência diante da adversidade e estão dispostos a enfrentar e resolver problemas de maneira criativa.

Eles buscam soluções em vez de desistir e ajudam a superar obstáculos que podem surgir.

- **Inovação e Contribuição:** Pessoas engajadas sentem que fazem parte da visão e do sucesso da transformação digital. Isso as motiva a contribuir com ideias inovadoras para melhorar processos, criar soluções e agregar valor à organização por meio das novas tecnologias.
- **Iniciativa**: a iniciativa é uma qualidade fundamental em indivíduos e equipes, especialmente no contexto da transformação digital. Ela se refere à disposição e capacidade de agir de forma proativa, sem esperar que outras pessoas indiquem o que fazer.

Uma vez identificados os perfis e as *Soft Skills* desejadas, é possível utilizar diferentes estratégias de recrutamento, como anúncios em plataformas especializadas, parcerias com universidades e instituições de ensino, e até mesmo programas de indicação para atrair os melhores talentos do mercado.

Além disso, durante o processo de seleção, é importante realizar entrevistas estruturadas e avaliações técnicas que permitam identificar se o candidato possui as competências técnicas e comportamentais necessárias para a equipe de TI.

O recrutamento não é uma tarefa fácil. À medida que a transformação digital continua a moldar o cenário empresarial, a busca por profissionais de TI qualificados se torna cada vez mais desafiadora. A pandemia de COVID-19 acelerou a adoção de novas tecnologias e modelos de trabalho remoto, criando um mundo híbrido em que as empresas precisam se adaptar rapidamente para atrair e reter talentos.

Com a digitalização dos processos de recrutamento, surgiram novas formas de seleção que utilizam tecnologias e dados para identificar candidatos mais alinhados com as necessidades da empresa. A inteligência artificial é usada para analisar currículos e perfis de candidatos em busca de habilidades específicas, agilizando o processo de triagem e seleção.

Além disso, as entrevistas de emprego podem ocorrer por meio de plataformas de videoconferência, permitindo uma abordagem mais ágil e eficiente para candidatos de diferentes regiões. Também é comum a realização de testes práticos e avaliações online para medir o conhecimento técnico dos candidatos.

Com a consolidação do trabalho remoto como uma opção viável e a possibilidade de equipes atuando em diferentes localidades, as empresas precisam se adaptar a um mundo híbrido de trabalho. Isso significa que a busca por talentos de TI não está mais restrita a uma localidade geográfica específica, e a concorrência por profissionais qualificados se tornou global.

Nesse contexto, as empresas precisam repensar suas estratégias de recrutamento e seleção, buscando formas de atrair talentos de diferentes regiões e culturas. A adoção de benefícios flexíveis, oportunidades de crescimento profissional e uma cultura de trabalho inclusiva podem ser fatores-chave para atrair candidatos em um cenário altamente competitivo.

Essas estratégias são fundamentais para um mundo onde a crescente demanda por profissionais de TI qualificados tem impulsionado uma competição global por talentos. Grandes empresas de tecnologia, startups e empresas tradicionais estão disputando os melhores talentos, oferecendo pacotes de remuneração atrativos e oportunidades de desenvolvimento de carreira.

Para se destacar nessa competição, as empresas precisam oferecer mais do que apenas salários competitivos. Estratégias de *employer branding*, que enfatizam a cultura da empresa, os valores e a missão são fundamentais para atrair profissionais que se identifiquem com a organização. *Employer branding*, em português "marca empregadora", refere-se à estratégia de marketing e comunicação de uma empresa para construir e promover sua reputação como empregadora. É uma abordagem que visa a atrair talentos qualificados, a engajar os colaboradores existentes e a criar uma cultura organizacional positiva. O *employer branding* envolve a definição de uma identidade e imagem da empresa como local de trabalho desejável, destacando os valores, a cultura, os benefícios e as oportunidades de desenvolvimento profissional oferecidas pela organização. Essa estratégia permite posicionar a empresa como um empregador de escolha, capaz de atrair os melhores talentos do mercado.

Assim, para implementar uma estratégia de *employer branding* eficaz, as empresas podem adotar várias ações, tais como as sintetizadas abaixo:

1. **Definir a cultura e os valores organizacionais**: Ter uma cultura corporativa forte e valores bem definidos

ajuda a atrair talentos que se identificam com a missão da empresa.

2. **Criar uma experiência positiva para os colaboradores**: Proporcionar um ambiente de trabalho saudável, com oportunidades de crescimento profissional e reconhecimento pelo desempenho, contribui para a satisfação e o engajamento dos colaboradores.

3. **Comunicar a proposta de valor ao colaborador**: É importante que a empresa divulgue seus diferenciais como empregadora, destacando os benefícios, programas de capacitação e desenvolvimento, políticas de equilíbrio entre trabalho e vida pessoal, entre outros.

4. **Utilizar as redes sociais e plataformas digitais**: As mídias sociais são ferramentas valiosas para promover a marca empregadora, compartilhando conteúdos relevantes sobre a cultura da empresa, depoimentos de colaboradores e eventos internos.

5. **Participar de eventos e feiras de emprego**: A presença em eventos e feiras de emprego oferece a oportunidade de interagir diretamente com candidatos em potencial e apresentar a empresa como uma opção atraente para trabalhar.

Investir no *employer branding* pode trazer benefícios significativos para as empresas, incluindo a atração de talentos mais qualificados, a redução da rotatividade de funcionários e o fortalecimento da reputação da empresa no mercado de trabalho.

Uma boa reputação como empregadora também pode ajudar a empresa a se destacar em um mercado competitivo e a reter talentos-chave em meio à concorrência global por profissionais qualificados. Além de atrair novos talentos, a retenção dos profissionais existentes é igualmente importante. A perda de um colaborador qualificado pode ter um impacto significativo nos projetos e no progresso da transformação digital.

Para reter talentos de TI, as empresas devem investir em programas de desenvolvimento profissional e capacitação contínua, proporcionando oportunidades de crescimento e aprendizado. Políticas de trabalho flexíveis, reconhecimento pelo desempenho e um ambiente de trabalho positivo também são fatores essenciais para manter os profissionais motivados e engajados.

A dificuldade em reter talentos atualmente está relacionada a uma série de fatores que refletem as mudanças nas expectativas e valores dos profissionais, bem como a evolução do cenário econômico e tecnológico. Diferentemente de gerações anteriores, onde muitos colaboradores permaneciam em uma única empresa por toda a carreira, os profissionais modernos têm uma abordagem mais dinâmica em relação ao trabalho, buscando constantemente novos desafios e oportunidades de crescimento. Algumas das principais razões que contribuem para essa dificuldade em reter talentos incluem:

1. **Busca por Desenvolvimento Profissional**: Os profissionais de hoje valorizam a oportunidade de aprender e crescer em suas carreiras. Eles buscam empresas que ofereçam programas de treinamento,

desenvolvimento e feedback contínuo para aprimorar suas habilidades e conhecimentos.

2. **Flexibilidade e Equilíbrio entre Vida Profissional e Pessoal**: A geração atual busca uma maior flexibilidade no trabalho, como horários mais flexíveis, possibilidade de trabalho remoto e programas de licença parental. Empresas que oferecem essas opções tendem a atrair e reter talentos.
3. **Cultura Organizacional**: A cultura da empresa desempenha um papel crucial na retenção de talentos. Profissionais procuram organizações com valores alinhados aos seus próprios, onde se sintam valorizados, respeitados e reconhecidos por suas contribuições.
4. **Oportunidades de Progressão na Carreira**: A falta de oportunidades de crescimento e progressão na carreira é uma das principais razões pelas quais os profissionais optam por buscar novas oportunidades em outras empresas. O desenvolvimento de um plano de carreira claro e transparente pode ajudar a reter talentos.
5. **Remuneração e Benefícios**: Embora a remuneração não seja o único fator, é um elemento importante na retenção de talentos. Profissionais procuram por salários competitivos, além de benefícios e pacotes de compensação que atendam às suas necessidades.
6. **Mercado Globalizado**: O avanço da tecnologia e a globalização proporcionaram aos profissionais oportunidades de trabalho em diversas partes do mundo. Isso

tornou o mercado mais competitivo, com empresas de diferentes países buscando talentos em nível global.

Vários estudos e pesquisas abordam a dificuldade em reter talentos atualmente. O Relatório Global de Tendências de Talentos do LinkedIn[19], divulgado em maio de 2023, destaca a importância de adotar uma estratégia de talentos holística, centrada em habilidades, para que as empresas possam acompanhar um mercado de trabalho em constante mudança. Essa abordagem abrange tanto a contratação quanto os programas de aprendizagem e desenvolvimento, enfrentando o desafio urgente de encontrar, reter e capacitar profissionais com as habilidades necessárias. O relatório indica que, embora a contratação tenha desacelerado em todo o mundo, empregadores visionários estão enfatizando a mobilidade interna, pois o desenvolvimento de habilidades entre os funcionários está relacionado a taxas mais altas de retenção. Desse relatório, podemos destacar cinco principais conclusões para orientar as estratégias de gestão de pessoas das empresas:

1. Construir um sólido fluxo para obtenção de talentos priorizando habilidades: Apesar da diminuição global nas contratações, adotar uma abordagem centrada em habilidades ajuda a identificar candidatos mais adequados para atender às necessidades do negócio. Realizar uma auditoria de habilidades, atualizar os perfis

---

[19] LinkedIn. Relatório Global de Tendências de Talentos [online]. Disponível em: https://business.linkedin.com/talent-solutions/global-talent-trends?trk=bl-po&veh=GTT_Takeaways_Blog_Post. Acesso em: 27jul2023.

dos candidatos para destacar suas habilidades e incentivar a mobilidade interna são passos cruciais.

2. Destacar o crescimento e avanço dos funcionários na sua marca empregadora: Os candidatos valorizam muito a aquisição de novas habilidades e oportunidades de carreira. As equipes de recrutamento e desenvolvimento devem trabalhar juntas para comunicar uma cultura de aprendizagem como parte de uma proposta de valor clara da empresa.

3. Informar os funcionários sobre as oportunidades de mobilidade interna: Com a redução de vagas e pausas nas contratações, reter os funcionários existentes torna-se ainda mais importante. Empresas altamente comprometidas com contratações internas têm funcionários que permanecem 60% mais tempo na empresa. Facilitar a mobilidade interna por meio da divulgação de vagas internas e identificação das habilidades necessárias é fundamental.

4. Investir na próxima geração de líderes: Embora muitas organizações criem programas de mobilidade interna para que os funcionários desenvolvam novas habilidades e se tornem mais ágeis, nem todos os colaboradores aproveitam essas oportunidades internas. O relatório de tendências de talentos mostra que os funcionários da Geração Z são menos propensos a buscar mobilidade interna em comparação com os da Geração X e *Millennials*.

5. Conectar o desenvolvimento de habilidades com os resultados financeiros: O investimento em habilidades

traz retorno positivo. Empresas que incentivam o aprendizado de habilidades no trabalho têm quase 7% a mais de retenção de funcionários. A abordagem centrada em habilidades também fortalece os esforços de aquisição de talentos na construção de equipes diversas, permitindo o acesso a diferentes grupos de talentos e encontrando candidatos com alto potencial para trazer novas perspectivas ao negócio.

Para reforçar o valor do desenvolvimento de habilidades, os profissionais de gestão de pessoas devem colaborar e destacar a importância dessas iniciativas. Essa abordagem focada em habilidades promete impulsionar o crescimento das organizações e torná-las mais competitivas no mercado.

Esses dados destacam a importância do desenvolvimento de estratégias de retenção de talentos, como investir em programas de desenvolvimento profissional, promover uma cultura inclusiva e de respeito, oferecer flexibilidade no trabalho e oportunizar a progressão na carreira. Ao compreender e abordar as necessidades e expectativas dos profissionais modernos, as empresas têm mais chances de atrair e reter os melhores talentos, garantindo uma força de trabalho engajada e produtiva.

1.3. Formação de equipes multidisciplinares

Formar equipes multidisciplinares é uma estratégia essencial para conduzir com sucesso a transformação digital em uma organização. Essas equipes são compostas por profissionais que possuem diferentes habilidades, experiências e conhecimentos, provenientes de diversas áreas de atuação dentro e fora da empresa. A diversidade de competências permite que os membros da equipe abordem os desafios da transformação digital de diferentes perspectivas, o que pode levar a soluções mais abrangentes e inovadoras.

Uma equipe multidisciplinar geralmente é composta por profissionais das áreas de tecnologia da informação, ciência de dados, engenharia, design, marketing, finanças, entre outras. Cada membro traz uma *expertise* única para o grupo, enriquecendo as discussões e possibilitando a criação de soluções mais completas.

A colaboração é uma das principais vantagens de uma equipe multidisciplinar. Ao trabalhar juntos em projetos de transformação digital, os membros têm a oportunidade de compartilhar seus conhecimentos, aprender uns com os outros e enfrentar os desafios de maneira conjunta. Essa troca de ideias e informações resulta em um ambiente mais criativo e dinâmico, permitindo a geração de *insights* valiosos.

Além disso, uma equipe multidisciplinar pode evitar o chamado "efeito silo". O efeito silo, também conhecido como silos organizacionais, é um fenômeno que ocorre quando diferentes departamentos ou áreas de uma organização operam de forma isolada e independente, sem compartilhar informações ou colaborar efetivamente uns com os outros. Essa situação cria barreiras e dificuldades na comunicação e cooperação interna, o que pode levar a problemas significativos para o funcionamento e o desempenho da empresa. Os silos organizacionais podem surgir em organizações de todos os tamanhos e setores, e geralmente são uma consequência natural da estrutura hierárquica e funcional das empresas. Cada departamento ou área de atuação tende a se concentrar em suas próprias metas e prioridades, muitas vezes sem considerar como suas atividades impactam ou se relacionam com outras partes da organização. Esse isolamento pode ter várias consequências negativas:

1. Falta de comunicação: a comunicação interdepartamental é dificultada, o que leva a atrasos no compartilhamento de informações importantes e pode resultar em decisões desalinhadas ou contraditórias.
2. Redundância e ineficiência: sem uma visão holística dos processos e atividades da empresa, diferentes departamentos podem acabar realizando tarefas redundantes, desperdiçando recursos e aumentando os custos operacionais.
3. Resistência à mudança: a falta de colaboração e o desconhecimento das atividades de outros setores podem gerar resistência a mudanças organizacionais, pois cada equipe pode proteger seus interesses e rotinas estabelecidas.
4. Baixa sinergia e inovação: a falta de interação entre profissionais de áreas diferentes pode dificultar a identificação de oportunidades de inovação e de soluções mais criativas e eficazes para os desafios enfrentados pela empresa.
5. Prejuízos à cultura organizacional: o efeito silo pode enfraquecer o senso de pertencimento e a colaboração entre os funcionários, criando um ambiente de trabalho menos coeso e produtivo.

Para superar o efeito silo e promover a colaboração e sinergia dentro da organização, é essencial adotar uma abordagem mais integrada e transversal. Isso inclui fomentar uma cultura organizacional que valorize a comunicação aberta, o trabalho em equipe e a troca de conhecimentos. Além disso, é importante investir em tecnologias e em processos que facilitem o compartilhamento de informações entre os departamentos, bem como promover eventos e projetos que reúnam profissionais de diferentes áreas para trabalharem juntos em iniciativas estratégicas.

A quebra dos silos organizacionais é fundamental para impulsionar a inovação, a eficiência e o sucesso geral da empresa, especialmente em um contexto de transformação digital, onde a integração e colaboração entre diferentes partes da organização se tornam ainda mais cruciais para a adaptação e competitividade no mercado.

Ao reunir profissionais de diferentes áreas, a equipe multidisciplinar pode garantir que todas as etapas da transformação digital sejam consideradas e integradas de forma coesa. Por exemplo, a equipe pode envolver especialistas em análise de dados para entender melhor as necessidades dos clientes, designers para criar interfaces amigáveis e atraentes, e desenvolvedores para implementar soluções tecnológicas eficientes.

Uma vez que a transformação digital é um processo complexo e em constante evolução, a equipe multidisciplinar pode se adaptar mais facilmente às mudanças e desafios que surgirem ao longo do caminho. A diversidade de habilidades e experiências permite que a equipe seja ágil e flexível, encontrando soluções inovadoras para problemas emergentes.

Um exemplo de sucesso de formação de equipes multidisciplinares é o caso da Natura, uma empresa brasileira de cosméticos e produtos de beleza. A Natura tinha uma estrutura organizacional tradicional, com departamentos separados para pesquisa e desenvolvimento, marketing, vendas, entre outros. Essa divisão criava barreiras para a comunicação e colaboração entre as equipes, dificultando a inovação e o desenvolvimento de produtos. Para enfrentar esse desafio e impulsionar a inovação, a Natura optou por implementar equipes multidisciplinares. Em vez de manter os departamentos separados, a empresa criou times compostos por profissionais de diferentes áreas, como cientistas, engenheiros, designers, profissionais de marketing e especialistas em sustentabilidade. Essas equipes multidisciplinares foram responsáveis por trabalhar juntas desde o início do processo de desenvolvimento de produtos. Com uma abordagem colaborativa, cada time tinha uma visão mais completa dos projetos, desde a pesquisa e identificação de tendências até a criação, testes e lançamento dos produtos. A diversidade de conhecimentos e perspectivas permitiu que as equipes identificassem oportunidades de inovação e criassem produtos mais alinhados com as necessidades dos clientes. Essa mudança na estrutura organizacional resultou em uma maior agilidade e flexibilidade nos processos de desenvolvimento, bem como em uma maior sinergia entre as diferentes áreas da empresa. Como resultado, a Natura conseguiu lançar produtos inovadores com mais rapidez e eficiência, aumentando sua competitividade no mercado de cosméticos e beleza.

A experiência da Natura destaca a importância de equipes multidisciplinares para promover a inovação e a colaboração dentro de uma empresa. Essa abordagem pode ser especialmente relevante em setores como o de tecnologia, onde a rápida evolução e a complexidade dos projetos exigem uma visão integrada e abrangente para superar os desafios e oferecer soluções inovadoras aos clientes. Ao adotar equipes multidisciplinares, as empresas podem superar o efeito silo e criar um ambiente de trabalho mais colaborativo, criativo e produtivo.

Em síntese, formar equipes multidisciplinares é uma estratégia crucial para garantir que a transformação digital seja bem-sucedida. Ao promover a colaboração, troca de conhecimentos e criatividade, essas equipes podem impulsionar a inovação e a eficácia das iniciativas de transformação digital, capacitando a organização a se destacar em um cenário empresarial cada vez mais competitivo e orientado pela tecnologia.

1.4. Liderança inspiradora

Uma liderança inspiradora é essencial para motivar e engajar a equipe de TI na jornada da transformação digital. O líder deve ser capaz de:

- Compartilhar uma visão clara do futuro digital: O líder deve ser capaz de compartilhar uma visão clara do futuro digital da organização. Isso significa entender as tendências tecnológicas que estão moldando o mercado e como essas tendências podem afetar a organização. O líder também deve ser capaz de comunicar essa visão de forma clara e envolvente para a equipe de TI.

- Criar um ambiente de confiança e apoio: O líder deve criar um ambiente de confiança e apoio para a equipe de TI. Isso significa criar um ambiente onde os membros da equipe se sintam confortáveis em compartilhar suas ideias e onde se sintam apoiados pelo líder. O líder também deve estar disposto a ouvir a equipe e a considerar suas ideias.
- Incentivar a busca por inovação e excelência: O líder deve incentivar a busca por inovação e excelência na equipe de TI. Isso significa encorajar os membros da equipe a pensarem fora da caixa e a buscar novas maneiras de melhorar os processos e produtos da organização. O líder também deve estar disposto a fornecer recursos e apoio à equipe para que ela possa inovar e atingir novos patamares de excelência.

Uma liderança inspiradora é essencial para a transformação digital. Ao compartilhar uma visão clara do futuro digital, criar um ambiente de confiança e apoio, e incentivar a busca por inovação e excelência, o líder pode motivar e engajar a equipe de TI para que ela possa ajudar a organização a atingir seus objetivos digitais.

Além dos três aspectos mencionados acima, há outros fatores que podem contribuir para uma liderança inspiradora. Esses fatores incluem:

- Ser um modelo positivo: O líder deve ser um modelo positivo para a equipe de TI. Isso significa ser alguém que é comprometido com o trabalho, que é ético e que é um jogador de equipe.

- Ser um comunicador eficaz: O líder deve ser um comunicador eficaz. Isso significa ser capaz de se comunicar claramente e concisamente, e de ser capaz de ouvir e entender os outros.
- Ser um solucionador de problemas: O líder deve ser um solucionador de problemas. Isso significa ser capaz de identificar e resolver problemas de forma rápida e eficaz.
- Ser um motivador: O líder deve ser um motivador. Isso significa ser capaz de inspirar e incentivar os outros a alcançar seu melhor.

Ao desenvolver essas qualidades, o líder pode inspirar e engajar a equipe de TI para que ela possa ajudar a organização a atingir seus objetivos.

2. Treinamento e desenvolvimento de habilidades para a equipe de TI

Em um mundo cada vez mais impulsionado pela transformação digital, o papel da equipe de TI se torna crucial para o sucesso e a sustentabilidade das organizações. No entanto, liderar a transformação digital exige mais do que apenas investir em tecnologias avançadas. É fundamental preparar e capacitar a equipe de TI para enfrentar os desafios e aproveitar as oportunidades que surgem nesse cenário em constante mudança.

Esta seção aborda a importância do treinamento e do desenvolvimento de habilidades como pilares fundamentais na formação de uma equipe de TI eficaz para liderar a transformação digital. Ao identificar as necessidades de capacitação, investir em programas de treinamento adequados e promover o aprendizado contínuo, as organizações estarão alinhadas com as demandas do mercado, prontas para inovar e conduzir a transformação digital com excelência.

2.1. Identificação das necessidades de capacitação

A identificação precisa das necessidades de capacitação é o primeiro passo essencial para formar uma equipe de TI preparada para liderar a transformação digital. Isso implica em compreender quais são as habilidades técnicas e comportamentais necessárias para enfrentar os desafios do ambiente digital em constante evolução.

Existem diversas metodologias e abordagens que podem ser adotadas para realizar essa identificação de forma eficaz. Uma delas é a realização de avaliações individuais, nas quais os membros da equipe têm a oportunidade de refletir sobre suas competências atuais e identificar áreas em que precisam se aprimorar para acompanhar as mudanças tecnológicas. As avaliações individuais também podem ser utilizadas para identificar talentos internos com potencial para assumir novas responsabilidades na jornada da transformação digital.

Além disso, a análise de competências é outra ferramenta valiosa na identificação das necessidades de capacitação. A partir da análise detalhada das competências presentes na equipe de TI, os gestores podem identificar lacunas e oportunidades de desenvolvimento que precisam ser preenchidas para fortalecer o grupo de profissionais. Essa análise pode ser realizada por meio de entrevistas, observação das habilidades em ação ou até mesmo por meio de plataformas de gestão de talentos.

Uma prática complementar importante é o levantamento das tecnologias emergentes relevantes para o negócio. A transformação digital está intimamente ligada à adoção de novas tecnologias e práticas inovadoras. Assim, é crucial que a equipe de TI esteja alinhada com as últimas tendências do mercado. Nesse sentido, a análise de tendências tecnológicas e o estudo de casos de sucesso de outras empresas podem fornecer insights valiosos para identificar as habilidades necessárias para impulsionar a transformação digital na organização.

A implementação de programas de certificação e de parcerias com instituições de ensino e empresas de tecnologia pode ser uma estratégia adicional para identificar as necessidades de capacitação. A participação em eventos, congressos e workshops também pode proporcionar aos profissionais da equipe de TI o contato com novos conhecimentos e tendências do setor.

Para exemplificar, uma empresa pode identificar, por meio dessas práticas, que sua equipe de TI precisa se aprimorar em habilidades específicas de desenvolvimento de aplicativos móveis para atender às demandas do mercado consumidor. Ou ainda, pode ficar claro que há uma necessidade de desenvolver habilidades em gestão de projetos ágeis para lidar com a complexidade e dinâmica da transformação digital.

Em resumo, a identificação das necessidades de capacitação da equipe de TI é um processo detalhado e contínuo, que demanda a adoção de diferentes abordagens e metodologias. Ao compreender claramente quais são as habilidades requeridas, a empresa dará um passo importante para formar uma equipe de TI capacitada e preparada para liderar a transformação digital com sucesso.

2.2. Investimento em programas de treinamento

Após a identificação das necessidades, é importante investir em programas de treinamento e desenvolvimento que abordem as habilidades técnicas e comportamentais essenciais para a transformação digital. O investimento em programas de treinamento é uma etapa crucial para o desenvolvimento da equipe de TI e sua preparação para liderar a transformação digital de forma eficaz. Após a identificação das necessidades de capacitação, a empresa deve criar um plano estratégico de treinamento que contemple tanto as habilidades técnicas quanto as comportamentais essenciais para enfrentar os desafios do cenário digital em constante mudança. Algumas habilidades que devem ser trabalhadas são descritas a seguir.

- **Inteligência Artificial (IA):** a IA é uma tecnologia-chave na transformação digital, permitindo a automação de processos, análise de dados em grande escala e tomada de decisões baseada em algoritmos inteligentes. Investir em cursos de IA pode capacitar a equipe a desenvolver soluções inovadoras e a integrar recursos de IA em diferentes áreas do negócio.

- **Análise de Dados**: a análise de dados é essencial para a tomada de decisões informadas e baseadas em dados. A equipe de TI deve estar apta a utilizar ferramentas e técnicas de análise de dados para extrair *insights* valiosos e orientar a estratégia da empresa.
- **Desenvolvimento de Software**: o desenvolvimento de software é a base para a criação de produtos e serviços digitais. A equipe de TI deve dominar linguagens de programação, metodologias ágeis e práticas de desenvolvimento para criar soluções inovadoras e escaláveis.
- **Segurança Cibernética**: com o aumento das ameaças cibernéticas, a segurança da informação tornou-se uma preocupação fundamental na transformação digital. Investir em programas de treinamento em segurança cibernética é essencial para proteger os ativos e dados da empresa de possíveis ataques e vulnerabilidades.

Podemos também citar algumas habilidades comportamentais necessárias para uma jornada de transformação digital:

- **Gestão de Projetos**: com a complexidade e escala dos projetos de transformação digital, a equipe de TI precisa dominar técnicas de gestão de projetos para garantir a entrega no prazo e dentro do orçamento.
- **Colaboração e Comunicação**: a colaboração entre as equipes é crucial para o sucesso da transformação digital. Investir em programas de desenvolvimento de habilidades de comunicação e trabalho em equipe

ajuda a criar um ambiente de colaboração e troca de conhecimentos.

- **Resolução de Problemas**: a transformação digital traz consigo desafios e problemas complexos. A equipe de TI precisa estar preparada para identificar e resolver problemas de forma eficaz, buscando soluções criativas e inovadoras.
- **Liderança**: além do líder inspirador mencionado anteriormente, é importante capacitar membros-chave da equipe de TI a assumirem papéis de liderança, promovendo a gestão de equipes e a tomada de decisões estratégicas.

A empresa pode optar por oferecer treinamentos internos, contratando especialistas para ministrar workshops e mentorias, ou pode investir em parcerias com instituições de ensino e plataformas de aprendizado online para fornecer cursos e programas de certificação. Também é relevante incentivar a participação em eventos, conferências e workshops da indústria de tecnologia para que a equipe de TI se mantenha atualizada com as últimas tendências e práticas do mercado.

A empresa Totvs, uma das maiores desenvolvedoras de software de gestão do Brasil, é um exemplo de sucesso no investimento em programas de treinamento para sua equipe de TI. A empresa oferece cursos internos e externos em tecnologias emergentes, gestão de projetos e liderança, incentivando seus colaboradores a se desenvolverem continuamente. Além disso, a Totvs promove *hackathons* e eventos internos para estimular a inovação e a criatividade entre os membros da equipe. Esse investimento em treinamento tem contribuído para o sucesso da empresa na liderança da transformação digital no setor de tecnologia da informação.

Em alguns casos, a empresa pode ainda optar por trabalhar o *reskilling* e *upskilling* de alguns colaboradores. Esses são dois conceitos essenciais no contexto de desenvolvimento de habilidades e capacitação dos profissionais. Ambos visam garantir que os trabalhadores estejam adequadamente preparados para acompanhar as demandas do mercado de trabalho em constante evolução, principalmente em meio à rápida transformação digital e avanços tecnológicos.

O *reskilling* refere-se ao processo de aquisição de novas habilidades ou competências em uma área diferente daquela em que o profissional já possui experiência. Ou seja, é a capacitação para uma nova área de atuação. Essa estratégia é frequentemente adotada quando as competências e conhecimentos do colaborador em sua função atual se tornam obsoletos devido a mudanças tecnológicas, novas necessidades do mercado ou reestruturação das atividades da empresa. Com o *reskilling*, os trabalhadores passam por treinamentos, cursos ou programas educacionais que os habilitam a assumir novas funções e responder aos desafios emergentes dentro da organização.

Por exemplo, em um cenário em que determinada indústria está passando por automação de processos, os trabalhadores que atuavam em tarefas manuais podem passar por reskilling para aprender a operar e gerenciar sistemas automatizados.

O *upskilling*, por sua vez, é o processo de desenvolvimento e aprimoramento das habilidades e conhecimentos existentes de um profissional em sua área atual de atuação. Diferente do *reskilling*, o *upskilling* busca elevar o nível de competência e expertise dos colaboradores em suas atividades atuais, tornando-os mais proficientes em suas funções e aumentando sua capacidade de enfrentar desafios complexos.

As empresas investem em programas de *upskilling* para garantir que seus funcionários estejam atualizados com as melhores práticas, tecnologias e metodologias em suas áreas de atuação. Isso não apenas fortalece o desempenho individual, mas também contribui para o aumento da produtividade e eficiência dos processos internos da organização.

Um exemplo de *upskilling* pode ser encontrado na área de marketing digital, em que os profissionais podem passar por treinamentos e cursos para aprender a utilizar ferramentas analíticas avançadas, melhorar suas habilidades em gerenciamento de campanhas online e explorar novas estratégias de marketing.

Ambos os conceitos são de extrema relevância na gestão de pessoas, pois permitem às organizações adaptarem-se às mudanças tecnológicas e de mercado, ao mesmo tempo em que investem no desenvolvimento e crescimento de seus colaboradores. O *reskilling* e *upskilling* são fundamentais para manter os trabalhadores engajados, produtivos e competitivos em um cenário de trabalho em constante transformação.

Em resumo, o investimento em programas de treinamento é fundamental para a formação de uma equipe de TI capacitada para liderar a transformação digital. Ao abordar tanto as habilidades técnicas quanto as comportamentais, a empresa fortalecerá sua equipe para enfrentar os desafios do ambiente digital em constante evolução e impulsionar o crescimento e a inovação no cenário competitivo atual.

2.3. Aprendizado contínuo

Como já vimos, a transformação digital é um processo em constante evolução, impulsionado pelas rápidas mudanças tecnológicas, novas tendências de mercado e demandas dos clientes. Nesse contexto, é essencial que a equipe de TI esteja comprometida com o aprendizado contínuo, buscando constantemente adquirir novos conhecimentos e habilidades para se manter atualizada e competitiva no cenário digital.

Existem diversas razões pelas quais o aprendizado contínuo é fundamental para a equipe de TI durante a transformação digital:

1. **Acompanhamento das tecnologias emergentes**: com o surgimento constante de novas tecnologias, como inteligência artificial, computação em nuvem, internet das coisas e *Blockchain*, é crucial que a equipe de TI esteja atualizada com as últimas tendências e saiba como aplicá-las de forma eficaz nos projetos da empresa. O aprendizado contínuo permite que os profissionais de TI acompanhem as mudanças do setor e estejam preparados para lidar com novas tecnologias.

2. **Resolução de problemas complexos**: a transformação digital traz consigo desafios complexos que exigem soluções inovadoras e criativas. O aprendizado contínuo permite que a equipe de TI desenvolva habilidades de resolução de problemas e pensamento crítico, fundamentais para enfrentar os desafios técnicos e estratégicos que surgem durante a jornada de transformação digital.
3. **Adaptação às mudanças do mercado**: o mercado digital é altamente dinâmico e pode sofrer mudanças significativas em curtos períodos de tempo. O aprendizado contínuo permite que a equipe de TI se adapte rapidamente às mudanças do mercado, identifique novas oportunidades e antecipe desafios, mantendo a empresa competitiva e relevante.
4. **Inovação e criatividade**: a busca por aprendizado contínuo estimula a inovação e a criatividade entre os membros da equipe de TI. Ao estar em contato com novas ideias, abordagens e tecnologias, os profissionais podem desenvolver soluções inovadoras e disruptivas que impulsionam a empresa à frente da concorrência.
5. **Promoção do trabalho em equipe**: o aprendizado contínuo incentiva o compartilhamento de conhecimento e a colaboração dentro da equipe de TI. Ao criar uma cultura de aprendizado, os profissionais se sentem motivados a compartilhar suas experiências, lições aprendidas e boas práticas, o que contribui para a melhoria contínua dos processos e projetos da empresa.

Para incentivar o aprendizado contínuo na equipe de TI, a empresa pode adotar diversas estratégias:

- **Oferecer programas de capacitação internos**: a empresa pode criar programas de treinamento e desenvolvimento internos, como workshops, palestras, webinars e cursos, ministrados por especialistas internos e externos.
- **Investir em plataformas de aprendizado online**: acesso a plataformas de aprendizado online, como cursos e tutoriais, permite que a equipe de TI estude em seu próprio ritmo e escolha as áreas que desejam aprofundar.
- **Estimular a participação em eventos e conferências**: incentivar a participação em eventos e conferências da indústria de tecnologia é uma ótima maneira de manter a equipe atualizada com as últimas tendências e práticas do setor.
- **Criar um ambiente de aprendizado seguro**: promover uma cultura organizacional que valoriza o aprendizado e não penaliza erros encoraja a equipe de TI a experimentar, aprender com os erros e buscar constantemente o desenvolvimento pessoal e profissional.

Nesse contexto, podemos pegar o exemplo da fintech brasileira Nubank, que valoriza o aprendizado contínuo em sua jornada de transformação digital. A empresa oferece programas de treinamento internos, como o "Nubank University", que possibilita aos funcionários desenvolverem habilidades técnicas e comportamentais relevantes para a empresa. Além disso, a Nubank promove *hackathons*, eventos e palestras com especialistas do setor para manter a equipe atualizada com as últimas tecnologias e tendências. Esse compromisso com o aprendizado contínuo tem sido fundamental para a empresa se destacar no mercado financeiro digital e inovar constantemente em seus produtos e serviços.

Em resumo, o aprendizado contínuo é um fator essencial para o sucesso da equipe de TI na liderança da transformação digital. Ao promover o desenvolvimento contínuo de habilidades técnicas e comportamentais, a empresa fortalecerá sua equipe para enfrentar os desafios da era digital e impulsionar a inovação, a eficiência e o crescimento sustentável.

6 MÉTRICAS E INDICADORES DE SUCESSO NA TRANSFORMAÇÃO DIGITAL

Medir

Ao final deste capítulo, você será capaz de:

- Compreender a importância das métricas e indicadores na avaliação da transformação digital.
- Aplicar exemplos concretos de indicadores para mensurar o progresso da transformação digital.
- Utilizar metodologias como SMART Goals, KPIs, OKRs, Balanced Scorecard e Lean Six Sigma para medir resultados.
- Analisar dados, aplicar business intelligence e realizar benchmarking para obter insights na transformação digital.
- Integrar e aplicar diversas metodologias de medição em um contexto abrangente de transformação digital.

Capítulo 6: Métricas e Indicadores de Sucesso na Transformação Digital

A transformação digital é um processo complexo e multifacetado que requer uma abordagem estratégica e bem planejada para garantir o sucesso. Nesse contexto, o estabelecimento de métricas e indicadores de desempenho é fundamental para medir o progresso, identificar oportunidades de melhoria e tomar decisões estratégicas informadas. Neste capítulo, exploraremos as métricas e indicadores mais relevantes para medir o sucesso da transformação digital e como os CIOs podem utilizá-los para orientar suas estratégias.

Neste capítulo exploraremos a crucial importância de medir e avaliar o progresso das iniciativas de transformação digital. Começaremos analisando as métricas e indicadores específicos para medir o sucesso dessas transformações, incluindo exemplos concretos de indicadores utilizados no cenário digital. Posteriormente, examinaremos várias metodologias e abordagens reconhecidas no mercado para medir e monitorar resultados, como as Metas Inteligentes (SMART Goals), Indicadores-Chave de Desempenho (KPIs), OKRs (Objetivos e Resultados-Chave), entre outros. Também discutiremos frameworks como o Balance Scorecard (BSC) e Lean Six Sigma, voltados para a eficiência e qualidade dos processos, assim como a importância da análise de dados e Business Intelligence. Adicionalmente, consideraremos a prática de benchmarking e a gestão por processos como formas de busca por excelência. O capítulo culminará com um comparativo consolidado dessas metodologias, fornecendo uma visão holística de suas aplicações e benefícios na jornada da transformação digital.

1. Métricas e Indicadores para Medir o Sucesso da Transformação Digital

A jornada de transformação digital é estratégica e impacta todas as áreas de uma empresa. É uma jornada essencial para as organizações que desejam se manter competitivas e relevantes em um mundo impulsionado pela tecnologia e inovação. No entanto, o sucesso da transformação digital não pode ser medido apenas por uma intuição ou percepção subjetiva. Para garantir que essa transformação seja bem-sucedida e traga resultados significativos, é fundamental estabelecer métricas e indicadores de desempenho adequados. A criação de indicadores para medir o sucesso da transformação digital é uma tarefa crítica, pois fornece uma base objetiva para avaliar o progresso, identificar pontos de melhoria e garantir que a transformação esteja alinhada aos objetivos estratégicos da empresa. Podemos listar alguns passos para criar indicadores eficazes:

Figura 13 - Como criar indicadores eficazes

1. **Definir Objetivos Claros:** antes de criar indicadores, é crucial definir os objetivos específicos da transformação digital. Os objetivos devem estar alinhados com a estratégia da empresa e serem específicos, mensuráveis, alcançáveis, relevantes e com prazo definido (SMART[20]). A definição de objetivos claros permite que a empresa concentre seus esforços nas áreas mais relevantes para a transformação digital e estabeleça uma

[20] SMART é um acrônimo que representa critérios para definir objetivos eficazes: Específicos (Specific), Mensuráveis (Measurable), Alcançáveis (Achievable), Relevantes (Relevant) e com Prazo Definido (Time-bound). Esses critérios ajudam a estabelecer metas claras e realistas, facilitando o monitoramento e o sucesso na realização dos objetivos.

direção estratégica clara. Por exemplo, o objetivo pode ser "aumentar a receita online em 20% nos próximos 12 meses".

2. **Identificar Áreas-Chave para a Transformação: é importante identificar** as principais áreas ou processos da empresa que serão impactados pela transformação digital. Isso pode incluir vendas, marketing, operações, atendimento ao cliente, entre outros. Cada área pode ter seus próprios indicadores específicos.

3. **Selecionar Indicadores Relevantes**: escolha indicadores que sejam relevantes para medir o sucesso da transformação digital em cada área identificada. Por exemplo, na área de vendas, o indicador "taxa de conversão de *leads*" pode ser relevante para medir o impacto das iniciativas de transformação digital nas vendas.

4. **Estabelecer Metas e Metodologias de Coleta de Dados**: defina metas claras para cada indicador, estabelecendo o desempenho que se deseja alcançar. Além disso, identifique a metodologia e as fontes de dados que serão utilizadas para coletar informações para cada indicador. Isso pode envolver o uso de ferramentas de análise de dados, pesquisas de satisfação do cliente, sistemas de gestão, entre outros.

5. **Implementar Ferramentas de *Business Intelligence* (BI):** ferramentas de BI podem ser valiosas para consolidar dados de diferentes fontes, analisar informações e apresentar os resultados de forma visual e acessível. As ferramentas de BI permitem que os

gestores e a equipe de transformação digital tenham uma visão holística do progresso e possam tomar decisões informadas.

6. **Monitorar e Avaliar Regularmente:** a transformação digital é um processo contínuo. Portanto, é importante monitorar e avaliar regularmente os indicadores para acompanhar o progresso ao longo do tempo. Analise os dados, identifique tendências, faça ajustes quando necessário e compartilhe os resultados com as partes interessadas para garantir o alinhamento e o engajamento contínuo.

1.1. Exemplo de Indicadores de Transformação Digital:

Para ilustrar, listamos alguns indicadores que podem ser utilizados para medir o sucesso da transformação digital.

Taxa de Adoção de Novas Tecnologias: mede a velocidade com que novas soluções tecnológicas são implementadas e adotadas pela equipe. Uma alta taxa de adoção pode indicar sucesso na incorporação de novas tecnologias.

Eficiência Operacional: mede a capacidade da empresa de realizar suas atividades de forma mais rápida, econômica e com menor desperdício de recursos.

Satisfação do Cliente: mede a satisfação dos clientes em relação aos produtos e serviços oferecidos pela empresa. Clientes satisfeitos tendem a ser mais leais e propensos a recomendar a marca a outras pessoas.

Inovação e Novos Produtos: mede a capacidade da empresa de desenvolver e lançar novos produtos e serviços inovadores.

Maturidade Digital: avalia o nível de maturidade digital da empresa em diferentes áreas, como cultura, tecnologia, processos e habilidades.

ROI de Investimentos em Tecnologia: Mede o retorno sobre o investimento em tecnologia, indicando a eficácia dos investimentos realizados na transformação digital.

Os indicadores devem ser personalizados para cada empresa, de acordo com seus objetivos e contexto específico. A criação de indicadores relevantes e eficazes é um processo contínuo que requer a participação de todas as partes interessadas e a disposição para ajustar e melhorar as métricas ao longo da jornada de transformação digital.

2. Metodologias e Abordagens para Medir e Monitorar Resultados na Transformação Digital

Existem várias metodologias e abordagens para medir e monitorar resultados e criar indicadores que sejam eficazes e alinhados com os objetivos estratégicos de uma organização. É importante ressaltar que a escolha da metodologia adequada depende dos objetivos e da cultura da empresa, bem como da natureza da transformação digital que está sendo realizada. Além disso, a combinação de diferentes metodologias pode ser útil para obter uma visão abrangente do desempenho organizacional e criar indicadores significativos e relevantes.

Algumas das principais metodologias são apresentadas a seguir.

2.1. Metas Inteligentes – SMART Goals

A metodologia SMART é amplamente utilizada para estabelecer metas específicas, mensuráveis, alcançáveis, relevantes e com prazo definido. A abordagem SMART tem suas origens no trabalho de George T. Doran, que a apresentou em um artigo intitulado "*There's a S.M.A.R.T. way to write management's goals and objectives*", publicado na revista Management Review. Segundo Doran[21], a definição de metas específicas e mensuráveis é fundamental para fornecer direcionamento claro e facilitar a avaliação do progresso. Desde então, tem sido amplamente adotada em diferentes setores e contextos como uma forma eficaz de estabelecer metas e alcançar resultados.

Um estudo realizado por Locke e Latham[22] demonstrou a eficácia da abordagem SMART na definição de metas em ambientes de trabalho. As empresas que adotaram metas específicas, mensuráveis e com prazo definido tiveram melhor desempenho do que aquelas com metas vagas e não mensuráveis. Os autores do estudo atribuíram os resultados positivos da abordagem SMART a vários fatores, incluindo:

---

[21] Doran, G. T. (1981). There's a S.M.A.R.T. way to write management's goals and objectives. Management Review, 67-70.

[22] Locke, E. A., & Latham, G. P. (2002). Building a practically useful theory of goal setting and task motivation: A 35-year odyssey. American Psychologist, 57(9), 705-717.

- Aumento da motivação: as metas SMART fornecem um senso de direção e propósito aos funcionários, o que pode aumentar sua motivação.
- Melhor planejamento e organização: as metas SMART ajudam os funcionários a planejarem e organizar seu trabalho, o que pode aumentar sua eficiência.
- Melhor comunicação: as metas SMART ajudam a melhorar a comunicação entre os funcionários e a gerência, o que pode melhorar a colaboração e a coordenação.
- Feedback: as metas SMART fornecem um feedback aos funcionários sobre seu progresso, o que pode ajudá-los a aprender e se desenvolver.

O SMART é na verdade um acrônimo para os cinco critérios, da metodologia, descritos a seguir:

1. **Específicas (*Specific*)**: as metas devem ser claras e bem definidas, evitando ambiguidades e proporcionando um foco preciso sobre o que precisa ser alcançado. Uma meta específica responde às perguntas: o quê, quem, onde, quando e como. Por exemplo: Aumentar a receita de vendas online em 20% até o final do trimestre, concentrando-se em produtos de alta demanda.
2. **Mensuráveis (*Measurable*):** as metas devem ser mensuráveis e quantificáveis, permitindo que o progresso seja avaliado e acompanhado ao longo do tempo. Isso envolve o estabelecimento de indicadores que possam medir o alcance da meta. Um exemplo

seria a meta “medir o número de vendas online e a receita gerada em relação ao objetivo estabelecido e acompanhar os resultados semanalmente”.

3. **Alcançáveis (*Achievable*):** as metas devem ser realistas e alcançáveis com os recursos disponíveis. É importante considerar os limites e desafios da organização ao estabelecer metas, evitando objetivos que sejam inatingíveis. Exemplo: avaliar se a equipe de vendas possui a capacidade e recursos necessários para atingir o aumento de receita proposto, ajustando as metas conforme a capacidade da equipe.
4. **Relevantes (*Relevant*):** as metas devem estar alinhadas com os objetivos estratégicos da organização, contribuindo para o crescimento e sucesso geral do negócio. Metas relevantes são significativas e têm impacto no desempenho e resultados da empresa. Exemplo: Verificar se o aumento da receita de vendas online está alinhado com o objetivo estratégico de expandir a presença no mercado digital e aumentar a participação de mercado.
5. **Com Prazo Definido (*Time-bound*):** as metas devem ter um prazo definido para serem alcançadas, estabelecendo um limite temporal para o trabalho e permitindo uma avaliação mais precisa do progresso. Exemplo: Estipular o final do trimestre como prazo para atingir o aumento de 20% na receita de vendas online, com revisões periódicas para garantir o cumprimento do prazo.

Ao adotar a metodologia SMART para estabelecer metas, as organizações podem garantir que suas iniciativas sejam direcionadas e focadas, aumentando a probabilidade de alcançar o sucesso na transformação digital e no alcance de seus objetivos estratégicos. A utilização de critérios específicos para definição de metas é uma prática recomendada que proporciona maior clareza e eficácia na condução dos esforços rumo à transformação digital.

2.2. Indicadores-Chave de Desempenho (KPIs) - Medindo o Progresso e Impulsionando a Eficiência Operacional

Ao abordarmos a importância dos Indicadores-Chave de Desempenho (KPI – *Key Performance Indicators*) na transformação digital, vale destacar sua relevância na definição de metas específicas, mensuráveis, alcançáveis, relevantes e com prazo definido. Assim como a metodologia SMART é amplamente utilizada para estabelecer objetivos claros e tangíveis, os KPIs desempenham um papel crucial ao fornecer uma visão quantificável e objetiva do progresso em relação aos objetivos estabelecidos, permitindo a identificação de áreas que requerem melhorias ou ajustes.

A transformação digital é uma jornada complexa e contínua para as empresas que buscam se manter competitivas e relevantes em um mundo movido pela tecnologia e inovação. Nesse contexto, os KPIs desempenham um papel essencial, oferecendo *insights* valiosos sobre o desempenho de processos e atividades em uma organização. Essas métricas proporcionam uma visão objetiva do desempenho operacional, permitindo que os gestores e líderes monitorem o progresso de suas equipes em direção aos resultados desejados.

Além disso, os KPIs têm como objetivo avaliar o desempenho da transformação digital e identificar oportunidades de otimização. Eles permitem que as organizações acompanhem os resultados alcançados e façam ajustes quando necessário. Essas métricas também auxiliam na tomada de decisões embasadas em dados reais, reduzindo a influência de suposições e intuições.

Para que os KPIs sejam eficazes e relevantes na transformação digital, é essencial que eles possuam algumas características específicas:

1. **Relevância para os Objetivos da Transformação Digital**: os KPIs devem estar diretamente relacionados aos objetivos estratégicos da transformação digital. Métricas irrelevantes podem levar a uma alocação inadequada de recursos e não fornecer insights relevantes para a tomada de decisões.
2. **Mensurabilidade e Base em Dados Concretos**: os KPIs devem ser facilmente mensuráveis e baseados em dados concretos. Isso requer a disponibilidade de informações confiáveis e sistemas eficientes para coleta e análise de dados.
3. **Especificidade e Objetividade**: KPIs bem definidos são claros, específicos e objetivos, evitando ambiguidades e garantindo que todos os envolvidos compreendam os objetivos a serem alcançados.

4. **Tempo Definido para Avaliação**: os KPIs devem estar associados a um prazo específico para avaliação. Estabelecer um cronograma para a medição do desempenho permite um acompanhamento regular e possibilita a identificação de tendências ao longo do tempo.
5. **Comparabilidade**: para uma análise mais significativa, os KPIs devem ser comparáveis ao longo do tempo ou em relação a benchmarks do setor. Isso ajuda a contextualizar o desempenho da organização em relação a padrões externos.

A variedade de KPIs utilizados pelas organizações é vasta, uma vez que eles devem ser adaptados às particularidades de cada negócio e aos seus objetivos específicos. Abaixo estão alguns exemplos comuns de KPIs e seus casos de uso na transformação digital:

1. **Taxa de Adoção de Novas Tecnologias**: esse KPI mede a velocidade com que novas soluções tecnológicas são implementadas e adotadas pela organização. Uma alta taxa de adoção indica que a equipe está abraçando a mudança e incorporando novas tecnologias em suas atividades diárias. Esse indicador é essencial para avaliar o progresso da transformação digital e garantir que os investimentos em tecnologia estejam sendo bem-sucedidos.
2. **Índice de Satisfação do Cliente (CSAT) Digital**: o CSAT mede o grau de satisfação dos clientes em relação às interações digitais da empresa, como atendimento online e plataformas digitais. Esse KPI é

importante para entender a experiência do cliente em ambientes digitais e identificar oportunidades de aprimoramento.

3. **Tempo Médio de Resposta a Solicitações Digitais**: esse KPI mensura o tempo médio que a organização leva para responder a solicitações e interações digitais dos clientes. Uma resposta rápida é fundamental para proporcionar uma boa experiência ao cliente e aumentar a satisfação.
4. **Taxa de Conversão de Leads Digitais**: esse KPI avalia a proporção de leads que se convertem em clientes após interações em ambientes digitais, como campanhas de marketing digital e *landing pages*. Esse indicador é relevante para medir a eficácia das estratégias de conversão online.
5. **Taxa de Retenção de Clientes Digitais**: esse KPI mensura a proporção de clientes digitais que permanecem fiéis à marca e aos serviços oferecidos. Ele é crucial para entender a retenção de clientes em ambientes digitais e avaliar a eficácia das estratégias de fidelização.
6. **Eficiência do Processo Digital**: esse KPI mede a eficiência de processos específicos realizados em ambientes digitais, como a velocidade de atendimento em um *chatbot* ou a taxa de sucesso de um processo de compras online. Identificar gargalos e oportunidades de melhoria é essencial para otimizar processos digitais.

7. **Taxa de Erros e Problemas em Plataformas Digitais**: esse KPI mensura a proporção de erros e problemas técnicos em plataformas digitais, como falhas em um aplicativo ou site. Uma baixa taxa é fundamental para garantir uma boa experiência do usuário e manter a confiabilidade da marca.
8. **Taxa de Retorno sobre Investimento (ROI):** o ROI avalia a efetividade dos investimentos realizados pela organização, mostrando o retorno financeiro gerado. Essa métrica é amplamente utilizada para medir o sucesso de projetos e campanhas, orientando a alocação futura de recursos.
9. **Nível de Absenteísmo:** esse KPI mede o número de dias de trabalho perdidos devido a ausências não programadas de funcionários. É relevante para entender o impacto do absenteísmo na produtividade da equipe e identificar áreas de melhoria no gerenciamento de recursos humanos.
10. **Taxa de Conclusão de Projetos:** esse KPI mede a proporção de projetos concluídos dentro do prazo e do orçamento estabelecidos. É crucial para avaliar a eficiência da gestão de projetos e garantir o cumprimento dos objetivos traçados.
11. **Taxa de *Churn* (Rotatividade de Clientes)**: esse KPI é comum em empresas de serviços de assinatura e mede a proporção de clientes que cancelam ou não renovam seus contratos. Monitorar a taxa de *churn* é importante para entender a satisfação e retenção de

clientes, possibilitando a implementação de estratégias de retenção.

A implementação bem-sucedida dos KPIs requer um processo contínuo de monitoramento, análise e aperfeiçoamento. É importante destacar que os KPIs podem evoluir ao longo do tempo, conforme a transformação digital progride e novos objetivos são estabelecidos. Nesse sentido, os líderes e gestores devem estar abertos a adaptar as métricas conforme a necessidade, garantindo que elas permaneçam alinhadas com os objetivos estratégicos da organização.

Os KPIs desempenham um papel crucial na jornada da transformação digital, fornecendo uma visão clara e objetiva do desempenho operacional da organização. Eles permitem uma avaliação informada e precisa do progresso em relação aos objetivos estabelecidos, bem como a identificação de áreas de melhoria e oportunidades de aprimoramento. Ao adotar KPIs relevantes e confiáveis, as empresas estão mais bem preparadas para tomar decisões embasadas em dados, alcançar a excelência operacional e alcançar o sucesso.

2.3. OKRs (Objetivos e Resultados-Chave)

Na busca pela excelência operacional e pelo sucesso organizacional, a definição de metas claras e mensuráveis é essencial. Já abordamos duas metodologias amplamente adotadas para esse fim: o SMART (*Specific, Measurable, Achievable, Relevant, Time-bound*) e os KPIs (Indicadores-Chave de Desempenho). Enquanto o SMART enfatiza a criação de metas específicas e realistas, os KPIs se concentram na quantificação do desempenho operacional em relação aos objetivos estabelecidos.

Por outro lado, a metodologia OKR (*Objectives and Key Results*) vai além ao oferecer uma abordagem abrangente para a definição de objetivos ambiciosos e mensuráveis, acompanhados por resultados-chave específicos. Os OKRs têm como objetivo principal o alinhamento da equipe em torno de objetivos compartilhados e a definição de metas ousadas que estimulem a ambição e o crescimento da organização. A metodologia OKR tem se destacado como uma abordagem eficaz para impulsionar o alinhamento estratégico, a produtividade e a ambição organizacional. Baseada na definição de objetivos ambiciosos e mensuráveis, acompanhados por resultados-chave específicos, os OKRs têm sido amplamente adotados por empresas de tecnologia e inovação, como Google, Intel e LinkedIn.

A metodologia OKR foi criada por Andrew Grove, ex-CEO da Intel, e popularizada pelo Google. Seus princípios fundamentais são simples, mas poderosos:

1. **Objetivos Ambiciosos e Inspiradores**: os OKRs devem estabelecer metas ousadas e desafiadoras, que inspirem e motivem a equipe a alcançar um alto nível de desempenho. Esses objetivos devem ser claramente definidos e alinhados com a visão e missão da organização.

2. **Resultados-Chave Mensuráveis**: cada objetivo deve ser acompanhado por um conjunto de resultados-chave específicos e mensuráveis. Os resultados-chave são indicadores quantificáveis que permitem avaliar o progresso em direção ao objetivo e medir o sucesso.

3. **Transparência e Compartilhamento**: a metodologia OKR promove a transparência na definição e comunicação dos objetivos em toda a organização. Os OKRs devem ser acessíveis e compreensíveis por todos os membros da equipe, incentivando o alinhamento e a colaboração.

4. **Aprendizado e Aperfeiçoamento Contínuos**: os OKRs são dinâmicos e sujeitos a revisões periódicas. A aprendizagem contínua é valorizada, permitindo que os objetivos sejam ajustados conforme necessário para atender às mudanças do ambiente de negócios.

Os OKRs têm ganhado destaque em empresas de tecnologia e startups, bem como em organizações que passam por processos de transformação digital. Alguns dos principais benefícios dos OKRs nesse contexto são:

1. **Alinhamento Estratégico**: os OKRs proporcionam um alto nível de alinhamento, garantindo que todos os membros da equipe estejam focados nos mesmos objetivos e trabalhando em prol de uma visão compartilhada.

2. **Foco em Resultados**: a metodologia OKR enfatiza a definição clara de resultados mensuráveis, o que leva a uma maior ênfase nos resultados e no impacto gerado pela organização.

3. **Cultura de Excelência e Ambição**: a definição de objetivos ambiciosos estimula uma cultura de excelência e ambição na organização, levando os colaboradores a superarem-se e buscarem constantemente o aprimoramento.

4. **Rápida Adaptação**: os OKRs são flexíveis e permitem que a organização se adapte rapidamente às mudanças no mercado e nas condições do ambiente de negócios, tornando-os ideais para a transformação digital.

5. **Melhoria da Comunicação e Engajamento**: a transparência dos OKRs promove uma comunicação mais aberta e direta entre os membros da equipe, fortalecendo o engajamento e a colaboração.

A implementação bem-sucedida dos OKRs requer uma abordagem cuidadosa e focada na integração da metodologia na cultura da organização. Aqui estão algumas etapas essenciais para a aplicação dos OKRs na prática:

1. **Definição de Objetivos Estratégicos**: a primeira etapa consiste na definição dos objetivos estratégicos da organização. Esses objetivos devem refletir a visão de longo prazo e orientar as ações e decisões em toda a empresa.

2. **Estabelecimento de OKRs**: com base nos objetivos estratégicos, os OKRs são criados em diferentes níveis organizacionais, incluindo equipes, departamentos e indivíduos. Cada OKR deve ser claro, específico e mensurável.

3. **Comunicação e Alinhamento**: a comunicação clara dos OKRs é fundamental para garantir o alinhamento e a compreensão em toda a organização. Todos os membros da equipe devem estar cientes dos OKRs e de como suas atividades contribuem para alcançá-los.

4. **Acompanhamento e Revisão**: a implementação dos OKRs não se resume apenas à sua definição inicial; é um processo contínuo que requer monitoramento e revisão

constante. Acompanhar os OKRs é essencial para garantir que a equipe esteja no caminho certo para alcançar os objetivos estabelecidos. Aqui estão algumas práticas-chave para o acompanhamento e revisão dos OKRs:

- **Defina Métricas Claras para os Resultados-Chave**: cada resultado-chave dos OKRs deve ser quantificável e ter métricas claras associadas. Isso facilita a avaliação do progresso e ajuda a identificar qualquer desvio em relação às metas estabelecidas. Definir métricas claras também permite que os colaboradores saibam exatamente como estão contribuindo para os objetivos gerais da organização.
- **Utilize Ferramentas de Acompanhamento**: existem várias ferramentas disponíveis para facilitar o acompanhamento dos OKRs, como plataformas de gerenciamento de projetos, planilhas colaborativas e softwares de monitoramento de desempenho. Essas ferramentas ajudam a centralizar as informações e proporcionam uma visão abrangente do progresso em tempo real.
- **Realize Reuniões de Acompanhamento**: reuniões periódicas são essenciais para revisar o progresso dos OKRs e discutir quaisquer desafios ou obstáculos que possam estar impedindo o alcance das metas. Durante essas reuniões, os membros da equipe podem compartilhar suas conquistas, discutir soluções para problemas e ajustar os planos de ação, se necessário.
- **Fomente uma Cultura de Feedback**: a cultura organizacional deve promover a transparência e a troca de

feedback construtivo. Os líderes devem incentivar os colaboradores a compartilharem suas opiniões sobre o andamento dos OKRs e a oferecer sugestões para melhorias. O feedback é uma ferramenta poderosa para impulsionar a aprendizagem e aperfeiçoar continuamente os processos.

- **Celebre as Conquistas Intermediárias**: ao longo do ciclo dos OKRs, é importante celebrar as conquistas intermediárias, mesmo que ainda não tenham alcançado o objetivo final. Reconhecer o progresso e o esforço da equipe fortalece o engajamento e mantém a motivação para continuar buscando a excelência.
- **Flexibilidade para Ajustes**: o ambiente de negócios é dinâmico e pode ser necessário ajustar os OKRs ao longo do tempo. Mudanças nas condições do mercado, novas oportunidades ou desafios inesperados podem requerer adaptações nos objetivos e resultados-chave. A flexibilidade é fundamental para garantir que os OKRs permaneçam relevantes e alinhados às necessidades da organização.

O sucesso da metodologia OKR está fortemente ligado ao engajamento dos colaboradores. Quando os funcionários estão comprometidos e acreditam nos objetivos estabelecidos, eles se tornam mais motivados para contribuir com seu melhor esforço para alcançá-los. Além disso, a transparência dos OKRs permite que os membros da equipe entendam como seu trabalho individual contribui para o sucesso geral da organização, aumentando o senso de propósito e significado em suas atividades diárias.

Os OKRs são aplicados em organizações de todos os tamanhos e setores, mas algumas empresas notáveis têm se destacado em sua implementação bem-sucedida:

1. **Google**: O Google é um dos primeiros exemplos de empresas a adotar a metodologia OKR. Desde os primeiros dias, a empresa tem usado OKRs para direcionar sua inovação, definindo objetivos ambiciosos que impulsionaram o desenvolvimento de novos produtos e serviços.

2. **Intel**: Andrew Grove, cofundador da Intel, foi o pioneiro na criação da metodologia OKR. Na Intel, os OKRs são usados para alinhar os objetivos de negócios com as metas de desenvolvimento de tecnologia, permitindo um progresso rápido em um ambiente altamente competitivo.

3. **LinkedIn**: a rede social profissional LinkedIn utiliza os OKRs para orientar a estratégia e o desenvolvimento de novos recursos e funcionalidades. Os OK Rs do LinkedIn são projetados para impulsionar o crescimento do número de usuários, melhorar a experiência do usuário e aumentar o envolvimento na plataforma.

4. **Uber**: a gigante de tecnologia de transporte Uber adotou os OKRs como parte fundamental de sua cultura organizacional. Os objetivos estabelecidos pelo Uber se concentram em melhorar a eficiência da logística de transporte, aumentar a satisfação do cliente e expandir sua presença global.

5. **Spotify**: a plataforma de streaming de música Spotify também é conhecida por sua implementação bem-sucedida dos OKRs. A empresa define objetivos que se concentram em aprimorar a descoberta de músicas, expandir sua base de usuários e melhorar a experiência do cliente.

Essas empresas de destaque demonstram que os OKRs podem ser aplicados com sucesso em diferentes setores e contextos organizacionais. O segredo do sucesso reside na integração dos OKRs na cultura da empresa, garantindo que todos os colaboradores estejam alinhados e engajados na busca dos objetivos compartilhados.

Embora os OKRs sejam uma metodologia poderosa para promover o alinhamento estratégico e a ambição organizacional, há desafios e armadilhas que as empresas precisam evitar para garantir sua implementação bem-sucedida:

1. Estabelecer Objetivos Excessivamente Ambiciosos: enquanto objetivos ousados são incentivados, estabelecer metas inatingíveis pode levar à desmotivação e à frustração da equipe. É essencial equilibrar a ambição com a realidade, definindo metas desafiadoras, mas alcançáveis.

2. Falta de Alinhamento com a Visão da Organização: os OKRs devem estar diretamente alinhados à visão e aos valores da organização. Definir objetivos que não estejam em harmonia com a estratégia de longo prazo pode levar a um desperdício de recursos e esforços.

3. Não Revisar e Atualizar Regularmente: os OKRs devem ser revisados e atualizados regularmente para garantir que permaneçam relevantes e alinhados às necessidades em constante mudança do negócio. Ignorar a revisão dos OKRs pode levar a objetivos desatualizados e planos de ação ineficazes.

4. Enfocar Quantidade em Detrimento da Qualidade: ter muitos OKRs pode sobrecarregar a equipe e diluir o foco em resultados-chave realmente importantes. É melhor ter alguns OKRs de alta qualidade do que muitos objetivos dispersos.

5. Não Promover uma Cultura de Transparência e Colaboração: os OKRs requerem transparência e comunicação aberta. Se a cultura da empresa não valoriza a colaboração e o compartilhamento de informações, a implementação dos OKRs pode ser prejudicada.

6. Ignorar o Reconhecimento do Progresso: celebrar as conquistas intermediárias é fundamental para manter a motivação e o engajamento da equipe. Ignorar o reconhecimento pode minar o moral e reduzir a eficácia dos OKRs.

A metodologia OKR é uma abordagem poderosa para impulsionar o alinhamento estratégico, a ambição organizacional e o foco em resultados mensuráveis. Ao estabelecer objetivos ambiciosos e acompanhá-los com resultados-chave específicos, os OKRs fornecem uma estrutura clara para orientar as ações e decisões em toda a organização.

Embora sua implementação bem-sucedida exija uma abordagem cuidadosa e uma integração na cultura da empresa, as empresas que adotam os OKRs podem colher benefícios significativos, como maior produtividade, colaboração aprimorada e crescimento sustentável. Ao evitar armadilhas comuns e manter o foco na transparência e no engajamento da equipe, as organizações podem utilizar os OKRs como uma poderosa ferramenta para impulsionar o sucesso em um mundo empresarial cada vez mais competitivo e em constante mudança.

2.4. Balance Scorecard (BSC)

O *Balanced Scorecard* (BSC) é uma metodologia amplamente utilizada para medir o desempenho e o progresso de uma organização em relação aos seus objetivos estratégicos. Diferente das métricas tradicionais, que muitas vezes se concentram apenas em resultados financeiros, o BSC adota uma abordagem mais abrangente, avaliando o desempenho em quatro perspectivas interconectadas: financeira, cliente, processos internos e aprendizado e crescimento. Essa abordagem holística permite que as empresas acompanhem o impacto de suas ações em todas as áreas críticas do negócio.

Antes de explorar os detalhes do Balance Scorecard, é importante entender a diferença entre essa metodologia e outras abordagens de medição de desempenho, como o SMART e os KPIs (Indicadores-Chave de Desempenho).

Como vimos, o SMART é uma metodologia utilizada para estabelecer metas e objetivos específicos, mensuráveis, alcançáveis, relevantes e com prazo definido. É uma ferramenta útil para garantir que os objetivos sejam claros e que haja critérios tangíveis para medir o sucesso. Por outro lado, os KPIs são métricas quantificáveis que permitem medir o desempenho de processos e atividades em uma organização. Eles são usados para monitorar o progresso em relação aos objetivos estabelecidos e fornecer uma visão clara do desempenho operacional.

Já o BSC vai além dessas abordagens, pois incorpora múltiplas perspectivas e foca na relação de causa e efeito entre elas. Em vez de se concentrar apenas em metas financeiras ou indicadores isolados, o BSC reconhece que o desempenho em diferentes áreas está interligado e que o sucesso em uma perspectiva pode impulsionar o sucesso em outras. Isso permite uma visão mais completa e integrada do desempenho da organização.

A estrutura do *Balanced Scorecard* é baseada em quatro perspectivas principais, que abrangem os aspectos-chave do desempenho organizacional. Cada perspectiva é representada por um conjunto de objetivos estratégicos e indicadores que devem ser alinhados à visão e à estratégia geral da empresa.

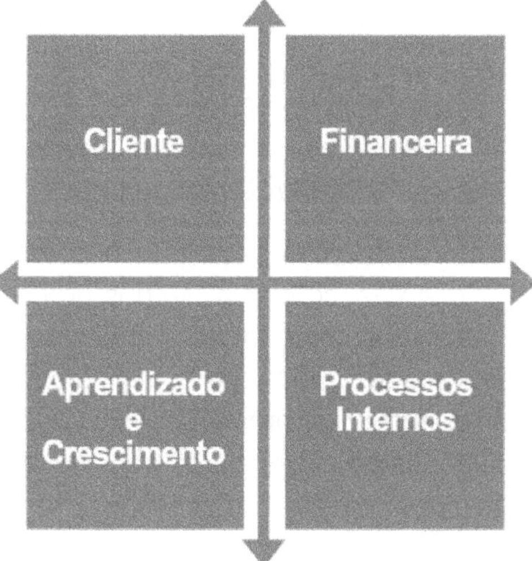

Figura 14 - Perspectiva do BSC

1. **Perspectiva Financeira:** essa perspectiva foca os resultados financeiros e o desempenho econômico da organização. Os objetivos financeiros podem incluir aumento da receita, redução de custos, melhoria da lucratividade e aumento do retorno sobre o investimento. Os indicadores financeiros tradicionais, como lucro líquido, receita total e margem de lucro, são comumente utilizados nessa perspectiva. *Exemplo de objetivo financeiro*: Aumentar a receita em 15% no próximo trimestre.
2. **Perspectiva do Cliente:** como o nome sugere, essa perspectiva concentra-se na satisfação e nas necessidades dos clientes. A ideia é entender o que os clientes valorizam e como a empresa pode atender ou superar suas expectativas. Os objetivos do cliente podem incluir melhoria na qualidade dos produtos ou serviços, maior retenção de clientes, aumento da satisfação do cliente e conquista de novos mercados. *Exemplo de objetivo do cliente*: aumentar o índice de satisfação dos clientes para 90% até o final do ano.
3. **Perspectiva de Processos Internos:** essa perspectiva, por sua vez, concentra-se nos processos e atividades internas da organização que agregam valor aos clientes e aos acionistas. Os objetivos podem envolver redução de tempo de produção, otimização de processos, melhorias na eficiência operacional e aumento da qualidade dos produtos ou serviços. *Exemplo de objetivo de processo interno*: reduzir o tempo de entrega do produto em 20% até o final do semestre.

4. **Perspectiva de Aprendizado e Crescimento:** por fim, essa perspectiva considera o desenvolvimento e o crescimento da organização, incluindo o desenvolvimento de habilidades dos colaboradores, inovação e capacidade de adaptação às mudanças do mercado. Os objetivos podem incluir o desenvolvimento de competências dos funcionários, a implementação de novas tecnologias e a promoção de uma cultura de aprendizado contínuo. *Exemplo de objetivo de aprendizado e crescimento*: Aumentar o número de colaboradores certificados em novas tecnologias em 30% até o final do ano.

A implementação bem-sucedida do BSC requer um processo cuidadoso e bem planejado. Aqui estão algumas etapas essenciais para a aplicação do *Balanced Scorecard* na prática:

1. **Definição de Objetivos Estratégicos**: a primeira etapa é definir os objetivos estratégicos da organização em cada uma das quatro perspectivas. Esses objetivos devem ser claros, mensuráveis e alinhados à visão e à missão da empresa.

2. **Estabelecimento de Indicadores**: com base nos objetivos estratégicos, devem ser estabelecidos os indicadores-chave de desempenho (KPIs) para cada perspectiva., os quais devem ser quantificáveis e capazes de medir o progresso em relação aos objetivos.

3. **Estabelecimento de Metas**: para cada indicador, é importante definir metas específicas a serem

alcançadas em um determinado período. Essas metas devem ser desafiadoras, mas realistas e alcançáveis.

4. **Comunicação e Alinhamento**: a comunicação clara dos objetivos, indicadores e metas é fundamental para garantir o alinhamento e o engajamento de toda a equipe. Todos os membros da organização devem compreender o que é esperado deles e como seu trabalho contribui para o sucesso geral da empresa.

5. **Monitoramento e Revisão**: o BSC é uma metodologia dinâmica e os indicadores devem ser monitorados e revisados regularmente para garantir que permaneçam relevantes e alinhados às necessidades em constante mudança do negócio.

Para ilustrar, imagine que uma empresa de varejo decidiu implementar o *Balanced Scorecard* para melhorar seu desempenho geral e alinhar sua estratégia com seus objetivos. A empresa identificou os seguintes objetivos estratégicos para cada perspectiva do *Balanced Scorecard*:

1. **Perspectiva Financeira**: aumentar a lucratividade e a rentabilidade por meio da otimização dos custos operacionais e do aumento das receitas. Alguns indicadores financeiros estabelecidos foram o retorno sobre o investimento (ROI), a margem de lucro líquido e o crescimento da receita.

2. **Perspectiva do Cliente**: melhorar a experiência do cliente e aumentar a fidelidade, visando alcançar uma maior participação de mercado. Foram estabelecidos indicadores como o *Net Promoter Score* (NPS), a taxa

de retenção de clientes e o tempo médio de resposta ao cliente.

3. **Perspectiva de Processos Internos**: aumentar a eficiência operacional, reduzir desperdícios e melhorar a qualidade dos produtos e serviços oferecidos. Indicadores-chave foram definidos para medir o tempo de ciclo de produção, o índice de retrabalho e o número de reclamações de clientes.

4. **Perspectiva de Aprendizado e Crescimento**: investir no desenvolvimento das habilidades dos colaboradores, promover a inovação e a pesquisa de novas tecnologias para melhorar a competitividade da empresa. Indicadores incluíram o número de treinamentos realizados, a taxa de inovação implementada e a satisfação dos funcionários.

A empresa também estabeleceu metas específicas para cada um dos indicadores e comunicou claramente a todos os colaboradores sobre a nova metodologia e como ela se alinha à estratégia global da organização. As equipes foram incentivadas a contribuir com ideias e iniciativas para alcançar os objetivos definidos.

Ao longo do período de implementação do BSC, a empresa percebeu melhorias significativas em seu desempenho geral. A abordagem holística do *Balanced Scorecard* permitiu que a empresa visualizasse como cada perspectiva estava interligada e como os resultados em uma área impactavam as outras. Por exemplo, ao melhorar a satisfação do cliente, a empresa observou um aumento na retenção de clientes e uma consequente melhoria nos resultados financeiros.

O *Balanced Scorecard* também trouxe maior foco para o desenvolvimento e aprendizado dos colaboradores. Com o estabelecimento de metas claras nessa perspectiva, a empresa viu um aumento no engajamento dos funcionários e na busca por aprimoramento profissional.

Outro benefício da metodologia foi a capacidade de acompanhar o progresso ao longo do tempo. Por meio do monitoramento constante dos indicadores e da realização de revisões periódicas, a empresa pôde tomar decisões informadas e realizar ajustes na estratégia, quando necessário.

A adoção do *Balanced Scorecard* traz diversos benefícios para as organizações, incluindo:

1. **Visão Holística:** o BSC oferece uma visão completa e integrada do desempenho da organização, levando em conta todas as perspectivas relevantes para o sucesso do negócio. Isso ajuda a evitar uma abordagem unidimensional focada apenas em indicadores financeiros.
2. **Alinhamento Estratégico:** o BSC garante que todas as áreas e níveis da organização estejam alinhados com os objetivos estratégicos estabelecidos. Isso ajuda a criar uma cultura de alinhamento e comprometimento com a visão da empresa.
3. **Medição do Progresso:** com indicadores claros e metas definidas, o BSC permite acompanhar o progresso ao longo do tempo e avaliar o impacto das ações tomadas pela organização.

4. **Foco na Ação:** o *Balanced Scorecard* não se limita a relatar indicadores, mas também enfatiza a definição de ações específicas para melhorar o desempenho em cada perspectiva.

5. **Aprendizado e Melhoria Contínua:** A metodologia incentiva a aprendizagem contínua e a melhoria constante dos processos e atividades, permitindo que a empresa se adapte às mudanças do mercado e se mantenha competitiva.

O *Balanced Scorecard* é uma poderosa ferramenta de gestão estratégica que vai além da medição tradicional de desempenho. Ao incorporar múltiplas perspectivas e estabelecer indicadores alinhados aos objetivos estratégicos, o BSC oferece uma visão abrangente e holística do desempenho organizacional.

No entanto, é importante lembrar que o sucesso da implementação do *Balanced Scorecard* requer um comprometimento contínuo da liderança e de toda a equipe da organização. A comunicação clara, a definição de metas desafiadoras e o monitoramento regular dos indicadores são fundamentais para maximizar os benefícios dessa metodologia.

2.5. *Lean Six Sigma*: Melhorando a Eficiência e Qualidade dos Processos

O *Lean Six Sigma* é uma abordagem de melhoria contínua que combina duas metodologias distintas, o *Lean* e o *Six Sigma*, para otimizar a eficiência e qualidade dos processos em uma organização. Essa metodologia se baseia em um enfoque estruturado e baseado em dados para aprimorar a entrega de produtos e serviços, reduzindo desperdícios e eliminando defeitos. Nesta seção, exploraremos os princípios do *Lean Six Sigma*, como ele é aplicado na prática e exemplos de sucesso em sua implementação.

Antes de entrarmos em detalhes sobre o *Lean Six Sigma*, é relevante fazer uma breve comparação com as metodologias discutidas anteriormente. Como já apresentado, o SMART é uma abordagem para definição de metas inteligentes, os KPIs são indicadores-chave de desempenho que permitem medir resultados. Os OKRs, por sua vez, estabelecem objetivos ambiciosos e mensuráveis, enquanto o *Balanced Scorecard* oferece uma visão holística do desempenho organizacional, incorporando várias perspectivas.

Enquanto o SMART, KPIs, OKRs e *Balanced Scorecard* se concentram em metas, indicadores e perspectivas específicas, o *Lean Six Sigma* tem uma abordagem mais abrangente, visando aprimorar toda a cadeia de processos da organização. Ele busca identificar e eliminar ineficiências, gargalos e defeitos nos processos, buscando uma melhoria geral no desempenho e qualidade dos produtos ou serviços entregues.

O *Lean Six Sigma* combina os princípios do Lean e do Six Sigma, criando uma abordagem poderosa de melhoria contínua. Vamos explorar cada um desses princípios:

O *Lean*, também conhecido como *Lean Manufacturing* ou *Lean Thinking,* é uma filosofia de gestão e uma abordagem de melhoria contínua que visa maximizar o valor entregue aos clientes, minimizando o desperdício e otimizando os processos de produção e operações. Essa filosofia surgiu inicialmente no setor automobilístico, a partir do Sistema de Produção Toyota, desenvolvido pela Toyota no Japão após a Segunda Guerra Mundial. Desde então, o conceito se expandiu e foi aplicado em diversos setores e indústrias ao redor do mundo. Os princípios seriam:

1. **Identificar o Valor:** o primeiro princípio do Lean é identificar o valor sob a perspectiva do cliente. Isso envolve entender quais aspectos dos produtos ou serviços são realmente valorizados pelos clientes e que eles estão dispostos a pagar.
2. **Mapear o Fluxo de Valor:** o próximo passo é mapear o fluxo de valor, ou seja, identificar todas as etapas envolvidas na entrega do produto ou serviço, desde o início até o fim. Esse mapeamento permite identificar onde ocorrem desperdícios e gargalos no processo.
3. **Criar Fluxo Contínuo:** o Lean visa criar fluxo contínuo de trabalho, eliminando atrasos, interrupções e gargalos. Isso é alcançado por meio da redução de estoques, da sincronização das etapas do processo e da eliminação de atividades que não agregam valor.
4. **Produção Puxada:** o princípio da produção puxada significa produzir apenas o que é necessário e quando é necessário, com base na demanda real do cliente. Isso ajuda a evitar excesso de estoque e a reduzir desperdícios.
5. **Busca pela Perfeição:** o último princípio do *Lean* é a busca pela perfeição, conhecida como "Kaizen". Isso envolve a cultura de melhoria contínua, onde todos os

colaboradores são incentivados a buscar maneiras de aprimorar os processos constantemente.

A metodologia *Six Sigma* apresenta os seguintes princípios:

1. **Definir:** o princípio "Definir" concentra-se na definição clara do problema ou oportunidade de melhoria. Isso envolve entender os requisitos do cliente, determinar metas mensuráveis e estabelecer a equipe de projeto.
2. **Medir:** nesta etapa, a equipe de projeto coleta dados e realiza medições para entender o desempenho atual do processo e identificar a extensão do problema.
3. **Analisar:** a fase "Analisar" envolve a análise dos dados coletados para identificar as causas raiz dos problemas e oportunidades de melhoria. Técnicas estatísticas são frequentemente aplicadas para entender a relação entre as variáveis e os resultados.
4. **Melhorar:** o princípio "Melhorar" visa desenvolver e implementar soluções para resolver as causas raiz identificadas. A equipe busca implementar mudanças e avaliar sua eficácia por meio de testes e experimentações.
5. **Controlar:** o último princípio, "Controlar", visa garantir que as melhorias implementadas sejam mantidas e que o processo esteja sob controle. São estabelecidos mecanismos para monitorar o desempenho do processo e agir de forma proativa caso ocorram desvios.

A integração dos princípios do *Lean* e *Six Sigma* permite que o *Lean Six Sigma* se torne uma poderosa metodologia para a melhoria contínua, permitindo que as organizações alcancem uma maior eficiência operacional, redução de custos e aumento da satisfação do cliente.

A metodologia DMAIC (Definir, Medir, Analisar, Melhorar, Controlar) é o principal ciclo de melhoria utilizado no *Lean Six Sigma*. Cada fase do ciclo representa uma etapa do processo de melhoria contínua, conforme descrito a seguir:

1. **Definir (*Define*)**: Nesta fase, a equipe de projeto identifica claramente o problema ou oportunidade de melhoria, estabelece os objetivos e metas a serem alcançados e define o escopo do projeto. Também é importante identificar as partes interessadas (*stakeholders*) e entender suas necessidades e expectativas em relação ao processo.
2. **Medir (*Measure*)**: Na fase de Medir, a equipe coleta dados e realiza medições para entender o desempenho atual do processo e identificar possíveis causas do problema. Isso envolve a identificação dos indicadores-chave de desempenho (KPIs) relevantes e a coleta de dados relacionados.
3. **Analisar (*Analyze*)**: A etapa de Analisar envolve a análise dos dados coletados para identificar as causas raiz dos problemas e oportunidades de melhoria. Ferramentas estatísticas e de análise de dados são frequentemente utilizadas nessa fase para obter *insights* mais profundos.
4. **Melhorar (*Improve*)**: Nesta fase, a equipe de projeto desenvolve e implementa soluções para resolver as

causas raiz identificadas. A criatividade e o pensamento inovador são incentivados nesta etapa para encontrar soluções eficazes e eficientes. As soluções podem variar desde mudanças nos processos existentes até a implementação de novas tecnologias e práticas.

5. **Controlar (*Control*)**: A fase de Controle visa garantir que as melhorias implementadas sejam mantidas e que o processo esteja sob controle. São estabelecidos mecanismos para monitorar continuamente o desempenho do processo e agir de forma proativa caso ocorram desvios. Além disso, são criados planos de contingência para garantir que qualquer problema potencial seja abordado rapidamente.

O *Lean Six Sigma* tem sido amplamente utilizado em organizações de diversos setores para aprimorar a eficiência dos processos e a qualidade dos produtos e serviços. Aqui estão alguns exemplos de aplicação bem-sucedida do *Lean Six Sigma*:

1. General Electric (GE): A GE é uma das primeiras empresas a adotar a metodologia *Lean Six Sigma*. A empresa atribui grande parte de seu sucesso ao uso dessa abordagem para melhorar a qualidade de seus produtos e serviços, reduzir custos e aumentar a satisfação do cliente.

2. Ford Motor Company: A Ford implementou *o Lean Six Sigma* em suas operações de fabricação e logística para reduzir desperdícios, melhorar a produtividade e aumentar a qualidade de seus veículos. Isso resultou em redução de custos e maior competitividade no mercado automotivo.

3. **Amazon:** A gigante do comércio eletrônico Amazon aplicou o *Lean Six Sigma* em seus processos de atendimento ao cliente e logística para otimizar a eficiência e garantir entregas rápidas e precisas. Isso contribuiu para a reputação da Amazon como uma empresa centrada no cliente.

4. **Hospital Geral de Massachusetts:** Na área da saúde, o Hospital Geral de Massachusetts utilizou o *Lean Six Sigma* para aprimorar os processos de atendimento ao paciente, reduzir o tempo de espera e melhorar a segurança do paciente. Isso resultou em uma melhoria significativa na qualidade dos serviços prestados.

5. **Banco Bradesco:** O banco brasileiro Bradesco aplicou o *Lean Six Sigma* em seus processos de atendimento ao cliente e administração interna para aprimorar a eficiência operacional e reduzir custos. Isso permitiu que o banco oferecesse um atendimento mais rápido e eficiente aos seus clientes.

Assim, o Lean Six Sigma oferece uma série de benefícios para as organizações que o adotam, incluindo:

1. **Melhoria da Eficiência:** o *Lean Six Sigma* visa a eliminar desperdícios e ineficiências nos processos, o que resulta em uma maior eficiência operacional. Isso pode levar a uma redução de custos e a um aumento da produtividade.

2. **Aumento da Qualidade:** a abordagem do *Lean Six Sigma* para identificação e eliminação de defeitos nos processos ajuda a melhorar a qualidade dos produtos e serviços, levando a uma maior satisfação do cliente.

3. Maior Satisfação do Cliente: com processos mais eficientes e produtos/serviços de maior qualidade, a satisfação do cliente tende a aumentar, resultando em maior lealdade e recomendação da marca.

4. Tomada de Decisões Baseada em Dados: o *Lean Six Sigma* utiliza dados e evidências para fundamentar suas decisões de melhoria, o que torna as ações mais objetivas e sustentáveis.

5. Foco na Melhoria Contínua: a filosofia do *Lean Six Sigma* incentiva a cultura de melhoria contínua, onde os colaboradores são encorajados a buscar oportunidades de aprimoramento e inovação constantemente.

Apesar dos benefícios, a implementação do *Lean Six Sigma* também pode enfrentar desafios, como:

1. Resistência à Mudança: introduzir uma nova metodologia e mudar a cultura organizacional pode encontrar resistência por parte dos colaboradores que estão acostumados com processos antigos.

2. Necessidade de Treinamento: a aplicação eficaz do *Lean Six Sigma* requer conhecimentos técnicos e habilidades específicas e, portanto, pode ser necessária uma série de treinamentos para capacitar a equipe.

3. Comprometimento da Alta Direção: o sucesso do *Lean Six Sigma* depende do comprometimento da alta direção em apoiar e promover a metodologia em toda a organização.

4. Definição Adequada dos Projetos: identificar os projetos mais relevantes e estratégicos para aplicar o *Lean Six Sigma* é um desafio que requer análises cuidadosas.

Como se nota, o *Lean Six Sigma* é uma poderosa metodologia de melhoria contínua que tem o potencial de transformar as organizações, tornando-as mais eficientes, ágeis e centradas no cliente. Ao combinar os princípios do *Lean* e do *Six Sigma*, as empresas podem otimizar seus processos e alcançar resultados superiores. A adoção bem-sucedida do *Lean Six Sigma* requer comprometimento, liderança eficaz, capacitação e uma cultura de melhoria contínua.

Por meio de casos de sucesso como a General Electric, Ford, Amazon, Hospital Geral de Massachusetts e Banco Bradesco, fica evidente que o Lean Six Sigma pode ser aplicado em diversos setores e tamanhos de empresas, promovendo resultados positivos em eficiência, qualidade e satisfação do cliente. Contudo, é importante destacar que cada organização é única, e a implementação do Lean Six Sigma deve ser adaptada de acordo com suas necessidades e desafios específicos.

Neste cenário competitivo e em constante evolução, o Lean Six Sigma emerge como uma ferramenta valiosa para impulsionar o crescimento e o sucesso sustentável das organizações, contribuindo para sua sobrevivência e prosperidade em um mundo de negócios em constante mudança.

2.6. Análise de Dados e Business Intelligence

Nos últimos anos, a análise de dados e o *Business Intelligence* (BI) se tornaram pilares essenciais para a tomada de decisões estratégicas nas organizações. Ambas as práticas permitem coletar, processar e interpretar informações valiosas a partir de dados concretos, oferecendo uma visão mais profunda e precisa do desempenho da empresa.

Ao comparar a análise de dados e o BI com as metodologias SMART, KPI e OKR, podemos identificar diferentes abordagens e objetivos:

- SMART *Goals* (Metas Inteligentes): A metodologia SMART é usada para definir metas específicas, mensuráveis, alcançáveis, relevantes e com prazo definido. Embora seja uma metodologia importante para estabelecer objetivos claros, ela não aborda a coleta e análise de dados para medir o progresso em relação a essas metas.
- KPIs (Indicadores-Chave de Desempenho): Os KPIs são métricas quantificáveis usadas para medir o desempenho de processos e atividades em uma organização. Embora os KPIs forneçam informações valiosas sobre o desempenho, eles não necessariamente utilizam análise de dados para obter *insights* mais profundos.
- OKRs (Objetivos e Resultados-Chave): A metodologia OKR é baseada na definição de objetivos ambiciosos e mensuráveis, acompanhados por resultados-chave específicos. Os OKRs incentivam o alinhamento da equipe em torno de objetivos compartilhados e metas

desafiadoras, mas não necessariamente focam na análise de dados para aprimorar o desempenho.

- Análise de Dados e *Business Intelligence*: Por outro lado, a análise de dados e o BI são abordagens que se concentram especificamente na coleta, processamento e análise de dados para obter *insights* significativos. Essas práticas fornecem informações detalhadas sobre o desempenho operacional, as preferências dos clientes, as tendências de mercado e muito mais, permitindo que as empresas tomem decisões mais informadas e estratégicas.

Enquanto as metodologias SMART, KPI e OKR são importantes para definir metas e medir o desempenho, a análise de dados e o BI são complementares, fornecendo informações essenciais para aprimorar as estratégias e alcançar resultados mais eficientes e eficazes.

A análise de dados é um processo que envolve a inspeção, limpeza, transformação e interpretação de informações para obter *insights* e conhecimentos relevantes. Ela permite a identificação de padrões, tendências, relações de causa e efeito e outras informações cruciais para entender o funcionamento de uma organização, mercado ou processo.

O *Business Intelligence* (BI), ou Inteligência de Negócios, é um conjunto de tecnologias e práticas que permitem a coleta, a organização, a análise e a apresentação de informações para auxiliar na tomada de decisões estratégicas e táticas em uma organização. O BI busca transformar dados brutos em conhecimentos valiosos, apoiando gestores e colaboradores com informações relevantes para a empresa.

A origem da análise de dados e do BI remonta ao surgimento dos primeiros sistemas de processamento eletrônico de dados na década de 1950. Com o avanço da tecnologia da informação, as empresas passaram a coletar grandes quantidades de dados, mas muitas vezes não conseguiam explorá-los de forma significativa. Isso levou ao desenvolvimento das primeiras ferramentas e sistemas de BI, permitindo que os dados fossem analisados e transformados em *insights* estratégicos.

No Brasil, a análise de dados e o BI têm sido amplamente adotados por empresas de diversos setores para melhorar o desempenho, a competitividade e a eficiência operacional. Algumas das principais aplicações incluem:

- Análise de Desempenho Operacional: empresas brasileiras utilizam a análise de dados e o BI para monitorar o desempenho operacional em áreas como produção, logística, vendas e atendimento ao cliente. Essa análise permite identificar ineficiências, otimizar processos e tomar decisões mais fundamentadas.
- Análise de Mercado e Tendências: no Brasil, a análise de dados e o BI são amplamente utilizados para entender o comportamento dos clientes e identificar tendências de mercado. Com a crescente digitalização dos negócios e o aumento do uso de dispositivos móveis, as empresas têm acesso a uma quantidade cada vez maior de dados

sobre o comportamento dos consumidores. Por meio de ferramentas de BI, como o Google *Analytics* e outras plataformas de análise, as empresas podem rastrear o tráfego de seus websites, identificar padrões de comportamento dos usuários, analisar o desempenho de campanhas de marketing digital e avaliar a eficácia de estratégias de vendas online.

- Tomada de Decisões Estratégicas: a análise de dados e o BI também desempenham um papel fundamental na tomada de decisões estratégicas no Brasil. Empresas de todos os tamanhos e setores utilizam essas ferramentas para obter *insights* sobre o mercado, identificar oportunidades de crescimento, avaliar a performance de produtos e serviços e otimizar a alocação de recursos. Com base em informações precisas e atualizadas, os gestores podem tomar decisões mais embasadas, reduzindo riscos e aumentando as chances de sucesso nos negócios.
- Análise de Performance de Produtos e Serviços: a análise de dados e o BI também são aplicados para avaliar a performance de produtos e serviços oferecidos pelas empresas no Brasil. Por exemplo, uma empresa de comércio eletrônico pode utilizar essas ferramentas para monitorar a satisfação dos clientes com os produtos adquiridos, analisar os comentários e avaliações dos clientes e identificar possíveis problemas ou oportunidades de

melhoria. Isso possibilita a otimização do mix de produtos, a identificação de produtos mais populares e a criação de estratégias para melhorar a experiência do cliente.

Para ilustrar o uso da análise de dados e BI, podemos dar uma olhada nos *cases* de sucesso a seguir:

- O Nubank é uma fintech brasileira que revolucionou o mercado de serviços financeiros no país. A empresa utiliza intensamente a análise de dados e o BI para entender o comportamento financeiro dos clientes, identificar padrões de gastos e investimentos e oferecer produtos personalizados. Por meio da análise de dados, o Nubank consegue oferecer aos seus clientes um cartão de crédito com limite adequado, taxas mais competitivas e soluções financeiras personalizadas, tudo isso com base nos hábitos de consumo e perfil de cada cliente.
- A Magazine Luiza é uma das maiores redes varejistas do Brasil. A empresa investiu fortemente em tecnologia e análise de dados para aprimorar a experiência de compra dos clientes e expandir suas vendas online. Por meio do uso de ferramentas de BI, a Magazine Luiza analisa dados de navegação e histórico de compras dos clientes para oferecer recomendações personalizadas de produtos, descontos e promoções específicas. Essa estratégia contribuiu significativamente para o crescimento das vendas online e o aumento da fidelização dos clientes.

- O Banco Itaú, uma das maiores instituições financeiras do Brasil, é conhecido por sua forte estratégia de análise de dados e BI. Por meio do uso de algoritmos de aprendizado de máquina e análise de dados, o banco consegue entender o comportamento dos clientes, identificar padrões de gastos e oferecer serviços personalizados. Além disso, o Itaú utiliza análises de dados para prever o risco de inadimplência de clientes, possibilitando uma gestão mais eficiente de riscos e crédito.
- O iFood é uma plataforma de entrega de alimentos que se tornou um dos principais players do setor no Brasil. A empresa utiliza intensivamente a análise de dados para otimizar sua logística de entregas e melhorar a experiência do cliente. Por meio de algoritmos de roteirização e análise de dados em tempo real, o iFood consegue alocar os entregadores de forma mais eficiente, reduzindo os tempos de entrega e garantindo uma experiência mais positiva para os usuários.
- A Netflix é um exemplo icônico de como a análise de dados e o BI são fundamentais para o sucesso de uma empresa no setor de entretenimento. A plataforma de streaming coleta e analisa uma quantidade imensa de dados dos seus usuários, como o tempo gasto assistindo a filmes e séries, as preferências de gênero e as avaliações dadas aos conteúdos. Essas informações são usadas para recomendar filmes e séries personalizados para cada usuário, aumentando o engajamento e a satisfação dos clientes.

Embora a análise de dados e o BI tenham demonstrado inúmeros benefícios para as empresas no Brasil, algumas barreiras e desafios ainda precisam ser enfrentados:

Qualidade dos Dados: A qualidade dos dados é um desafio fundamental para a análise de dados e o BI. Empresas brasileiras muitas vezes enfrentam problemas com a falta de padronização e integração de dados provenientes de diferentes fontes. Isso pode levar a análises imprecisas e *insights* pouco confiáveis. É essencial investir em processos de coleta, limpeza e validação de dados para garantir que as informações utilizadas na análise sejam precisas e consistentes.

Privacidade e Segurança: No cenário atual de crescente preocupação com a privacidade dos dados, as empresas brasileiras também enfrentam desafios relacionados à segurança e conformidade com a legislação de proteção de dados, como a Lei Geral de Proteção de Dados (LGPD). É fundamental implementar medidas robustas de segurança cibernética para proteger os dados dos clientes e garantir que eles sejam tratados de acordo com as regulamentações vigentes.

Capacitação de Profissionais: A análise de dados e o BI exigem uma equipe capacitada para realizar análises e interpretar resultados corretamente. No Brasil, ainda existe uma escassez de profissionais com habilidades avançadas em análise de dados, ciência de dados e inteligência de negócios. As empresas precisam investir em capacitação e desenvolvimento de talentos internos ou buscar parcerias com profissionais especializados para garantir o sucesso de suas iniciativas de análise de dados.

Cultura de Dados: Uma cultura organizacional que valoriza a análise de dados é essencial para o sucesso das práticas de BI. No Brasil, algumas empresas ainda têm uma cultura tradicional em que as decisões são baseadas em intuição ou experiência, em vez de dados concretos. É importante promover uma cultura orientada por dados, em que as decisões sejam fundamentadas em evidências e análises sólidas, encorajando a adoção de ferramentas de BI em todos os níveis da organização.

Para aplicar a análise de dados e o BI de forma eficaz, as organizações podem contar com uma série de ferramentas e tecnologias avançadas.

Assim, nota-se que a análise de dados e o *Business Intelligence* têm se mostrado cruciais para o sucesso das empresas no Brasil. Com a crescente digitalização dos negócios e o aumento da disponibilidade de dados, essas práticas se tornaram indispensáveis para a tomada de decisões estratégicas e operacionais. Os casos de sucesso apresentados demonstram como empresas brasileiras estão utilizando a análise de dados e o BI para impulsionar o crescimento, aumentar a eficiência e oferecer melhores experiências aos clientes.

No entanto, é importante ressaltar que a análise de dados e o BI são processos contínuos e em constante evolução. À medida que as empresas enfrentam novos desafios e oportunidades, é essencial continuar investindo em tecnologias avançadas, capacitação de profissionais e na criação de uma cultura de dados que favoreça a tomada de decisões baseada em evidências.

Para as empresas que desejam se destacar em um mercado competitivo, tais abordagens se tornaram não apenas uma vantagem, mas uma necessidade. Ao adotar essas práticas de forma estratégica e eficiente, as empresas no Brasil podem obter *insights* valiosos, tomar decisões mais informadas e alcançar resultados excepcionais em seus respectivos setores.

2.7. *Benchmarking*: A Busca por Excelência na Transformação Digital

O *benchmarking* é uma poderosa metodologia utilizada pelas organizações para medir seu desempenho em relação a outras empresas líderes do setor ou referências do mercado. Essa abordagem permite que as empresas identifiquem práticas, processos e estratégias bem-sucedidas adotadas por outras organizações e as adaptem para melhorar seu próprio desempenho e alcançar a excelência na transformação digital.

A origem do benchmarking remonta à década de 1970, quando Xerox e outras empresas americanas começaram a buscar maneiras de melhorar sua eficiência e competitividade. A Xerox foi pioneira no uso do *benchmarking* ao analisar empresas japonesas de fotocopiadoras que estavam superando a concorrência em termos de qualidade e eficiência. Esse processo de aprendizado com outras empresas bem-sucedidas foi chamado, então, de *benchmarking*.

Existem vários tipos de *benchmarking*, cada um focado em diferentes aspectos do desempenho da organização:

1. ***Benchmarking* Interno:** nesse tipo, a organização compara seus próprios processos e práticas internas entre departamentos ou unidades de negócios. Isso

pode ajudar a identificar as melhores práticas já existentes dentro da empresa e a promover a colaboração e compartilhamento de conhecimento entre as equipes.

2. ***Benchmarking* Competitivo:** nessa abordagem, a empresa compara seu desempenho com o de seus principais concorrentes diretos. Isso permite identificar *gaps* competitivos e áreas onde a empresa pode melhorar para se destacar no mercado.
3. ***Benchmarking* Funcional:** nesse tipo de benchmarking, a empresa compara suas práticas e processos com empresas que operam em setores diferentes, mas que possuem funções semelhantes. Isso pode levar a *insights* inovadores e soluções fora do padrão da indústria.
4. ***Benchmarking* Genérico:** esse tipo envolve a comparação do desempenho da organização com empresas líderes em diferentes setores. O objetivo é obter inspiração de práticas inovadoras que podem ser aplicadas de forma única em seu setor.

O *benchmarking* desempenha um papel crucial na transformação digital, permitindo que as organizações identifiquem e adotem práticas bem-sucedidas para melhorar seus processos digitais. Algumas das aplicações mais comuns do *benchmarking* na transformação digital incluem:

1. **Melhoria de Processos Digitais:** ao comparar seus processos digitais com os de empresas líderes, as

organizações podem identificar gargalos, ineficiências e oportunidades de automação e otimização.

2. **Adoção de Tecnologias Inovadoras:** o *benchmarking* permite que as empresas identifiquem as tecnologias emergentes mais relevantes para suas operações, com base nas práticas adotadas por outras empresas bem-sucedidas.
3. **Experiência do Cliente:** as empresas podem fazer o *benchmarking* suas estratégias de experiência do cliente com organizações que são reconhecidas por oferecer experiências excepcionais aos clientes.
4. **Estratégias de Marketing Digital:** o *benchmarking* ajuda as empresas a identificarem as melhores práticas em marketing digital, desde aquisição de *leads* até campanhas de engajamento em mídias sociais.

Podemos ver como o *benchmarking* pode ser útil para as organizações, analisando os *cases* a seguir.

A Starbucks é conhecida por fornecer uma experiência excepcional aos seus clientes. Para aprimorar ainda mais sua abordagem de atendimento, a empresa utilizou o *benchmarking* para comparar suas práticas com empresas líderes em experiência do cliente, como a Disney e a Nordstrom. Como resultado, pode aprimorar suas estratégias de atendimento e implementar inovações, como o aplicativo móvel para pedidos antecipados e a personalização de bebidas. Outro caso é da Amazon. A Amazon é líder mundial em eficiência logística e entrega rápida de produtos. Por meio do *benchmarking* com empresas de logística de ponta, a empresa aprimorou seus processos de gerenciamento de estoque, otimização de rotas e automação de armazéns. Essas práticas permitiram reduzir os tempos de entrega e melhorar a experiência de compra de seus clientes. Não podemos deixar de citar o case do Google, que é conhecido por sua cultura de inovação em tecnologia, que utiliza o *benchmarking* para comparar suas práticas de pesquisa e desenvolvimento com as principais empresas de tecnologia do mundo. Isso permite ao Google estar na vanguarda da inovação tecnológica, criando produtos e serviços revolucionários, como o mecanismo de busca, o Android e o *Google Cloud Platform*.

Por fim, analisemos dois cases no Brasil. O primeiro é o da Embraer, uma das principais fabricantes de aeronaves do mundo. A empresa utiliza o benchmarking com outras empresas o setor aeronáutico e com empresas líderes em tecnologia. Essa abordagem permite que a Embraer esteja na vanguarda da inovação em tecnologia aeronáutica, desenvolvendo aeronaves avançadas e eficientes que são referência global em qualidade e desempenho. Por meio do *benchmarking*, a Embraer identificou práticas e tecnologias utilizadas por outras empresas aeroespaciais líderes que poderiam ser adaptadas à sua própria produção de aeronaves. Essa troca de conhecimentos permitiu à Embraer desenvolver a família de aeronaves E-Jet, que revolucionou o mercado de aviação regional com sua eficiência, desempenho e inovações tecnológicas. Como resultado, a Embraer consolidou-se como uma das principais fabricantes de aeronaves do mundo, com presença em diversos mercados internacionais. O segundo *case* de sucesso brasileiro é o da Natura, empresa brasileira de cosméticos, que tem uma forte atuação em sustentabilidade e responsabilidade socioambiental. Para aprimorar ainda mais suas práticas sustentáveis, a Natura realiza *benchmarking* com outras empresas líderes em sustentabilidade e com comunidades locais onde atua. Isso permite à empresa obter *insights* valiosos sobre práticas sustentáveis inovadoras e implementá-las em sua cadeia de valor. Através do *benchmarking*, a Natura pôde aperfeiçoar suas políticas de desenvolvimento sustentável, aumentar o uso de ingredientes naturais em seus produtos, investir em embalagens mais ecológicas e implementar iniciativas de reflorestamento. Essas ações contribuíram para a consolidação da marca como uma referência em responsabilidade socioambiental no setor de cosméticos no Brasil e no mundo.

Apesar dos benefícios do *benchmarking* na transformação digital, existem alguns desafios que as organizações podem enfrentar:

1. **Acesso a Dados:** nem sempre é fácil obter dados e informações detalhadas sobre outras empresas para comparação. Algumas organizações podem ser relutantes em compartilhar suas práticas internas.
2. **Contexto e Cultura:** as práticas que funcionam bem para uma empresa podem não ser adequadas para outra devido a diferenças culturais e de contexto.
3. **Mudança Organizacional:** a implementação de novas práticas com base no benchmarking pode exigir mudanças significativas na organização, o que pode ser desafiador e requerer um esforço de toda a equipe.

Concluindo, o *benchmarking* é uma metodologia poderosa que oferece às organizações uma visão valiosa das melhores práticas e estratégias bem-sucedidas adotadas por outras empresas. Na transformação digital, o *benchmarking* desempenha um papel crucial ao identificar oportunidades de melhoria, aprimorar processos digitais e adotar tecnologias inovadoras. Ao utilizá-lo de forma estratégica e adaptada à realidade da organização, as empresas podem impulsionar a excelência na transformação digital e alcançar resultados excepcionais em seus respectivos setores.

2.8. Gestão por Processos

A gestão por processos é uma abordagem organizacional que visa a aprimorar a eficiência e eficácia das atividades da empresa através da análise, mapeamento e monitoramento dos processos organizacionais. Essa metodologia se concentra em entender os fluxos de trabalho e as interações entre os diferentes departamentos e funções dentro da organização, com o objetivo de otimizar o desempenho e a entrega de valor aos clientes e *stakeholders*.

A gestão por processos tem suas raízes em diversas abordagens de gestão, como a Gestão da Qualidade Total, o Ciclo PDCA (*Plan-Do-Check-Act*), a Reengenharia de Processos e o Sistema Toyota de Produção. A ideia central é que, em vez de enfocar apenas em funções individuais ou departamentos, as organizações devem olhar para os processos como um todo para alcançar maior eficiência, agilidade e qualidade.

Os processos representam o conjunto de atividades inter-relacionadas que transformam *inputs* em *outputs*, gerando valor para o cliente. A gestão por processos envolve identificar, mapear e analisar esses processos para entender como eles funcionam, identificar gargalos, eliminar desperdícios e aprimorar a colaboração entre as áreas envolvidas.

A gestão por processos é aplicável a organizações de todos os setores e tamanhos, desde pequenas empresas até grandes corporações. As principais aplicações da gestão por processos incluem:

1. **Melhoria de Eficiência:** por meio do mapeamento dos processos, a empresa pode identificar atividades redundantes ou ineficientes e implementar mudanças para otimizar o fluxo de trabalho e reduzir desperdícios de recursos e tempo.
2. **Aumento da Qualidade:** a gestão por processos permite identificar pontos de falha e erros nos processos, facilitando a implementação de ações corretivas para melhorar a qualidade dos produtos e serviços.
3. **Agilidade Organizacional:** com um melhor entendimento dos processos, a organização se torna mais ágil e capaz de responder rapidamente às mudanças do mercado e às demandas dos clientes.
4. **Alinhamento Estratégico:** a gestão por processos ajuda a alinhar as atividades operacionais com os objetivos estratégicos da empresa, garantindo que as ações diárias contribuam para o sucesso geral da organização.
5. **Foco no Cliente:** ao mapear os processos do ponto de vista do cliente, a empresa pode identificar

oportunidades para melhorar a experiência do cliente e atender às suas necessidades de forma mais eficaz.

A implementação bem-sucedida da gestão por processos envolve algumas etapas essenciais:

1. **Identificação dos Processos-Chave:** a empresa deve identificar os processos-chave que têm maior impacto nos resultados e no valor entregue ao cliente.
2. **Mapeamento dos Processos:** cada processo identificado deve ser mapeado em detalhes, documentando as atividades envolvidas, os responsáveis por cada etapa, os *inputs* e *outputs*, e os indicadores de desempenho.
3. **Análise e Melhoria:** com base no mapeamento, a empresa deve analisar os processos em busca de oportunidades de melhoria. Isso pode envolver a eliminação de etapas desnecessárias, a simplificação de atividades complexas, ou a automatização de tarefas manuais.
4. **Definição de Indicadores:** indicadores de desempenho devem ser definidos para medir a eficiência, qualidade e impacto dos processos. Esses indicadores podem incluir o tempo de ciclo, taxa de erros, satisfação do cliente, entre outros.
5. **Monitoramento Contínuo:** a gestão por processos é um processo contínuo de melhoria. A empresa deve monitorar regularmente os indicadores e realizar

ajustes conforme necessário para garantir que os processos estejam operando de forma eficiente e eficaz.

Para ilustrar a aplicação dessa metodologia, vamos apresentar alguns *cases* de sucesso. A Ambev, uma das maiores empresas de bebidas do mundo, aplicou a gestão por processos para otimizar sua cadeia logística. Ao mapear os processos logísticos, a empresa identificou oportunidades para reduzir custos, melhorar a eficiência do transporte e agilizar a entrega de produtos aos clientes. Como resultado, a Ambev conseguiu reduzir significativamente o tempo de entrega de seus produtos, melhorando a satisfação dos clientes e reduzindo os custos operacionais. Essa iniciativa trouxe um impacto positivo em toda a cadeia de suprimentos da empresa, fortalecendo sua competitividade no mercado.

Podemos citar também o *case* do Hospital Sírio-Libanês, referência em saúde no Brasil, que utilizou a gestão por processos para aprimorar seus processos clínicos. Por meio do mapeamento dos fluxos de atendimento, a instituição identificou gargalos e oportunidades de melhoria no atendimento ao paciente. A implementação de mudanças nos processos resultou em uma redução no tempo de espera para consultas e procedimentos, maior eficiência no uso de recursos médicos e uma experiência geral aprimorada para os pacientes. Essas melhorias contribuíram para a reputação do hospital como um centro médico de excelência.

Por fim, citamos a Magazine Luiza, já mencionada em outras metodologias – reforçando a ideia de complementariedade das metodologias -, também é um exemplo notável de como a gestão por processos pode ser aplicada na transformação digital de uma empresa. A varejista utilizou o mapeamento de processos para identificar oportunidades de digitalização e automação de suas operações. Ao otimizar a jornada de compra do cliente, simplificar os processos de logística e investir em tecnologias de varejo *omnichannel*, a Magazine Luiza conseguiu oferecer uma experiência de compra integrada e conveniente para seus clientes, tanto nas lojas físicas quanto no ambiente online. Essa abordagem alavancou o crescimento da empresa no comércio eletrônico e a tornou uma referência em inovação no varejo brasileiro.

Em resumo, a gestão por processos é uma metodologia poderosa para aprimorar a eficiência e eficácia das operações de uma organização. Ao entender os processos de forma detalhada, é possível identificar oportunidades de melhoria, eliminar gargalos e reduzir desperdícios, resultando em uma maior qualidade de produtos e serviços, melhor satisfação do cliente e maior competitividade no mercado.

Além disso, a gestão por processos promove o alinhamento estratégico em toda a organização, garantindo que todas as atividades estejam direcionadas para o alcance dos objetivos da empresa. Isso cria uma cultura de colaboração e engajamento entre as equipes, pois todos trabalham em direção aos mesmos objetivos compartilhados.

As empresas que adotam a gestão por processos têm a capacidade de se adaptar mais rapidamente às mudanças do mercado e de responder de forma ágil às necessidades dos clientes. Essa agilidade é essencial em um mundo empresarial cada vez mais dinâmico e competitivo.

No entanto, é importante ressaltar que a implementação da gestão por processos requer uma abordagem cuidadosa e contínua. É um processo de aprendizado e melhoria contínua, e a cultura organizacional deve estar aberta à mudança e ao comprometimento com a excelência operacional.

Para concluir, a gestão por processos é uma abordagem estratégica que permite às empresas alcançarem maior eficiência, qualidade e agilidade, proporcionando vantagens competitivas significativas. Ao integrar os processos de negócio com os objetivos organizacionais, as empresas podem alcançar melhores resultados e aprimorar a experiência do cliente, consolidando seu posicionamento no mercado e garantindo o sucesso a longo prazo.

2.9. Comparativo consolidado das metodologias

A tabela a seguir consolida as principais características de cada metodologia discutida neste capítulo.

Metodologia	Descrição	Vantagens	Desvantagens	Exemplo de Caso de Uso
SMART Goals	Estabelece metas específicas, mensuráveis, alcançáveis, relevantes e com prazo definido.	Metas claras e objetivas	Pode limitar o estabelecimento de metas ambiciosas	Aumentar a receita de vendas online em 20% até o final do trimestre.

Metodologia	Descrição	Vantagens	Desvantagens	Exemplo de Caso de Uso
KPIs	Métricas quantificáveis para medir o desempenho de processos e atividades.	Fácil acompanhamento do progresso	Pode ser difícil escolher os KPIs mais relevantes	Taxa de conversão de leads em clientes; Tempo médio de resposta do atendimento ao cliente.
OKRs	Estabelece objetivos ambiciosos com resultados-chave específicos.	Foco no alinhamento da equipe	Pode exigir revisão frequente dos resultados-chave	Objetivo: Aumentar a base de usuários em 30%; Resultado-chave: Aumentar o número de novos usuários em 20%.
Balance Scorecard	Mede o desempenho em diferentes perspectivas, como financeira, cliente e processos internos.	Visão holística do desempenho organizacional	Requer mais tempo para implementação e acompanhamento	Perspectiva Financeira: Aumentar a margem de lucro em 15%; Perspectiva do Cliente: Aumentar o índice de satisfação em 10%.
Lean Six Sigma	Visa melhorar a eficiência e qualidade dos processos através da redução de desperdícios.	Enfoque na redução de falhas e melhoria contínua	Requer treinamento e implementação cuidadosa	Redução de defeitos em produtos em 40% através da aplicação da metodologia *Lean Six Sigma*.

Metodologia	Descrição	Vantagens	Desvantagens	Exemplo de Caso de Uso
Análise de Dados	Utiliza ferramentas de análise para monitorar o desempenho com base em dados concretos.	Facilita a tomada de decisões com base em informações reais	Necessidade de expertise em análise de dados	Monitorar a taxa de retenção de clientes com base nos dados de comportamento do usuário.
Benchmarking	Compara o desempenho da organização com outras empresas ou padrões do setor.	Identifica oportunidades de melhoria	Requer acesso a dados de outras organizações	Comparar o tempo médio de entrega de produtos com empresas líderes do setor para identificar oportunidades de otimização.

CIO 5.0

O GUIA DEFINITIVO PARA LIDERAR A TRANSFORMAÇÃO DIGITAL

7 NOVAS TECNOLOGIAS NA TRANSFORMAÇÃO DIGITAL

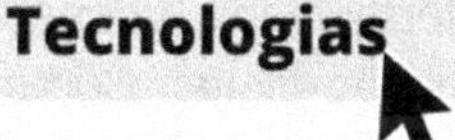

Ao final deste capítulo, você será capaz de:

- **Compreender a aplicação da Automação Robótica de Processos (RPA) para simplificar tarefas e processos.**
- **Explorar o conceito de Hiperautomação e seu impacto na eficiência corporativa.**
- **Aprender sobre a utilização da Personalização impulsionada pela Plataforma de Dados do Cliente na transformação digital, incluindo unificação de dados e personalização contextual.**
- **Entender o conceito de Multiexperiência e sua importância na transformação digital.**
- **Explorar como a Experiência Total (TX) alinha a Experiência do Cliente (CX) e a Experiência do Funcionário (EX) na era da transformação digital.**
- **Compreender o papel da Inteligência Artificial (IA) e Machine Learning (ML) na transformação da experiência com inovação contínua.**
- **Adquirir insights sobre o Modelo de Força de Trabalho Híbrida e sua relevância na era da transformação digital, considerando ambientes de trabalho flexíveis.**

Capítulo 7: Novas Tecnologias na Transformação Digital

A tecnologia está impulsionando a mudança em todas as indústrias e setores. É inegável que as empresas devem adotar a transformação digital para se manterem competitivas em um mercado globalizado, com a utilização de uma série de tendências tecnológicas. Desde o aumento da eficiência *no code* e orientada à automação até um foco maior na experiência do funcionário e estratégias corporativas combináveis, essas tendências terão um impacto profundo na maneira como as empresas trabalham e aplicam a tecnologia. Assim, é essencial ter um bom entendimento das últimas tendências de transformação digital e suas potencialidades para alavancar os negócios.

Neste capítulo a discussão se aprofundará nas inovações tecnológicas que estão reformulando o cenário empresarial e impulsionando a transformação digital. Começaremos com a eficiência no desenvolvimento de código e a importância da automação para um crescimento eficiente. Aprofundar-nos-emos nas vantagens da Automação Robótica de Processos (RPA) e da emergente hiperautomação. Em seguida, exploraremos como as plataformas de dados do cliente (CDP) estão revolucionando a personalização na transformação digital, proporcionando experiências mais coesas e centradas no cliente.

Também abordaremos os conceitos de multiexperiência e experiência total (TX), alinhando as perspectivas do cliente e do funcionário. A integração da inteligência artificial (IA) e do aprendizado de máquina (ML) na rotina corporativa também será analisada. A tendência do modelo de força de trabalho híbrida será discutida, bem como a crucial integração da sustentabilidade ambiental, Objetivos de Desenvolvimento Sustentável (ODS) e critérios ESG na era digital. Além disso, a importância da cibersegurança e o papel do CIO na construção da confiança digital serão enfatizados. Este capítulo proporcionará uma visão abrangente das principais tecnologias e tendências que estão moldando a transformação digital.

1. Eficiência *no code* e Orientada por Automação: Impulsionando o Crescimento Eficiente e a Economia de Custos

A automação é uma peça fundamental na jornada da transformação digital, permitindo que as empresas alcancem melhores resultados com menos recursos. Nos próximos anos, espera-se que a adoção da tecnologia de eficiência *no code* e orientada por automação se torne mais ampla, capacitando os líderes corporativos a impulsionarem o crescimento eficiente, melhorar a produtividade e gerar economia de custos em meio à instabilidade corporativa provocada pelo aumento da inflação, preços da energia e turbulência geopolítica.

A eficiência *no code* e *low code* é uma tendência revolucionária que está transformando a maneira como as empresas desenvolvem e implementam soluções digitais. Ela tem o objetivo de capacitar os colaboradores, mesmo aqueles sem habilidades avançadas em programação, a criar aplicativos e soluções personalizadas por meio de interfaces intuitivas de "arrastar e soltar", eliminando a necessidade de escrever o código manualmente.

A abordagem *no code* é voltada para usuários com pouca ou nenhuma experiência em programação, permitindo que eles criem soluções usando uma interface gráfica simples, com blocos de lógica e elementos pré-definidos. Por outro lado, o *low code* é mais avançado, permitindo que desenvolvedores criem aplicações de forma mais rápida, usando uma quantidade reduzida de código customizado para complementar os componentes pré-construídos.

Essa tendência tem se mostrado especialmente valiosa para as empresas ao acelerar o desenvolvimento de aplicações, reduzindo o tempo necessário para implementar soluções que atendam às necessidades específicas do negócio. Com a eficiência *no code* e *low code*, as equipes podem criar rapidamente soluções para problemas específicos, como a automação de tarefas repetitivas, o gerenciamento de fluxos de trabalho, o desenvolvimento de aplicativos móveis e a criação de painéis de controle personalizados.

Empresas de diferentes setores têm se beneficiado significativamente com o uso da eficiência *no code* e *low code*, permitindo-lhes acelerar o desenvolvimento de aplicações, reduzir custos e aumentar a produtividade. A seguir, podemos ver alguns exemplos de casos de sucesso que demonstram como essa tendência está transformando os negócios:

1. **Zoho Creator**: a Zoho Creator é uma plataforma *no code* que permite criar aplicativos personalizados sem a necessidade de escrever código. Uma empresa de transporte de carga utilizou a Zoho Creator para desenvolver um aplicativo de rastreamento de encomendas que permitia aos clientes acompanharem suas

remessas em tempo real. Isso melhorou a transparência e a experiência do cliente, além de otimizar o processo de entrega.

2. **OutSystems**: a plataforma *low code* OutSystems tem sido amplamente adotada por empresas em diversos setores. Uma seguradora utilizou a OutSystems para criar um aplicativo que automatizava o processo de solicitação de seguros, permitindo que os clientes pudessem contratar e gerenciar suas apólices de forma rápida e fácil. Com essa solução, a empresa conseguiu reduzir o tempo de processamento das solicitações e melhorar a satisfação do cliente.

3. **Mendix**: a Mendix é outra plataforma *low code* que tem se destacado no mercado. Uma empresa de serviços financeiros usou a Mendix para desenvolver um aplicativo de gerenciamento de despesas que permitia aos funcionários registrar e aprovar suas despesas de forma digital. Isso agilizou o processo de reembolso e reduziu a burocracia interna.

4. **Microsoft Power Apps**: A Microsoft Power Apps é uma ferramenta *no code* que faz parte do ecossistema Microsoft 365. Uma empresa de manufatura adotou o Power Apps para criar um aplicativo de controle de estoque, que permitia o monitoramento em tempo real dos níveis de inventário e a automatização de pedidos de reposição. Com essa solução, a empresa conseguiu otimizar a gestão de estoque e evitar a falta de produtos.

Esses *cases* de sucesso demonstram como a eficiência *no code* e *low code* está transformando os processos de desenvolvimento de aplicações e impulsionando a inovação nas empresas. Ao capacitar colaboradores sem conhecimentos técnicos em programação a criar soluções digitais, essas plataformas estão democratizando o desenvolvimento e permitindo que as empresas alcancem resultados ágeis e eficientes.

Além disso, a adoção da eficiência *no code* e *low code* vem se expandindo rapidamente à medida que mais empresas reconhecem os benefícios de criar suas próprias soluções personalizadas de forma rápida e econômica. Essa tendência é fundamental para a transformação digital, permitindo que as empresas sejam mais ágeis, inovadoras e competitivas em um mercado cada vez mais dinâmico e desafiador.

2. Automação Robótica de Processos (RPA): Simplificando a Automação de Tarefas

A transformação digital está impulsionando as organizações a adotarem tecnologias inovadoras que automatizem processos, aumentem a eficiência e impulsionem o crescimento. Neste contexto, a Automação Robótica de Processos (RPA – *Robotic Process Automation*) emerge como uma das tecnologias-chave para acelerar a transformação digital e otimizar as operações.

A Automação Robótica de Processos (RPA) é uma tecnologia que utiliza robôs de software para automatizar tarefas repetitivas e baseadas em regras, anteriormente executadas por seres humanos. Esses robôs, também conhecidos como *bots*, são configurados para imitar ações humanas, como preencher formulários, processar dados, acessar aplicativos e interagir com sistemas legados.

Ao contrário da automação tradicional, que exige alterações significativas nos sistemas existentes, a RPA permite automatizar processos sem a necessidade de modificar a infraestrutura tecnológica. Os *bots* de RPA trabalham em camadas de aplicativos existentes, usando a interface de usuário como um ser humano faria, mas de forma muito mais rápida e precisa.

A ideia de automatizar processos com robôs de software remonta às décadas de 1950 e 1960, mas foi apenas com os avanços recentes em inteligência artificial (IA) e aprendizado de máquina que a RPA se tornou uma realidade viável.

A RPA tem sido amplamente adotada em diversas indústrias e setores, trazendo benefícios significativos para as organizações. Algumas das principais aplicações da RPA incluem:

- **Processamento de dados**: os *bots* de RPA podem extrair e processar dados de várias fontes, como e-mails, planilhas e sistemas empresariais, reduzindo o tempo e a probabilidade de erros associados ao trabalho manual.
- **Atendimento ao cliente**: os *bots* podem ser usados para responder a perguntas frequentes, agendar compromissos e auxiliar os clientes em suas interações com a empresa, melhorando a experiência do cliente e reduzindo o tempo de resposta.

- **Fluxo de trabalho e aprovações**: a RPA pode automatizar fluxos de trabalho e aprovações internas, eliminando a necessidade de intervenção humana em processos repetitivos, como aprovação de solicitações de férias ou pedidos de compra.
- **Gerenciamento de processos**: os *bots* podem monitorar e gerenciar processos em tempo real, identificando possíveis gargalos e problemas de desempenho e tomando medidas corretivas rapidamente.

Para ilustrar as possibilidades, vamos considerar o caso do Banco Itaú Unibanco, que implementou a RPA para automatizar o processamento de pedidos de clientes. Anteriormente, os funcionários precisavam inserir manualmente os dados dos clientes nos sistemas, o que era um processo demorado e sujeito a erros. Com a RPA, os *bots* foram configurados para extrair automaticamente os dados dos formulários preenchidos pelos clientes e inseri-los nos sistemas da empresa. Como resultado da iniciativa, o tempo médio de processamento dos pedidos foi reduzido em 50%, e a taxa de erros foi quase eliminada. Isso permitiu que a equipe de atendimento ao cliente se concentrasse em atividades mais estratégicas e de alto valor, como fornecer suporte personalizado aos clientes e identificar oportunidades de *cross-selling* e *upselling.* O sucesso desse projeto de RPA incentivou a empresa a expandir a automação para outras áreas, como o gerenciamento de fluxos de trabalho internos e o processamento de pagamentos. Com a RPA, a instituição financeira está obtendo benefícios significativos em termos de eficiência operacional, experiência do cliente e competitividade no mercado.

Outro exemplo seria da Natura, uma das maiores empresas de cosméticos do Brasil, que implementou a RPA para otimizar seus processos internos e melhorar a eficiência operacional. A empresa identificou tarefas repetitivas em sua cadeia de suprimentos, como a geração de relatórios de estoque e o processamento de pedidos de fornecedores. Com a RPA, a Natura conseguiu automatizar essas tarefas, reduzindo o tempo de processamento em mais de 70% e aumentando a precisão dos dados. Além disso, a automação permitiu que os colaboradores se concentrassem em atividades mais estratégicas, como o desenvolvimento de novos produtos e a melhoria da experiência do cliente. A implementação bem-sucedida da RPA na Natura resultou em uma cadeia de suprimentos mais eficiente, maior produtividade da equipe e uma melhoria geral nos processos internos. A empresa continua a explorar novas oportunidades de automação em outras áreas de negócio, buscando aprimorar sua competitividade no mercado.

A Automação Robótica de Processos (RPA) está revolucionando a forma como as empresas operam, permitindo que elas alcancem níveis mais elevados de eficiência e produtividade. Com a implementação bem-sucedida da RPA, as organizações podem obter uma série de **benefícios**, tais como:

- **Redução de custos operacionais**: ao automatizar tarefas repetitivas e intensivas em mão de obra, as empresas podem reduzir os custos associados à força de trabalho e otimizar recursos.
- **Aumento da eficiência e produtividade**: a RPA permite que os processos sejam executados de forma mais rápida e precisa, acelerando o tempo

de execução das tarefas e aumentando a produtividade das equipes.

- **Melhoria da qualidade e precisão**: ao eliminar a intervenção humana em tarefas sujeitas a erros, a RPA garante maior precisão e consistência nos resultados, reduzindo a probabilidade de falhas.
- **Liberação de recursos humanos para tarefas estratégicas:** ao delegar tarefas rotineiras aos *bots* de RPA, os colaboradores podem se concentrar em atividades mais estratégicas e de alto valor, como a inovação e o desenvolvimento de soluções criativas.
- **Maior agilidade e flexibilidade**: a RPA permite que as empresas se adaptem rapidamente a mudanças e novas demandas, pois os *bots* podem ser facilmente reconfigurados para atender às necessidades em constante evolução do mercado.
- **Melhoria da experiência do cliente**: com processos mais ágeis e eficientes, as empresas podem oferecer aos clientes um atendimento mais rápido e personalizado, aumentando a satisfação e a fidelidade do cliente.
- **Aumento da competitividade no mercado**: as empresas que adotam a RPA podem ganhar uma vantagem competitiva significativa, agilizando suas operações e fornecendo serviços de maior qualidade em comparação com seus concorrentes.

Apesar das inúmeras vantagens, a implementação da RPA também pode enfrentar desafios, como:

- **Complexidade dos processos**: alguns processos podem ser complexos e envolver múltiplos sistemas e etapas, tornando a automação mais desafiadora.
- **Integração com sistemas legados**: a integração dos *bots* de RPA com sistemas legados pode exigir ajustes e configurações adicionais, o que pode demandar mais tempo e recursos.
- **Segurança e conformidade**: a RPA pode envolver o acesso a dados sensíveis, o que requer medidas de segurança e conformidade rigorosas para proteger a privacidade dos dados.

Fato é que a RPA está em constante evolução e o futuro reserva novas possibilidades para essa tecnologia. Alguns avanços e tendências que podem ser esperados incluem:

- **Integração com IA e ML**: a combinação da RPA com a inteligência artificial (IA) e o aprendizado de máquina (ML) permitirá que os *bots* realizem tarefas cada vez mais complexas e tomem decisões com base em análises de dados em tempo real.
- **Automação de processos *end-to-end***: a RPA atualmente é aplicada em tarefas específicas e isoladas. No futuro, a tendência é que a automação se estenda a processos completos, desde o início até o fim, permitindo uma otimização mais abrangente e fluída das operações.

- **Automação cognitiva**: a RPA poderá integrar recursos cognitivos, como o processamento de linguagem natural e a visão computacional, permitindo que os *bots* entendam e interajam com informações não estruturadas, como e-mails, documentos e imagens.
- **RPA como serviço (RPAaaS):** a oferta de RPA como um serviço (RPA *as a Service*) continuará a crescer, tornando a tecnologia mais acessível para empresas de todos os tamanhos, permitindo que elas adotem a automação de forma mais ágil e escalonável.
- **Maior integração com outras tecnologias**: a RPA se conectará mais com outras tecnologias de transformação digital, como a Internet das Coisas (IoT) e a *Blockchain*, permitindo uma automação mais abrangente e eficiente em ambientes altamente conectados.

A Automação Robótica de Processos (RPA) está se consolidando como uma das tecnologias mais impactantes na jornada de transformação digital das empresas. Como dito, ao automatizar tarefas repetitivas e baseadas em regras, a RPA libera os colaboradores para atividades de maior valor estratégico, aumenta a eficiência operacional e aprimora a experiência do cliente.

Por isso que o futuro da RPA promete ser ainda mais promissor, com a integração de recursos de inteligência artificial e a automação de processos completos. Empresas que adotam a RPA de forma estratégica e alinhada com suas necessidades estão bem-posicionadas para enfrentar os desafios da era digital e impulsionar a inovação e o crescimento em suas operações. À medida que a transformação digital continua a evoluir, a RPA continuará a desempenhar um papel fundamental na otimização das operações empresariais e no impulsionamento do crescimento e da inovação.

Para obter sucesso com a RPA, as empresas devem realizar uma análise criteriosa de seus processos, identificando as tarefas mais adequadas para automação e investindo na capacitação da equipe para lidar com a tecnologia. A RPA é uma poderosa ferramenta para impulsionar a transformação digital e garantir a competitividade das empresas em um mundo cada vez mais tecnológico e conectado.

3. Hiperautomação: O Futuro da Eficiência Corporativa

A busca por maior eficiência e produtividade tem sido uma constante nas empresas e a transformação digital abriu caminho para uma nova abordagem que promete revolucionar a forma como as organizações operam: a hiperautomação. Essa abordagem combina tecnologias avançadas, como *no code/low code*, RPA (*Robotic Process Automation* - Automação Robótica de Processos), inteligência artificial (IA), *Machine Learning* (ML) e análise de dados, para alcançar níveis inéditos de eficiência e automação em processos corporativos.

A hiperautomação pode ser compreendida como uma evolução natural da automação tradicional, ampliando suas capacidades e possibilitando a automação de processos complexos e interligados. Essa abordagem busca eliminar tarefas manuais e repetitivas, bem como otimizar a interação entre diferentes sistemas e departamentos, aumentando a eficiência operacional de forma holística.

Ao unir tecnologias diversas, a hiperautomação visa a não apenas automatizar processos, mas também possibilitar a geração de *insights* acionáveis a partir dos dados coletados. Isso permite que as empresas tomem decisões mais informadas e baseadas em dados concretos, impulsionando a inovação, reduzindo custos e melhorando a experiência do cliente.

O conceito de hiperautomação ganhou destaque a partir da pesquisa do Gartner[23], que o incluiu em sua lista de tendências tecnológicas estratégicas para 2020. Na pesquisa, o Gartner incluiu a hiperautomação em sua lista de tendências tecnológicas estratégicas, definindo-a como "o uso de uma combinação de tecnologias de automação para automatizar processos complexos e multifuncionais". A organização também afirmou que a hiperautomação tem o potencial de "reduzir custos, melhorar a eficiência e melhorar a experiência do cliente".

A pesquisa do Gartner é um sinal de que a hiperautomação é uma tendência importante que deve ser considerada pelas empresas que buscam melhorar sua eficiência, produtividade e lucratividade. No entanto, é importante notar que a hiperautomação não é uma solução mágica. Para ser bem-sucedida, a hiperautomação deve ser usada em conjunto com outras tecnologias e estratégias.

---

23 GARTNER. Top Trends Impacting Infrastructure & Operations for 2020. Disponível em: https://emtemp.gcom.cloud/ngw/eventassets/en/conferences/saf20/documents/gartner-symposium-emea-saf20-top-trends-2020.pdf. Acesso em: 01 ago. 2023.

De se notar que a necessidade de lidar com processos cada vez mais complexos, com o avanço tecnológico e a com a convergência de soluções impulsionaram a adoção dessa abordagem em empresas de diferentes setores. Isso porque a hiperautomação pode ser aplicada em diversos cenários e setores, possibilitando melhorias significativas em várias áreas das operações corporativas. Algumas das principais aplicações incluem:

Cadeia de Suprimentos: a hiperautomação permite otimizar toda a cadeia de suprimentos, desde a previsão de demanda até a gestão de estoques e a logística de distribuição. Com a integração de análise preditiva e automação de processos, as empresas podem tomar decisões mais precisas, reduzir custos e melhorar a eficiência em toda a cadeia.

Atendimento ao Cliente: a hiperautomação possibilita a criação de soluções de atendimento ao cliente mais ágeis e eficientes. Com a combinação de *chatbots* alimentados por IA e RPA, é possível oferecer respostas rápidas e personalizadas, melhorando a experiência do cliente e reduzindo o tempo de resposta.

Gestão de Recursos Humanos: a automação de processos em RH pode ser ampliada com a hiperautomação, permitindo a agilidade em tarefas como recrutamento, integração de novos funcionários e folha de pagamento. Isso libera os recursos humanos para se concentrarem em atividades estratégicas, como desenvolvimento de talentos e planejamento de carreira.

É importante entender a relação entre hiperautomação, RPA e *No Code* para compreender como essas tecnologias se complementam:

RPA (Automação Robótica de Processos): a RPA se concentra na automação de tarefas repetitivas e baseadas em regras, usando robôs de software para executar essas atividades. É uma tecnologia eficaz para eliminar processos manuais e liberar os colaboradores para atividades de maior valor.

No Code: o *No Code* permite que pessoas sem conhecimentos técnicos de programação criem soluções digitais por meio de interfaces intuitivas de arrastar e soltar. Essa abordagem acelera o desenvolvimento de aplicações personalizadas, permitindo que as equipes criem soluções para problemas específicos de forma rápida e fácil.

A hiperautomação, por sua vez, vai além da automação de tarefas isoladas e simples, combinando várias tecnologias para automatizar processos complexos e interligados. Ela também incorpora análise de dados e inteligência artificial para gerar *insights* acionáveis e possibilitar decisões mais informadas. Portanto, nota-se que a Hiperautomação, se revela como uma abordagem mais ampla, que envolve a combinação de diversas tecnologias - como RPA, IA, análise de dados e aprendizado de máquina - para automatizar processos mais complexos e interligados. Ela busca automatizar não apenas tarefas repetitivas, mas também fluxos de trabalho inteiros e atividades que exigem a análise e processamento de grandes volumes de dados.

A tabela a seguir consolida as características dessas três abordagens:

Tabela 2 - Hiperautomação, RPA e No Code

Aspecto	Hiperautomação	RPA	No-Code
Definição	Combina várias tecnologias para automatizar processos complexos e interligados, incluindo RPA, IA, análise de dados, ML, entre outras.	Automatiza tarefas repetitivas e baseadas em regras por meio de robôs de software.	Permite criar aplicações e soluções digitais personalizadas sem a necessidade de conhecimento técnico em programação.
Escopo de Automação	Automatiza processos complexos e interligados, envolvendo decisões inteligentes e análise de dados em tempo real.	Automatiza tarefas repetitivas e bem definidas, que normalmente seriam realizadas por seres humanos.	Permite a criação de aplicações simples a partir de interfaces intuitivas de arrastar e soltar.
Integração de Tecnologias	Combina diversas tecnologias, como RPA, IA, análise de dados, ML, entre outras.	É utilizada de forma independente, focando na automação de tarefas específicas.	Não possui integração profunda com outras tecnologias, sendo utilizada por si só.
Complexidade dos Processos Automatizados	Lida com maior complexidade, automatizando processos com várias etapas e interações com diferentes sistemas e dados.	Adequada para processos bem definidos e estruturados, com regras predefinidas.	Adequada para aplicações simples e tarefas de baixa complexidade.

Obtenção de Insights	Permite a obtenção de insights acionáveis a partir dos dados coletados durante o processo de automação.	Não possui recursos para análise de dados ou tomada de decisões inteligentes.	Não possui recursos para análise de dados ou obtenção de insights.
Casos de Uso	Otimização da cadeia de suprimentos, previsão de demanda, análise preditiva, entre outros.	Automação do processamento de pedidos, atualização de registros, reconciliação de dados, entre outros.	Criação de aplicativos internos, automação de fluxos de trabalho, criação de formulários, entre outros.
Benefícios	Aumento da eficiência, maior produtividade, tomada de decisões mais informadas e redução de erros.	Aumento da produtividade, redução de custos operacionais e liberação de colaboradores para tarefas estratégicas.	Maior agilidade no desenvolvimento de soluções digitais, redução de dependência de desenvolvedores e melhoria da eficiência.

Para ilustrar esses conceitos, podemos usar o caso de sucesso da Unilever, uma das maiores empresas de bens de consumo do mundo, que adotou a hiperautomação em sua cadeia de suprimentos para melhorar a eficiência e a colaboração entre fornecedores e distribuidores. A empresa integrou análise preditiva e RPA para otimizar o planejamento da demanda, reduzindo os custos de estoque e atrasos na entrega. Com a hiperautomação, a Unilever conseguiu reduzir o tempo de processamento de pedidos, melhorar a precisão das previsões de demanda e aumentar a eficiência logística. A empresa obteve economias significativas e melhorou a experiência do cliente, reforçando sua posição como líder no mercado de bens de consumo.

Outro exemplo de sucesso é o da empresa de logística DHL. A DHL implementou a hiperautomação em sua cadeia de suprimentos para otimizar a gestão de estoques, prever a demanda e melhorar a eficiência logística. Com a combinação de análise de dados, IA e RPA, a empresa conseguiu reduzir os custos operacionais e melhorar o tempo de entrega, proporcionando uma experiência mais positiva aos clientes.

A hiperautomação representa o futuro da eficiência corporativa, oferecendo às empresas uma abordagem abrangente e inovadora para melhorar suas operações. Ao combinar diversas tecnologias, como RPA, *no Code*, IA e análise de dados, a hiperautomação permite a integração de processos complexos e interligados, impulsionando a produtividade, a agilidade e a tomada de decisões baseadas em dados.

A adoção da hiperautomação é essencial para as empresas que buscam se manter competitivas no mercado atual, onde a velocidade e a eficiência são fundamentais para o sucesso. Ao automatizar tarefas repetitivas e otimizar processos, as organizações podem reduzir custos, melhorar a qualidade dos serviços prestados e aumentar a satisfação dos clientes. Além disso, possibilita a integração de sistemas e dados, permitindo uma visão holística dos processos e do desempenho organizacional. Com *insights* acionáveis gerados a partir da análise de dados, as empresas podem identificar oportunidades de melhoria, antecipar tendências do mercado e tomar decisões estratégicas mais informadas.

Em conclusão, a hiperautomação é uma tendência tecnológica inovadora que está transformando a forma como as empresas operam. Ao combinar diversas tecnologias, como RPA, *no Code*, IA e análise de dados, essa abordagem possibilita a automação de processos complexos e a geração de insights acionáveis para a tomada de decisões mais informadas. Como visto, empresas de diferentes setores têm adotado a hiperautomação para melhorar a eficiência, a agilidade e a experiência do cliente, impulsionando o sucesso nos negócios em um ambiente cada vez mais competitivo e digitalizado. Aqueles que abraçam essa tendência estão posicionados para alcançar um futuro de maior produtividade e inovação, enquanto aqueles que ficam para trás podem enfrentar desafios para se manterem relevantes no mercado em constante mudança. Portanto, é fundamental que as empresas estejam abertas à adoção de tecnologias inovadoras e à transformação digital, para se destacarem e prosperarem no cenário empresarial moderno.

4. Personalização Impulsionada pela Plataforma de Dados do Cliente (CDP) na Transformação Digital

A evolução digital transformou radicalmente a maneira como as empresas interagem com seus clientes. Cada interação, seja nas redes sociais, sites, aplicativos móveis ou lojas físicas, gera uma rica quantidade de dados valiosos. No entanto, transformar esses dados em *insights* acionáveis e personalização eficaz pode ser uma tarefa complexa. Nesta seção, exploraremos como a Plataforma de Dados do Cliente (*Customer Data Platform* - CDP) surge como uma solução inovadora na transformação digital, permitindo que as empresas entendam seus clientes de maneira mais profunda e ofereçam experiências personalizadas excepcionais.

A Plataforma de Dados do Cliente (CDP) é uma ferramenta centralizada projetada para coletar, organizar e unificar dados do cliente a partir de várias fontes e canais. Essa abordagem oferece uma visão holística e em tempo real do cliente, permitindo que as empresas compreendam seu comportamento, preferências e necessidades. A CDP capacita os profissionais de marketing e tomadores de decisão a acessar *insights* valiosos a partir desses dados, gerando oportunidades de personalização mais direcionada e eficaz.

Na era da transformação digital, a personalização se tornou uma peça central para conquistar e manter os clientes. As expectativas dos consumidores evoluíram e eles esperam experiências que sejam relevantes, contextuais e convenientes. Aqui está como a CDP desempenha um papel crucial na personalização e na transformação digital.

A Plataforma de Dados do Cliente (CDP) emergiu como uma ferramenta poderosa na transformação digital, capacitando as empresas a compreenderem seus clientes de maneira mais profunda e a oferecerem experiências personalizadas excepcionais. Ao unificar dados, possibilitar a personalização contextual e criar interações coesas, a CDP desempenha um papel fundamental em impulsionar o sucesso do negócio na era da personalização e da experiência do cliente. As empresas que a adotam estão na vanguarda da transformação digital, preparadas para atender às crescentes expectativas dos consumidores e construir relacionamentos duradouros.

A seguir, vamos abordar alguns benefícios da CDP.

4.1. Unificação de Dados

A CDP reúne dados de diferentes canais, como sites, aplicativos, mídias sociais e transações, em um único perfil de cliente. Isso elimina os silos de dados e fornece uma visão 360 graus do cliente, permitindo a criação de perfis mais ricos e precisos. A CDP é projetada para reunir informações de todos os canais e fontes onde os clientes interagem com a marca. Isso inclui dados de sites, aplicativos móveis, sistemas de CRM, mídias sociais e até mesmo dados de transações e compras. Ao integrar esses dados em um único perfil de cliente, como dito, a CDP elimina os silos de dados que tradicionalmente impediam uma visão completa do cliente. Isso não apenas simplifica a gestão dos dados, mas também permite que as empresas tenham uma visão abrangente e detalhada de cada cliente, criando uma base sólida para personalização e tomada de decisões informadas. A importância da unificação de dados vai além da conveniência. Ela permite que as empresas compreendam as jornadas dos clientes de maneira mais completa e identifiquem padrões e tendências significativas. Por exemplo, uma empresa de varejo pode analisar as interações de um cliente em diferentes canais, como seu comportamento de navegação no site, suas interações nas redes sociais e seu histórico de compras. Essa visão panorâmica ajuda a empresa a identificar os interesses e preferências desse cliente, permitindo uma personalização mais eficaz das mensagens de marketing e ofertas. Além disso, a unificação de dados também contribui para a precisão dos perfis de cliente. Com dados consolidados em um único local, as empresas podem evitar duplicações e inconsistências nas informações, garantindo que os perfis dos clientes sejam atualizados e precisos. Isso é essencial para garantir que as ações de personalização sejam relevantes e eficazes.

4.2. Personalização Contextual: Elevando a Experiência do Cliente a um Novo Nível

A personalização sempre foi uma ferramenta poderosa no arsenal de marketing de uma empresa, permitindo que mensagens e ofertas sejam adaptadas às preferências e comportamentos individuais dos clientes. No entanto, a verdadeira mágica da personalização é desbloqueada quando ela se torna contextual, ou seja, quando as interações são ajustadas em tempo real com base no contexto atual do cliente. A Plataforma de Dados do Cliente (CDP) é um facilitador essencial dessa abordagem, permitindo que as empresas criem experiências altamente relevantes e oportunas.

Imagine um cliente navegando em um site de varejo, explorando diferentes modelos de smartphones. Com base nas páginas visitadas e nos produtos visualizados, a CDP pode construir um perfil detalhado desse cliente e entender suas preferências atuais. Agora, quando esse mesmo cliente acessa o aplicativo móvel da empresa, a personalização contextual entra em ação. O aplicativo pode exibir recomendações específicas para smartphones com base no histórico de navegação do cliente, oferecendo modelos semelhantes ou acessórios relacionados que possam despertar seu interesse.

Essa abordagem vai além da personalização genérica, onde todos os clientes podem receber a mesma mensagem ou oferta. A personalização contextual leva em consideração o comportamento atual daquele cliente específico, a situação em que ele se encontra e suas necessidades imediatas. Isso cria uma experiência altamente relevante e oportuna, aumentando a probabilidade de engajamento e conversão.

4.3. O Poder dos Dados da CDP no Marketing

Imagine que você é um varejista online e deseja promover uma nova linha de produtos. Com os dados coletados pela CDP, você pode obter uma visão completa dos comportamentos e interesses de seus clientes. Por exemplo, você pode identificar quais produtos um cliente específico navegou recentemente, quais itens ele comprou no passado e quais são suas preferências declaradas.

Essas informações são o alicerce para uma campanha de marketing altamente direcionada. Ao invés de enviar um e-mail genérico com uma lista de produtos aleatórios, você pode personalizar a mensagem para cada cliente individualmente. Se um cliente navegou por tênis esportivos, sua mensagem pode destacar a nova linha de calçados esportivos. Se outro cliente comprou roupas de verão no ano passado, você pode apresentar as últimas tendências para a próxima estação.

A chave para o sucesso em qualquer campanha de marketing é a relevância. Os clientes são inundados com mensagens todos os dias, e as que realmente ressoam são aquelas que falam diretamente com seus interesses e necessidades.

É aqui que os dados da CDP brilham. Eles permitem que você crie mensagens que são pertinentes e valiosas para cada cliente, aumentando significativamente a probabilidade de engajamento.

Além disso, as mensagens relevantes também melhoram a percepção da marca. Quando os clientes sentem que uma empresa entende suas necessidades, eles estão mais propensos a confiar e se conectar emocionalmente com essa marca. Isso pode levar a relacionamentos de longo prazo e à fidelidade do cliente.

Para ilustrar, imagine uma empresa de comércio eletrônico que implementou uma campanha de retenção de clientes usando dados da CDP. A empresa identificou um grupo de clientes que havia feito compras regulares no passado, mas estava mostrando sinais de diminuição do engajamento nos últimos meses. Usando os dados da CDP, a empresa analisou o histórico de compras desses clientes, suas preferências e o comportamento de navegação. Com base nesses *insights*, eles criaram uma campanha personalizada que oferecia descontos exclusivos em produtos relacionados aos interesses específicos de cada cliente. Além disso, a empresa enviou mensagens de lembrete para produtos que os clientes haviam navegado recentemente. O resultado? A taxa de conversão da campanha de retenção aumentou significativamente em comparação com campanhas genéricas anteriores. Os clientes sentiram que a empresa estava atendendo às suas necessidades de maneira individualizada, o que fortaleceu o relacionamento e incentivou a continuação das compras.

Os dados da Plataforma de Dados do Cliente (CDP) não são apenas números e estatísticas, mas uma mina de ouro de *insights* sobre os clientes. Ao utilizar esses dados para criar campanhas de marketing direcionadas e relevantes, as empresas podem aumentar o engajamento, melhorar a percepção da marca e, em última análise, impulsionar as vendas. A personalização baseada em dados não é apenas uma estratégia inteligente: é uma maneira de demonstrar aos clientes que eles são valorizados e compreendidos. A CDP é a chave para desbloquear essa personalização e levar a experiência do cliente a um nível totalmente novo.

4.4. Experiências Coesas e Contínuas: A Transformação da Jornada do Cliente com a CDP

Em um mundo onde os clientes interagem com as marcas através de uma variedade de canais e dispositivos, a criação de experiências coesas e contínuas se tornou uma necessidade vital para qualquer empresa que deseja se destacar. A Plataforma de Dados do Cliente (CDP) emerge como uma poderosa aliada nessa busca pela coesão, proporcionando uma jornada perfeita que transcende os limites dos canais e dispositivos.

Pense em um cliente que começa a navegar pelo seu site em seu laptop durante o horário de almoço. Ele encontra um produto interessante, mas não tem tempo para concluir a compra naquele momento. Mais tarde, durante o trajeto para casa, ele pega seu smartphone e decide retomar a compra. Por fim, ele decide visitar a loja física no fim de semana para ver o produto pessoalmente antes de fazer a compra final.

Essa é uma jornada típica do cliente nos dias de hoje - múltiplos pontos de contato, diferentes dispositivos e diversos canais. No entanto, essa jornada também pode ser fragmentada e desconexa se a empresa não for capaz de unificar essas interações.

É aqui que entra a Plataforma de Dados do Cliente. A CDP atua como um *hub* central que coleta e unifica os dados de todas essas interações dispersas. Isso permite que a empresa crie um perfil abrangente e em tempo real do cliente, capturando todas as suas preferências, históricos de compra, comportamentos de navegação e interações anteriores.

Com esses dados em mãos, a empresa pode proporcionar uma experiência coesa e contínua. Quando o cliente retoma a jornada de compra em seu smartphone, ele não precisa começar do zero. A CDP garante que ele continue exatamente de onde parou, com recomendações personalizadas e informações relevantes.

Vamos pegar com exemplo uma rede de varejo *omnichannel* implementou a CDP para melhorar a coesão da jornada do cliente. Um cliente que navegou pelos produtos online e visitou a loja física recebeu uma notificação personalizada em seu aplicativo móvel. A notificação continha detalhes sobre os produtos que ele visualizou e a localização da loja mais próxima com esses produtos em estoque. O cliente decidiu visitar a loja física, onde um associado pôde acessar seu perfil completo por meio da CDP. O associado estava ciente das preferências do cliente e suas interações anteriores, permitindo uma experiência personalizada e eficiente.

Podemos notar que essa Experiência Coesa traz inúmeras vantagens competitivas para as empresas, como:

- **Engajamento Aprimorado**: uma jornada contínua e coesa mantém os clientes envolvidos e interessados, incentivando-os a continuar a interação.
- **Lealdade do Cliente**: quando os clientes sentem que a marca entende suas necessidades e os acompanha em sua jornada, eles são mais propensos a se tornarem leais.
- **Aumento da Conversão**: ao eliminar a fragmentação, a CDP facilita a conclusão das ações pelos clientes, como fazer uma compra ou preencher um formulário.
- **Eficiência Operacional:** uma experiência coesa reduz a necessidade de os clientes repetirem informações, economizando tempo e esforço para ambas as partes.

A busca por uma experiência coesa e contínua não é apenas uma tendência, mas uma necessidade na era da transformação digital. A Plataforma de Dados do Cliente (CDP) emerge como a ferramenta que permite que as empresas superem os desafios da jornada fragmentada do cliente, oferecendo uma experiência harmoniosa que se estende perfeitamente em todos os canais e dispositivos. A coesão não é apenas sobre a conveniência do cliente; é sobre criar relacionamentos duradouros e significativos que impulsionam o sucesso dos negócios. A CDP é o elo vital que conecta cada ponto de contato e transforma a jornada do cliente em uma narrativa unificada.

5. Multiexperiência: Aprofundando o Conceito

A multiexperiência é uma abordagem estratégica que busca criar uma experiência de usuário integrada e consistente em diferentes plataformas e dispositivos. Ela reconhece a diversidade de maneiras pelas quais os usuários interagem com produtos e serviços, e tem como objetivo principal proporcionar uma jornada contínua e coesa, independentemente do ponto de contato escolhido pelo usuário.

Essa abordagem vai além do simples desenvolvimento de aplicativos móveis ou sites responsivos. Ela envolve a criação de experiências que podem se adaptar a uma variedade de dispositivos, incluindo smartphones, tablets, desktops, laptops, dispositivos vestíveis, assistentes de voz e até mesmo dispositivos de realidade virtual ou aumentada.

A multiexperiência busca atender às expectativas dos usuários modernos, que desejam flexibilidade, personalização e conveniência em suas interações digitais. Isso significa que um usuário pode começar uma tarefa em um dispositivo e continuar em outro sem perder o contexto ou a funcionalidade.

A multiexperiência se relaciona com o conceito mais amplo de "experiência total" (*Total Experience*), que envolve todas as interações de um usuário com uma organização ao longo do tempo. A experiência total engloba não apenas as interações digitais, mas também as interações presenciais, atendimento ao cliente, suporte pós-venda e muito mais. Ela reflete a percepção geral do usuário sobre a marca e seus produtos/serviços.

A multiexperiência tem aplicações em diversos setores e indústrias, visando aprimorar a forma como as empresas interagem com seus clientes e colaboradores. Alguns exemplos práticos incluem:

- **Varejo e E-Commerce**: plataformas de varejo implementam a multiexperiência para criar uma jornada de compra contínua, permitindo que os clientes explorem produtos, adicionem itens ao carrinho e finalizem a compra em diferentes dispositivos.
- **Saúde e Bem-Estar**: aplicativos de saúde permitem que os usuários monitorem sua atividade física, façam o acompanhamento de sua dieta e recebam lembretes personalizados por meio de dispositivos móveis, smartwatches e assistentes de voz.
- **Entretenimento**: plataformas de streaming de vídeo oferecem uma experiência de multiexperiência, permitindo que os usuários assistam a conteúdo em vários dispositivos e continuem assistindo de onde pararam.
- **Serviços Financeiros**: bancos e instituições financeiras utilizam a multiexperiência para oferecer aos clientes a capacidade de acessar suas contas, fazer transações e obter suporte por meio de aplicativos móveis, sites e *chatbots*.
- **Educação**: plataformas de ensino online permitem que os alunos acessem cursos e materiais educativos em diferentes dispositivos, facilitando a aprendizagem flexível.

A multiexperiência é uma estratégia que visa proporcionar interações de usuário coesas e integradas em diversos dispositivos, reconhecendo a diversidade das preferências e necessidades dos usuários modernos. Essa abordagem tem como objetivo aumentar a satisfação do cliente, melhorar a fidelidade à marca e oferecer uma experiência de usuário diferenciada. No entanto, é importante lembrar que a multiexperiência faz parte da experiência total que um usuário tem com uma organização. A criação de uma experiência total positiva envolve não apenas interações digitais, mas também o atendimento ao cliente, a qualidade do produto/serviço e outros aspectos que influenciam a percepção do cliente sobre a marca.

Portanto, ao adotar a multiexperiência, as empresas devem considerar como ela se encaixa na estratégia geral de experiência do cliente e como pode ser integrada a outras iniciativas para criar uma jornada de usuário excepcional e consistente.

6. Experiência Total (TX): Alinhando Experiência do Cliente (CX) e Experiência do Funcionário (EX) na Era da Transformação Digital

A busca pela excelência nos negócios tem sido historicamente ancorada na priorização da Experiência do Cliente (*Customer eXperience* - CX). Empresas de todos os setores têm investido esforços significativos para entender e atender às expectativas dos clientes, visando a impulsionar o crescimento, a aumentar a receita e a construir a lealdade. No entanto, a revolução da transformação digital trouxe à tona a importância igualmente crucial da Experiência do Funcionário (*Employee eXperience* - EX), que se revelou não apenas uma tendência passageira, mas um imperativo estratégico para a sobrevivência e sucesso empresarial.

Enquanto a multiexperiência - vista na seção anterior - se concentra especificamente em criar interações digitais coesas e integradas em diversos dispositivos, a experiência total amplia o escopo para incluir todas as interações e toques que um usuário tem com uma empresa, tanto online quanto offline. A experiência total busca criar uma impressão positiva e memorável em todas as interações, a fim de construir relacionamentos duradouros com os clientes.

No mundo moderno dos negócios, as linhas entre a Experiência do Cliente (CX) e a Experiência do Funcionário (EX) estão se fundindo, dando origem ao conceito de Experiência Total (*Total eXperience* - TX). A Experiência Total busca harmonizar e alinhar a jornada do cliente com a jornada do funcionário, reconhecendo que ambos desempenham papéis interconectados no sucesso de uma organização.

A Experiência do Funcionário (EX) não pode ser subestimada. Funcionários engajados, motivados e satisfeitos não apenas são mais produtivos, mas também se tornam embaixadores naturais da marca, influenciando diretamente a qualidade da Experiência do Cliente (CX). Empresas que priorizam o bem-estar e o desenvolvimento de seus funcionários criam uma cultura organizacional positiva, que se reflete em interações mais autênticas e aprimoradas com os clientes.

A adoção da Experiência Total (TX) traz diversos benefícios para as organizações, dentre eles:

- **Fidelização do Cliente**: funcionários que se sentem valorizados e apoiados têm maior probabilidade de fornecer um atendimento excepcional ao cliente, contribuindo para a fidelização.

- **Inovação**: uma cultura de Experiência Total incentiva a colaboração, a criatividade e a inovação, impulsionando o desenvolvimento de soluções melhores e mais eficazes.
- **Retenção de Talentos**: funcionários satisfeitos têm maior probabilidade de permanecer na empresa, reduzindo a rotatividade e os custos associados.
- **Reputação da Marca:** uma organização que cuida de seus funcionários cria uma reputação positiva, atraindo tanto clientes quanto talentos.

A concretização da Experiência Total (TX) requer um compromisso significativo por parte da organização para alinhar tanto a Experiência do Cliente (CX) quanto a Experiência do Funcionário (EX). A seguir, exploraremos estratégias-chave e exemplos que ilustram como as empresas podem implementar com sucesso a Experiência Total em sua jornada de transformação digital.

- **Cultura Organizacional de Empatia e Colaboração:** uma cultura organizacional sólida e centrada nas pessoas é o alicerce da Experiência Total. Empresas de sucesso cultivam valores como empatia, respeito e colaboração, garantindo que todos os membros da equipe estejam alinhados com a importância de atender tanto às necessidades dos clientes quanto dos funcionários.

- **Feedback Contínuo e Melhoria Iterativa**: a coleta e análise contínua de feedback dos funcionários e clientes são fundamentais para aprimorar a Experiência Total. Por meio de canais de comunicação abertos e estruturados, as empresas podem identificar lacunas e oportunidades de melhoria em ambas as jornadas, permitindo ajustes precisos e eficazes.
- **Treinamento e Desenvolvimento Orientados para a Excelência**: Investir no treinamento e desenvolvimento dos funcionários é essencial para capacitar a equipe a oferecer um atendimento excepcional e se engajar de forma significativa com os clientes. Isso inclui fornecer habilidades técnicas, bem como habilidades interpessoais para promover interações genuínas e positivas.

Para ilustrar a Experiência Total, podemos citar o Nubank, o banco digital brasileiro conhecido por sua abordagem centrada no cliente. Além de oferecer uma experiência de usuário simplificada em seu aplicativo móvel e serviços financeiros acessíveis, o Nubank também valoriza a Experiência do Funcionário, visto que investe em treinamento e desenvolvimento para seus colaboradores, buscando criar uma cultura de atendimento excepcional. Essa abordagem holística resultou em altos níveis de satisfação tanto dos clientes quanto dos funcionários, consolidando o Nubank como uma referência em Experiência Total no setor bancário.

A Experiência Total não é apenas uma tendência emergente, mas um imperativo estratégico para as empresas que buscam prosperar em um ambiente de negócios cada vez mais dinâmico. Ao alinhar a Experiência do Cliente (CX) com a Experiência do Funcionário (EX), as organizações podem criar uma sinergia poderosa que impulsiona o crescimento, a fidelidade do cliente e a vantagem competitiva. Por meio de uma cultura de empatia, feedback contínuo, treinamento robusto e foco na excelência, as empresas podem efetivamente implementar a Experiência Total em sua jornada de transformação digital, proporcionando resultados notáveis tanto para seus clientes quanto para seus funcionários.

7. IA e ML do Dia a Dia: Transformando a Experiência com Inovação Contínua

No cenário em constante evolução da transformação digital, a eficiência e a rapidez deixaram de ser apenas vantagens competitivas e se tornaram expectativas fundamentais dos clientes. Em um mundo onde as interações ocorrem em uma velocidade frenética e a personalização é crucial, as empresas precisam adotar soluções tecnológicas avançadas para atender às demandas crescentes. Nesse contexto, a Inteligência Artificial (IA) e o Aprendizado de Máquina (ML) emergem como catalisadores cruciais para elevar a excelência das operações e proporcionar experiências excepcionais.

Clientes e consumidores de hoje não apenas desejam, mas esperam eficiência e rapidez em todos os pontos de contato com uma marca. O que antes era considerado um "extra" agora é uma expectativa padrão. No entanto, essa busca constante por excelência transcende as capacidades de uma equipe humana trabalhando isoladamente. É nesse contexto que a IA e o ML entram em jogo, oferecendo uma forma de aprimorar e ampliar a capacidade da força de trabalho.

A IA oferece uma gama de possibilidades para otimizar processos empresariais. A automação inteligente, impulsionada pela IA, é particularmente valiosa para automatizar tarefas manuais demoradas e repetitivas. Tarefas que anteriormente exigiam horas de trabalho humano podem agora ser executadas de maneira eficiente por sistemas de IA, liberando os funcionários para se concentrarem em atividades estratégicas que requerem criatividade e tomada de decisão. A IA generativa é um avanço notável que está redefinindo a maneira como as empresas operam. Ela vai além da simples automação, permitindo que as máquinas criem, projetem e gerem novos conteúdos, ideias e soluções. Isso significa que a IA não apenas executa tarefas, mas também contribui ativamente para a inovação. Por exemplo, algoritmos de IA generativa podem criar designs personalizados de produtos com base nas preferências do cliente e nas tendências de mercado, resultando em ofertas únicas que ressoam com os consumidores.

Imagine um sistema de atendimento ao cliente alimentado por IA capaz de responder instantaneamente a consultas comuns, como status de pedidos ou informações de produtos. Isso não apenas reduz o tempo de espera para os clientes, mas também permite que os agentes de atendimento se concentrem em consultas complexas e interações que exigem empatia e compreensão humana.

O verdadeiro poder da IA e do ML reside na capacidade de aprendizado contínuo e adaptação. Os sistemas de ML podem melhorar seu desempenho ao longo do tempo, conforme são alimentados com mais dados e experiências. À medida que esses sistemas acumulam conhecimento, podem identificar padrões, tendências e *insights* que seriam difíceis de detectar manualmente.

Considere uma plataforma de comércio eletrônico que utiliza ML para analisar o comportamento de compra dos clientes. Com o aumento da coleta de dados ao longo do tempo, o sistema pode identificar preferências individuais e coletivas, personalizando recomendações de produtos e ofertas para cada cliente. Isso não apenas aumenta as taxas de conversão, mas também fortalece o vínculo entre a marca e o cliente, gerando lealdade e satisfação.

Como se pode notar, a revolução da IA e do ML não se limita apenas à automação e otimização de processos. Essas tecnologias também estão transformando a tomada de decisões estratégicas e a inovação. Empresas podem usar análises preditivas baseadas em IA para antecipar tendências do mercado, ajustar estratégias de produtos e tomar decisões informadas sobre expansão e investimentos.

No entanto, é importante reconhecer que a IA e o ML não são uma solução única para todos os desafios. A implementação bem-sucedida requer um entendimento profundo das necessidades específicas da organização e a colaboração entre especialistas em tecnologia e profissionais de negócios.

A tabela abaixo consolida as características da IA, IA Generativa e *Machine Learning*:

Tabela 3 - IA x IA Generativa x ML

Característica	Inteligência Artificial (IA)	IA Generativa	Aprendizagem de Máquina (ML)
Definição	Conjunto de tecnologias e algoritmos que permitem que máquinas simulem a inteligência humana e executem tarefas de tomada de decisão, reconhecimento de padrões, processamento de linguagem natural, entre outras.	Subconjunto da IA que se concentra em gerar conteúdo original e criativo, como designs, arte, música, texto e outros tipos de saídas, através do aprendizado a partir de dados de entrada.	Técnica de IA que se concentra no desenvolvimento de algoritmos que permitem que as máquinas aprendam a partir de dados, melhorando seu desempenho em tarefas específicas ao longo do tempo.
Funcionalidade	Pode executar tarefas complexas, como jogar xadrez, tradução automática, reconhecimento de voz, análise de sentimentos, entre outros.	Criação de conteúdo original, como projetos de design, arte ou música, com base em padrões aprendidos a partir de um conjunto de dados.	Melhora o desempenho em tarefas específicas por meio do aprendizado com dados, como previsão de demanda, detecção de fraudes, recomendações de produtos, entre outros.

Característica	Inteligência Artificial (IA)	IA Generativa	Aprendizagem de Máquina (ML)
Criatividade	Geralmente não foca na criação de conteúdo criativo original.	Foca especificamente em gerar conteúdo original e inovador, muitas vezes indo além do que foi explicitamente programado.	Pode ser usado para tarefas criativas, mas geralmente é mais eficaz em otimizar tarefas específicas com base em padrões de dados.
Exemplos	Assistente virtual, *chatbots*, reconhecimento facial, veículos autônomos.	Geração de arte, design de produtos personalizados, composição musical, criação de histórias, entre outros.	Recomendações de filmes, previsão do tempo, diagnóstico médico, tradução automática, personalização de conteúdo.
Aprendizado Supervisionado	Pode ser aplicado para aprendizado supervisionado, mas não é o foco principal da IA em geral.	Pode ser usado para treinamento supervisionado, mas a IA generativa também pode operar no modo não supervisionado, criando conteúdo sem exemplos específicos.	Uma das abordagens principais do ML, onde os modelos são treinados usando dados rotulados para fazer previsões ou classificações.

Característica	Inteligência Artificial (IA)	IA Generativa	Aprendizagem de Máquina (ML)
Contribuição à Inovação	Desenvolvimento de sistemas que executam tarefas de forma mais inteligente e eficiente, mas com foco principalmente em tarefas existentes.	Fomenta a criatividade e a inovação ao criar novas possibilidades de conteúdo e design, muitas vezes desafiando os padrões tradicionais.	Melhora a eficiência e a precisão em tarefas específicas, permitindo tomadas de decisão mais informadas e automação de processos.
Uso Comum	Amplamente utilizado em assistentes virtuais, análise de dados, automação de processos, jogos, entre outros.	Usado em design, arte, música, criação de conteúdo, entretenimento e indústrias criativas.	Aplicado em áreas como previsão de demanda, reconhecimento de padrões, diagnóstico médico, detecção de fraudes e muito mais.

No mundo digital em constante evolução, a IA e o ML não são apenas ferramentas tecnológicas, mas sim parceiros estratégicos na busca pela excelência. A capacidade de automatizar, aprender e inovar continuamente posiciona as empresas na vanguarda da transformação digital. Combinar a eficiência da IA com a expertise humana cria uma sinergia que impulsiona a inovação, otimiza a experiência do cliente e promove o crescimento sustentável em um cenário de negócios em constante mudança.

8. Modelo de Força de Trabalho Híbrida

Nos últimos anos, a forma como as pessoas trabalham e as empresas operam passou por uma transformação significativa. O surgimento da pandemia de COVID-19 impulsionou mudanças rápidas e radicais nos modelos de trabalho tradicionais. Com o trabalho remoto sendo a norma para muitos, as organizações se viram diante de um desafio único: como equilibrar as necessidades dos funcionários com as demandas operacionais, enquanto buscam a eficiência e a produtividade contínuas. Nesse cenário, surgiu o conceito de Modelo de Força de Trabalho Híbrida.

O trabalho híbrido é uma abordagem que combina elementos do trabalho presencial com o trabalho remoto. Esse modelo reconhece que não há uma solução única para todos e oferece flexibilidade aos funcionários para escolher onde e como desempenhar suas funções. Ele se baseia na premissa de que diferentes tarefas e atividades podem ser realizadas de maneira mais eficaz em diferentes ambientes de trabalho.

Durante a pandemia, muitas empresas foram forçadas a adotar o trabalho remoto como medida de segurança. No entanto, à medida que as restrições começaram a diminuir, as organizações começaram a considerar a possibilidade de um retorno parcial ao escritório. Surgiu então o conceito de trabalho híbrido, permitindo que os funcionários alternem entre o ambiente de escritório e o ambiente remoto, conforme suas necessidades e preferências.

O trabalho híbrido oferece uma série de benefícios tanto para os funcionários quanto para as empresas:

- **Flexibilidade e Equilíbrio**: os funcionários têm a flexibilidade de escolher onde trabalhar com base nas necessidades de suas tarefas e em suas preferências pessoais. Isso pode levar a um melhor equilíbrio entre vida pessoal e profissional, resultando em maior satisfação e bem-estar.

- **Atrair e Retenção de Talentos**: o modelo híbrido pode ser um diferencial competitivo na atração e retenção de talentos. Muitos profissionais valorizam a flexibilidade e a autonomia para definir seu próprio ambiente de trabalho.
- **Aumento da Produtividade**: o trabalho híbrido permite que os funcionários realizem tarefas específicas em ambientes mais adequados, potencialmente aumentando a produtividade. Além disso, elimina a necessidade de deslocamentos diários, o que pode economizar tempo e reduzir o estresse.
- **Eficiência Operacional:** as empresas podem otimizar o uso de espaço físico do escritório, reduzindo custos com aluguel e recursos. Além disso, o trabalho híbrido pode resultar em equipes mais satisfeitas e engajadas, o que se reflete positivamente na cultura organizacional e nos resultados comerciais.

A adoção bem-sucedida do modelo de força de trabalho híbrida requer uma abordagem cuidadosa e consideração dos seguintes aspectos:

- **Políticas e Comunicação Claras**: é fundamental estabelecer políticas claras que definam como o trabalho híbrido será implementado e comunicar essas políticas de forma transparente para todos os funcionários.

- **Tecnologia e Infraestrutura**: garantir que os funcionários tenham acesso às ferramentas e tecnologias necessárias para trabalhar efetivamente, independentemente de estarem no escritório ou em casa.
- **Gerenciamento de Desempenho**: implementar sistemas de gerenciamento de desempenho que avaliem o desempenho com base em resultados, em vez de horas trabalhadas no escritório.
- **Criação de uma Cultura de Confiança**: cultivar uma cultura que valorize a confiança mútua entre os líderes e os funcionários, permitindo que estes últimos gerenciem seu tempo e ambiente de trabalho de maneira responsável.

O modelo de força de trabalho híbrida representa uma abordagem flexível e equilibrada para o futuro do trabalho. À medida que as empresas continuam a se adaptar às mudanças no ambiente de trabalho, o trabalho híbrido emerge como uma solução que oferece benefícios tanto para os funcionários quanto para as organizações. A flexibilidade, a produtividade aprimorada e a eficiência operacional são apenas algumas das razões pelas quais esse modelo está ganhando popularidade na era da transformação digital.

9. Sustentabilidade Ambiental, ODS e ESG: Transformando o Futuro com Responsabilidade

O mundo enfrenta desafios ambientais cada vez mais urgentes e, nesse cenário, a sustentabilidade ambiental emergiu como uma questão crucial que transcende fronteiras e setores. Empresas de todos os tamanhos e ramos estão reconhecendo a importância de adotar práticas de negócios responsáveis e orientadas para o futuro. Nesta seção, exploraremos os conceitos de Sustentabilidade Ambiental, Objetivos de Desenvolvimento Sustentável (ODS) e Critérios Ambientais, Sociais e de Governança (ESG), destacando seu papel na transformação digital e no sucesso empresarial.

9.1. Sustentabilidade Ambiental: Promovendo a Coexistência Harmoniosa entre Negócios e Meio Ambiente

A sustentabilidade ambiental é muito mais do que uma tendência passageira - é um imperativo global que exige a colaboração e o comprometimento de empresas de todos os setores. No cerne desse conceito está a conscientização de que as atividades humanas têm um impacto profundo no meio ambiente, sendo crucial adotar práticas que minimizem esse impacto negativo. A busca pela sustentabilidade não apenas preserva os recursos naturais essenciais para as gerações futuras, mas também garante a viabilidade contínua dos negócios.

Conceituou-se a 'pegada de carbono', que se refere à quantidade total de gases de efeito estufa, como o dióxido de carbono, emitidos direta ou indiretamente por uma organização. Reduzir a pegada de carbono é um dos principais objetivos da sustentabilidade ambiental. Empresas globais têm implementado estratégias para minimizar suas emissões, seja por meio da adoção de fontes de energia renovável, da otimização de processos ou do incentivo ao uso de transportes mais sustentáveis.

A conscientização sobre a importância da redução da pegada de carbono é uma realidade cada vez mais presente nas estratégias empresariais. Um exemplo notável de uma empresa que tem se destacado nessa meta é a Gol Linhas Aéreas, uma das maiores companhias aéreas do Brasil.

A indústria da aviação é conhecida por suas emissões significativas de gases de efeito estufa, devido ao consumo de combustíveis fósseis em grandes altitudes. No entanto, a Gol tem implementado uma série de medidas inovadoras para minimizar seu impacto ambiental e se posicionar como uma empresa sustentável.

- **Bioquerosene de Aviação (BioQAV):** a Gol se tornou pioneira na América Latina ao adotar o uso de bioquerosene de aviação. Esse biocombustível é produzido a partir de matérias-primas renováveis, como óleos vegetais e gorduras animais. O BioQAV é uma alternativa mais limpa ao querosene de aviação convencional, reduzindo significativamente as emissões de dióxido de carbono.
- **Eficiência Operacional:** além do uso de biocombustível, a Gol investe em eficiência operacional para otimizar o consumo de combustível. Isso inclui a modernização da frota com a incorporação de aeronaves mais eficientes em termos de consumo de combustível e a implementação de práticas de voo mais econômicas.
- **Compensação de Emissões:** a Gol também oferece aos seus passageiros a opção de compensar voluntariamente as emissões de carbono de seus voos. Os recursos arrecadados são investidos em projetos de preservação ambiental e de desenvolvimento sustentável.

- **Resultados Tangíveis:** essas iniciativas têm proporcionado resultados tangíveis. Em 2019, a Gol se tornou a primeira companhia aérea da América Latina a realizar um voo comercial utilizando 100% de bioquerosene. Além disso, a empresa reduziu sua intensidade de carbono em mais de 20% desde 2015, um feito notável na indústria da aviação.

A Gol não apenas demonstra seu compromisso com a sustentabilidade ambiental, mas também serve como inspiração para outras empresas do setor. Seu exemplo ressalta a importância de adotar práticas responsáveis e inovadoras para reduzir a pegada de carbono e contribuir para um futuro mais sustentável. A combinação entre inovação e responsabilidade ambiental é uma poderosa demonstração de como as empresas podem impulsionar a transformação digital em direção a um mundo mais verde.

9.2. Conservação dos Recursos Naturais

A exploração insustentável dos recursos naturais é uma preocupação central. Empresas estão adotando práticas que visam conservar recursos valiosos, como água e matérias-primas, por meio da eficiência e do uso responsável.

A conservação dos recursos naturais é uma preocupação global que ganhou ainda mais destaque no contexto da transformação digital e da busca por práticas sustentáveis, haja vista que a exploração insustentável dos recursos naturais pode ter impactos significativos no meio ambiente e na qualidade de vida das gerações futuras. Nesse cenário, empresas estão desempenhando um papel fundamental ao adotar práticas responsáveis que visam preservar e conservar recursos valiosos, como água e matérias-primas.

Um exemplo inspirador de empresa que tem se destacado na conservação dos recursos naturais é a Natura, uma das maiores empresas de cosméticos do mundo, com origem no Brasil. A Natura adota uma abordagem holística que combina a busca por ingredientes naturais sustentáveis com projetos de reflorestamento e conservação na Amazônia, reconhecendo a importância da biodiversidade da Amazônia e busca fontes sustentáveis de ingredientes naturais para seus produtos. A empresa trabalha em estreita colaboração com comunidades locais, promovendo o manejo sustentável de recursos e contribuindo para a valorização da floresta em pé. Essa abordagem não apenas preserva a biodiversidade, mas também garante meios de subsistência para as populações locais. A Natura também está envolvida em projetos de reflorestamento e conservação por meio do Projeto Amazona, o qual tem como objetivo contribuir para a restauração de áreas degradadas na Amazônia, promovendo a regeneração da floresta e a proteção da biodiversidade. Além disso, a Natura investe na pesquisa científica e no desenvolvimento de soluções inovadoras para a conservação desse bioma. A abordagem da Natura para a conservação dos recursos naturais não apenas fortalece sua imagem como uma empresa comprometida com a sustentabilidade, mas também gera resultados tangíveis. A empresa tem sido reconhecida internacionalmente por suas práticas responsáveis e recebeu certificações que atestam seu compromisso com a biodiversidade e a conservação.

O exemplo da Natura ressalta como as empresas podem desempenhar um papel fundamental na conservação dos recursos naturais, combinando inovação e responsabilidade ambiental. A busca por fontes sustentáveis de matérias-primas, o envolvimento com comunidades locais e a promoção de projetos de reflorestamento são estratégias que não apenas contribuem para a preservação do meio ambiente, mas também geram valor para a empresa e para a sociedade como um todo. Em um mundo cada vez mais consciente da importância da conservação, a Natura se destaca como um exemplo inspirador de como as empresas podem ser agentes de mudança positiva.

9.3. Proteção da Biodiversidade: O Papel das Empresas na Preservação da Vida Selvagem

A biodiversidade, a incrível variedade de vida em nosso planeta, é fundamental para a saúde dos ecossistemas e para a própria sobrevivência humana. No entanto, enfrentam-se sérias ameaças, incluindo a degradação do habitat, a poluição, as mudanças climáticas e a exploração excessiva de recursos. Nesse contexto, as empresas têm um papel crucial a desempenhar na proteção da biodiversidade e na promoção do equilíbrio ecológico.

- **Apoio a Reservas Naturais e Áreas Protegidas:** muitas empresas estão reconhecendo a importância das áreas naturais protegidas e das reservas para a preservação da biodiversidade. Elas podem oferecer suporte financeiro e técnico para a criação e manutenção dessas áreas, contribuindo para a proteção de espécies ameaçadas e habitats críticos. Um exemplo notável é a parceria entre a The Coca-Cola Company e a World Wildlife Fund (WWF) para a conservação de água doce e a proteção de bacias hidrográficas em todo o mundo.

- **Práticas Agrícolas Sustentáveis:** a agricultura é uma das principais atividades humanas que afetam a biodiversidade. Empresas do setor agrícola estão adotando práticas sustentáveis que reduzem o impacto ambiental e promovem a coexistência harmoniosa com a vida selvagem. A empresa brasileira Amaggi, por exemplo, implementa técnicas de agricultura de baixo impacto que reduzem o desmatamento e a degradação do solo, contribuindo para a proteção da biodiversidade na região.
- **Produtos e Inovação:** as empresas também estão explorando maneiras inovadoras de proteger a biodiversidade por meio do desenvolvimento de produtos que não comprometam a vida selvagem. Isso pode incluir a busca por alternativas sustentáveis a matérias-primas provenientes de espécies ameaçadas ou a criação de produtos biodegradáveis que minimizem o impacto ambiental. A marca de moda EILEEN FISHER, por exemplo, utiliza materiais orgânicos e práticas de fabricação sustentáveis para reduzir seu impacto sobre a biodiversidade.
- **Impacto Positivo e Legado Duradouro:** a proteção da biodiversidade não apenas contribui para a saúde dos ecossistemas e da vida selvagem, mas também gera impactos positivos nas comunidades locais e na

imagem da empresa. Empresas que se envolvem na preservação da biodiversidade demonstram um compromisso com a responsabilidade ambiental e social, construindo um legado duradouro de sustentabilidade e consciência ambiental.

O exemplo das empresas que apoiam reservas naturais e adotam práticas agrícolas sustentáveis e desenvolvem produtos responsáveis ressalta a importância do engajamento empresarial na proteção da biodiversidade. Essas ações não apenas contribuem para a conservação de espécies e habitats, mas também inspiram outras empresas e indivíduos a adotarem práticas mais sustentáveis. A proteção da biodiversidade é uma responsabilidade compartilhada, e as empresas desempenham um papel fundamental na promoção do equilíbrio ecológico e na preservação da maravilhosa diversidade de vida em nosso planeta.

9.4. Equilíbrio entre Progresso Econômico e Preservação do Planeta: Rumo a um Futuro Sustentável

A busca pelo equilíbrio entre progresso econômico e preservação do planeta tem se tornado cada vez mais urgente à medida que enfrentamos os desafios da crise climática e da degradação ambiental. No entanto, a sustentabilidade ambiental não se trata de conter o crescimento econômico, mas sim de criar um modelo de negócios que seja consciente e responsável em relação ao meio ambiente. Empresas em todo o mundo estão percebendo que é possível alcançar sucesso financeiro e prosperidade enquanto também contribuem para a coexistência harmoniosa com o nosso planeta.

- **Visão de Longo Prazo:** o equilíbrio entre progresso econômico e preservação do planeta envolve uma mudança fundamental na forma como as empresas abordam seus objetivos e estratégias. Em vez de focar apenas nos resultados de curto prazo, as empresas estão adotando uma visão de longo prazo que considera os impactos ambientais de suas atividades e decisões. Isso inclui a incorporação da responsabilidade ambiental nas análises de risco, planejamento de investimentos e desenvolvimento de produtos.
- **Inovação Sustentável:** as empresas estão abraçando a inovação como uma maneira de impulsionar o progresso econômico de maneira sustentável. Isso significa buscar soluções criativas que não apenas atendam às necessidades dos consumidores, mas também minimizem o impacto ambiental. Um exemplo inspirador é a empresa dinamarquesa Novozymes, que desenvolve enzimas biológicas para a indústria de alimentos, agricultura e bioenergia, promovendo práticas mais sustentáveis em setores-chave da economia.
- **Integração de Sustentabilidade nos Negócios:** o equilíbrio entre progresso econômico e preservação do planeta exige a integração da sustentabilidade em todos os aspectos dos negócios, desde a cadeia de suprimentos até as operações diárias. Empresas como a Patagonia, uma marca de roupas *outdoor* - roupas leves e confortáveis das atividades na natureza em seu cotidiano -, demonstram esse compromisso ao adotar práticas de produção responsáveis, promover o

consumo consciente e investir em iniciativas de preservação ambiental.

- **Coesão entre Responsabilidade Social e Ambiental:** A busca pelo equilíbrio entre progresso econômico e preservação do planeta está intrinsecamente ligada à responsabilidade social corporativa. Empresas que adotam práticas ambientais responsáveis também tendem a ser mais socialmente engajadas, criando um impacto positivo mais amplo em suas comunidades e na sociedade como um todo.

Conforme as empresas se esforçam para encontrar esse equilíbrio, acabam moldando um novo paradigma de sucesso empresarial, onde o crescimento econômico não é mais medido apenas em termos financeiros, mas também pelo impacto positivo que têm no meio ambiente e na sociedade. O equilíbrio entre progresso econômico e preservação do planeta é uma jornada contínua, e as empresas que abraçam essa jornada estão contribuindo para um futuro mais sustentável, onde a prosperidade coexiste harmoniosamente com a preservação do nosso precioso planeta.

Em suma, a sustentabilidade ambiental é um chamado para a ação que transcende fronteiras geográficas e setores econômicos. Empresas ao redor do mundo estão reconhecendo a importância de adotar práticas responsáveis para garantir um futuro saudável para as gerações vindouras. A transformação digital, aliada a uma abordagem sustentável, pode criar um impacto duradouro, promovendo um equilíbrio entre negócios bem-sucedidos e um planeta preservado.

9.5. Objetivos de Desenvolvimento Sustentável (ODS): Transformando Desafios Globais por Meio da Transformação Digital

Os Objetivos de Desenvolvimento Sustentável (ODS) representam um chamado urgente para ação global, visando abordar questões prementes que afetam o nosso planeta e a humanidade como um todo. Os ODSs são um conjunto de 17 metas globais estabelecidas pelas Nações Unidas para abordar desafios sociais, econômicos e ambientais urgentes em todo o mundo. Esses objetivos visam promover um futuro mais justo, equitativo e sustentável para todas as pessoas e o planeta. Aqui está uma breve explicação de cada um dos 17 ODS:

1. Erradicação da Pobreza: acabar com a pobreza em todas as suas formas e em todos os lugares.
2. Fome Zero e Agricultura Sustentável: garantir a segurança alimentar, melhorar a nutrição e promover a agricultura sustentável.
3. Saúde e Bem-Estar: assegurar uma vida saudável e promover o bem-estar para todas as idades.
4. Educação de Qualidade: garantir educação inclusiva, equitativa e de qualidade, promovendo oportunidades de aprendizado ao longo da vida.
5. Igualdade de Gênero: alcançar a igualdade de gênero e empoderar todas as mulheres e meninas.
6. Água Limpa e Saneamento: garantir a disponibilidade e a gestão sustentável da água e saneamento para todos.

7. Energia Acessível e Limpa: assegurar o acesso à energia acessível, confiável, sustentável e moderna para todos.
8. Trabalho Decente e Crescimento Econômico: promover o crescimento econômico sustentado, inclusivo e sustentável, com empregos dignos para todos.
9. Indústria, Inovação e Infraestrutura: construir infraestruturas resilientes, promover a industrialização inclusiva e fomentar a inovação.
10. Redução das Desigualdades: reduzir as desigualdades dentro e entre países, promovendo a inclusão social, econômica e política.
11. Cidades e Comunidades Sustentáveis: tornar as cidades e os assentamentos humanos inclusivos, seguros, resilientes e sustentáveis.
12. Consumo e Produção Responsáveis: garantir padrões de consumo e produção sustentáveis.
13. Ação Contra a Mudança Global do Clima: tomar medidas urgentes para combater a mudança climática e seus impactos.
14. Vida na Água: conservar e usar de forma sustentável os oceanos, mares e recursos marinhos para o desenvolvimento sustentável.
15. Vida Terrestre: proteger, restaurar e promover o uso sustentável dos ecossistemas terrestres, gerir florestas de forma sustentável, combater a desertificação e reverter a degradação da terra e da biodiversidade.

16. Paz, Justiça e Instituições Eficazes: promover sociedades pacíficas e inclusivas para o desenvolvimento sustentável, proporcionar acesso à justiça para todos e construir instituições eficazes, responsáveis e inclusivas.
17. Parcerias e Meios de Implementação: fortalecer os meios de implementação e revitalizar a parceria global para o desenvolvimento sustentável.

Cada ODS é interconectado e aborda uma área-chave de preocupação global, desde erradicar a pobreza e proteger o meio ambiente até promover igualdade de gênero e paz duradoura. Juntos, esses objetivos constituem um roteiro abrangente para um futuro mais sustentável e equitativo.

À medida que as empresas adotam a transformação digital como uma ferramenta poderosa para a inovação e mudança, elas desempenham um papel essencial na realização desses objetivos globais.

- **Alinhamento Estratégico com os ODS:** a transformação digital oferece às empresas a oportunidade de redefinir seus modelos de negócios e operações de maneira a contribuir diretamente para os ODS. Por exemplo, uma empresa que adota práticas de produção sustentáveis, como o uso de energia renovável em suas instalações, não apenas reduz sua pegada ambiental, mas também contribui para o ODS 7 - Energia Acessível e Limpa.
- **Coleta e Análise de Dados para a Tomada de Decisões Sustentáveis:** a transformação digital permite

que as empresas coletem e analisem grandes volumes de dados em tempo real. Essa capacidade é fundamental para monitorar o progresso em relação aos ODS e identificar áreas de melhoria. Por exemplo, uma empresa que rastreia o uso de recursos naturais em sua cadeia de suprimentos pode identificar padrões de consumo e implementar estratégias mais eficientes alinhadas com o ODS 12 - Consumo e Produção Responsáveis.

- **Engajamento do Cliente e Conscientização:** a transformação digital possibilita um engajamento mais profundo e significativo com os clientes. As empresas podem usar plataformas digitais para conscientizar os consumidores sobre questões relacionadas aos ODS e incentivar práticas sustentáveis. Por exemplo, uma empresa de alimentos pode usar aplicativos móveis para educar os consumidores sobre escolhas alimentares saudáveis e sustentáveis, contribuindo para o ODS 3 - Saúde e Bem-Estar.
- **Inovação para Soluções Sustentáveis:** a transformação digital impulsiona a inovação, permitindo que as empresas criem soluções tecnológicas inovadoras para desafios complexos. Por exemplo, o uso de tecnologias como a Internet das Coisas (IoT) e a análise de dados pode melhorar a gestão da água e a eficiência energética, contribuindo para vários ODS, incluindo o ODS 6 - Água Limpa e Saneamento e o ODS 13 - Ação Contra a Mudança Global do Clima.

- **Parcerias Colaborativas:** a transformação digital também facilita a colaboração entre empresas, governos, organizações não governamentais e sociedade civil na busca dos ODS. Plataformas digitais e redes sociais podem ser usadas para promover parcerias e compartilhar melhores práticas. Por exemplo, empresas podem colaborar para desenvolver soluções conjuntas que abordem desafios específicos em uma determinada região, alinhadas com os ODS relevantes.
- **Medindo o Impacto e Reportando:** a transformação digital permite que as empresas meçam e relatem seu progresso em relação aos ODS de maneira transparente e confiável. Relatórios digitais e plataformas online podem ser usados para comunicar o impacto social e ambiental das operações de uma empresa, demonstrando o compromisso com a sustentabilidade e a responsabilidade corporativa.

À medida que a transformação digital continua a moldar os negócios e a sociedade, a sua convergência com os Objetivos de Desenvolvimento Sustentável abre novas oportunidades para criar um futuro mais sustentável e inclusivo. As empresas que adotam a transformação digital de maneira estratégica e alinhada com os ODS não apenas impulsionam seu próprio sucesso, mas também contribuem para um mundo mais resiliente, equitativo e ambientalmente consciente.

9.6. Critérios Ambientais, Sociais e de Governança – *Environment Social Governance* (ESG)

Os critérios Ambientais, Sociais e de Governança (ESG) desempenham um papel fundamental na interseção entre a transformação digital e a busca por diferenciais competitivos por parte das empresas. No mundo atual, onde a sustentabilidade e a responsabilidade social são cada vez mais valorizadas, os critérios ESG se tornaram não apenas um imperativo ético, mas também uma fonte significativa de vantagem competitiva.

A transformação digital tem um impacto direto nos critérios ESG, visto que as tecnologias emergentes estão permitindo às empresas medirem, monitorarem e relatarem suas práticas de forma mais precisa e transparente. Assim, vamos explorar como a transformação digital está correlacionada com os critérios ESG e como isso pode gerar diferenciais competitivos significativos:

1. **Mudanças Climáticas e Sustentabilidade Ambiental:** a transformação digital pode ajudar as empresas a reduzirem suas pegadas de carbono e a adotar práticas mais sustentáveis. A coleta e análise de dados em tempo real, por meio de sensores IoT, por exemplo, podem permitir uma gestão mais eficiente dos recursos naturais, otimizando o consumo de energia e reduzindo o desperdício. Para ilustrar, podemos citar a empresa de tecnologia Schneider Electric que utiliza soluções de IoT para monitorar o uso de energia em edifícios e instalações, permitindo ajustes em tempo real para economizar energia e reduzir emissões.
2. **Diversidade e Inclusão:** a transformação digital também pode contribuir para a promoção da diversidade e inclusão nas empresas. Plataformas de recrutamento digital e análise de dados podem ajudar a identificar

vieses inconscientes e melhorar a representação de grupos sub-representados. Aqui, a IBM é um bom exemplo, pois utiliza IA em seus processos de contratação para ajudar a identificar candidatos com base em habilidades e competências, reduzindo vieses e promovendo a diversidade.

3. **Ética nos Negócios e Transparência Financeira:** a tecnologia *blockchain*, por exemplo, pode ser usada para aumentar a transparência e rastreabilidade em cadeias de suprimentos, garantindo que as práticas éticas sejam seguidas. A empresa de alimentos Nestlé está utilizando blockchain para rastrear a origem de seus produtos, permitindo que os consumidores verifiquem a autenticidade e a sustentabilidade dos ingredientes.

4. **Engajamento do Stakeholder:** plataformas digitais, mídias sociais e aplicativos móveis podem facilitar o engajamento e a comunicação com *stakeholders*, permitindo que as empresas respondam rapidamente às preocupações e necessidades da comunidade. A Patagonia, uma marca de roupas *outdoor*, utiliza mídias sociais e seu site para compartilhar informações sobre práticas sustentáveis, engajando os consumidores em seu compromisso com a sustentabilidade.

Em um mercado cada vez mais consciente e conectado, as empresas que adotam a transformação digital para aprimorar seus critérios ESG estão em uma posição vantajosa. Além de atender às expectativas dos investidores e consumidores, elas também estão construindo uma reputação sólida, atraindo talentos e garantindo a sustentabilidade a longo prazo. Portanto, a correlação entre a transformação digital e os critérios ESG não apenas promove a responsabilidade corporativa, mas também oferece uma vantagem competitiva valiosa no cenário empresarial atual.

9.7. Integração da Sustentabilidade na Transformação Digital: Unindo Forças para um Futuro Sustentável e Competitivo

A transformação digital não é apenas uma revolução tecnológica, mas também uma oportunidade crucial para as empresas alinharem suas operações e estratégias com a sustentabilidade, promovendo um futuro mais responsável e competitivo. A convergência desses dois conceitos não apenas impulsiona a eficiência, mas também abre portas para a inovação, a transparência e a responsabilidade, gerando diferenciais competitivos significativos.

A transformação digital permite que as empresas otimizem suas operações de maneira mais eficiente e sustentável. A automação de processos, por exemplo, reduz a necessidade de recursos e minimiza o desperdício. Imagine uma fábrica que utiliza sensores conectados para monitorar e ajustar automaticamente o consumo de energia e água, otimizando o uso desses recursos vitais. Isso não só economiza custos operacionais, mas também contribui para a preservação do meio ambiente.

A interseção entre a transformação digital e a sustentabilidade cria um terreno fértil para a inovação verde. A tecnologia permite que as empresas desenvolvam produtos e serviços mais alinhados com as preocupações ambientais. Por exemplo, a adoção de Internet das Coisas (IoT) e sensores inteligentes em fazendas pode resultar em uma agricultura mais eficiente e de menor impacto ambiental, monitorando e otimizando o uso de água e fertilizantes. Além disso, a impressão 3D pode reduzir o desperdício de materiais em processos de fabricação, contribuindo para um ciclo de produção mais sustentável.

Por isso que a transformação digital não apenas melhora as operações internas: é possível notar seus efeitos na comunicação externa. Plataformas digitais oferecem a oportunidade de compartilhar informações detalhadas sobre práticas ambientais, sociais e de governança (ESG) com os *stakeholders*. Imagine uma empresa de moda que utiliza *blockchain* para rastrear cada estágio de produção, desde a origem das matérias-primas até o produto final. Isso não só garante a transparência, mas também ajuda a construir confiança entre os consumidores que buscam produtos sustentáveis.

A integração da sustentabilidade na transformação digital cria diferenciais competitivos poderosos. Empresas que adotam práticas sustentáveis são frequentemente percebidas como mais responsáveis e alinhadas com os valores dos consumidores conscientes. Essa percepção positiva pode se traduzir em lealdade do cliente e vantagem competitiva no mercado. Além disso, muitos investidores estão priorizando empresas com sólidos compromissos de sustentabilidade, o que pode atrair mais investimentos e impulsionar o crescimento.

Em resumo, a integração da sustentabilidade na transformação digital não é apenas uma tendência, mas uma estratégia inteligente para impulsionar a eficiência, a inovação e a confiança do cliente. Ao adotar práticas mais sustentáveis e utilizar tecnologias avançadas, as empresas estão posicionando-se para um futuro que é ambientalmente responsável e economicamente próspero.

9.8. O Futuro da Sustentabilidade e Transformação Digital: Rumo a um Mundo Mais Responsável e Inovador

Nos últimos anos, o mundo empresarial tem passado por uma transformação profunda, onde a sustentabilidade e a transformação digital emergiram como forças poderosas capazes de moldar o futuro das empresas. A convergência dessas duas megatendências oferece uma oportunidade única para as organizações se destacarem como líderes responsáveis e visionários, capazes de enfrentar os desafios do século 21 de maneira inovadora e impactante.

Certo é que a transformação digital, impulsionada por avanços tecnológicos como Inteligência Artificial (IA), Internet das Coisas (IoT) e análise de dados, tem remodelado a forma como as empresas operam e interagem com seus clientes. Ao mesmo tempo, a crescente conscientização sobre questões ambientais e sociais está direcionando a atenção das empresas para a sustentabilidade. A combinação dessas duas tendências cria um novo paradigma de negócios, onde o sucesso não é medido apenas pelos lucros, mas também pelo impacto positivo nas pessoas e no planeta.

Nesse contexto, a integração da sustentabilidade na estratégia de transformação digital pode oferecer diferenciais competitivos significativos. Empresas que adotam práticas sustentáveis não apenas estão alinhadas com as demandas dos consumidores e as expectativas da sociedade, mas também estão construindo uma base sólida para o sucesso a longo prazo. Vejamos como a convergência da sustentabilidade e da transformação digital pode gerar benefícios tangíveis:

- **Inovação com Propósito**: a transformação digital permite que as empresas explorem novos modelos de negócios e criem produtos e serviços inovadores que abordem desafios globais, como energia limpa, mobilidade sustentável e saúde. A empresa Tesla, por exemplo, combinou a tecnologia de veículos elétricos com a sustentabilidade, tornando-se uma líder no mercado automotivo com uma abordagem ambientalmente consciente.
- **Eficiência Operacional:** a transformação digital possibilita a otimização de processos internos, reduzindo o consumo de recursos e minimizando o desperdício. A Unilever adotou a sustentabilidade como parte integrante de sua estratégia digital, implementando iniciativas para reduzir o uso de plástico e melhorar a gestão da cadeia de suprimentos.
- **Engajamento do Cliente:** a transformação digital permite que as empresas se conectem de maneira mais significativa com os clientes, compartilhando informações sobre práticas sustentáveis e impacto social. Novamente é possível citar a Patagonia, uma empresa de roupas *outdoor*, que utiliza sua plataforma digital para educar os clientes sobre questões ambientais e promover o consumo consciente.

- **Tomada de Decisão Baseada em Dados**: a análise de dados, impulsionada pela transformação digital, oferece *insights* valiosos sobre o desempenho ambiental e social das empresas. Isso permite que as organizações avaliem seu progresso em relação aos Objetivos de Desenvolvimento Sustentável (ODS) das Nações Unidas e façam ajustes estratégicos para maximizar seu impacto positivo.
- **Resiliência e Adaptação**: a combinação da transformação digital e da sustentabilidade fortalece a resiliência das empresas diante de desafios globais, como mudanças climáticas e crises de recursos. A Nestlé, por exemplo, implementou práticas sustentáveis em suas operações globais, aumentando sua capacidade de enfrentar riscos relacionados à disponibilidade de água e outras questões ambientais.

Em resumo, a convergência da sustentabilidade e da transformação digital é muito mais do que uma simples tendência empresarial; é uma abordagem estratégica que capacita as empresas a prosperarem em um mundo em constante evolução. Por isso, repisa-se que, ao integrar práticas sustentáveis em cada aspecto da transformação digital, as organizações podem criar um futuro mais brilhante, equilibrado e responsável para si mesmas, seus *stakeholders* e o planeta como um todo.

9.9. AIOps para dar suporte a microsserviços: Transformando Operações de TI em um Cenário de Constante Evolução

À medida que as organizações digitais e de tecnologia enfrentam a complexidade das nuvens híbridas, arquiteturas de várias nuvens e a crescente adoção de microsserviços, surge um desafio significativo no gerenciamento eficaz dessas infraestruturas em constante evolução. Nesse cenário, as soluções AIOps – acrônimo para *Artificial Intelligence for IT Operations* - emergem como uma resposta inovadora, alinhada com as tendências da transformação digital, permitindo que as empresas enfrentem esses desafios com maior eficiência e obtenham vantagens competitivas distintas.

A transformação digital acelerada impulsiona a rápida adoção de novos aplicativos e tecnologias, juntamente com um aumento vertiginoso no volume de dados gerados. No entanto, esse avanço também resulta em sistemas legados que precisam ser desativados para atender às demandas atuais. Nesse contexto, os líderes de tecnologia, os CIOs, estão sob pressão para garantir operações de TI sem interrupções e atender a metas de alto nível de serviço. A automação torna-se crucial, uma vez que as tecnologias como nuvens híbridas e microsserviços se tornam fundamentais para o sucesso da organização.

As soluções AIOps surgem como um divisor de águas nesse cenário, oferecendo uma abordagem avançada para aprimorar as operações de TI em empresas digitais. A essência das soluções AIOps reside na aplicação do aprendizado de máquina aos dados de monitoramento e observabilidade. Essas ferramentas coletam dados de várias fontes e aplicam algoritmos avançados para identificar padrões, correlacionar alertas e, o mais importante, identificar rapidamente as causas principais de problemas e incidentes. Isso não apenas acelera a detecção e resolução de problemas, mas também ajuda a prevenção de futuras ocorrências.

Uma das características distintivas das soluções AIOps é a capacidade de integração holística. Essas ferramentas não operam isoladamente, mas se conectam com outras partes críticas do ecossistema de TI. Elas podem se integrar ao gerenciamento de serviços de TI, ferramentas de colaboração e outros sistemas de automação. Isso permite a automação de respostas pré-escritas, facilitando ações rápidas e eficazes em situações críticas.

A adoção de AIOps oferece uma série de vantagens competitivas. Ao agilizar as operações de TI, as empresas podem garantir um alto nível de serviço, minimizar interrupções e maximizar a eficiência. Isso, por sua vez, melhora a experiência do cliente, fidelizando- o e fortalecendo a reputação da empresa. Além disso, a automação inteligente liberará recursos humanos para tarefas mais estratégicas, impulsionando a inovação e o desenvolvimento contínuo.

Conforme as empresas continuam a abraçar a transformação digital e enfrentam os desafios de um ambiente em constante evolução, as soluções AIOps emergem como um diferencial crucial. Essa abordagem combina o poder da inteligência artificial e do aprendizado de máquina para otimizar operações de TI.

10. Construindo confiança com segurança cibernética

A transformação digital revolucionou a forma como as empresas operam, interagem com os clientes e gerenciam suas operações. A crescente adoção de tecnologias inovadoras, como nuvem, *Big Data*, Internet das Coisas (IoT) e Inteligência Artificial (IA), trouxe inúmeras vantagens e oportunidades de negócios. No entanto, essa revolução tecnológica também trouxe consigo um desafio crítico: a segurança cibernética. À medida que as empresas movem seus dados para a nuvem e adotam modelos de trabalho híbrido, a proteção desses dados tornou-se uma prioridade inegociável.

Além disso, o cenário empresarial contemporâneo é marcado por uma série de desafios emergentes relacionados à segurança cibernética, que são acentuados pelo crescimento do trabalho híbrido. O trabalho híbrido, onde os funcionários alternam entre o escritório e o ambiente remoto, trouxe maior flexibilidade, mas também criou novas vulnerabilidades. Golpes de *phishing*, *ransomware* e outras técnicas de ciberataque estão se tornando mais sofisticados e direcionados, explorando as brechas que podem surgir em ambientes de trabalho distribuídos.

A introdução da Lei Geral de Proteção de Dados (LGPD) no Brasil adiciona uma camada adicional de complexidade à segurança cibernética. A LGPD estabelece diretrizes rigorosas para a coleta, armazenamento e processamento de dados pessoais, o que requer uma abordagem mais estruturada e precisa na proteção dessas informações sensíveis. Empresas que não cumprem as regulamentações da LGPD podem enfrentar multas substanciais e danos à reputação.

A confiança é um ativo valioso no mundo dos negócios e é construída ao longo do tempo, mas pode ser destruída em questão de minutos se houver uma violação de dados. A exposição de informações pessoais ou financeiras dos clientes pode ter efeitos devastadores na reputação e na relação de confiança entre a empresa e seus *stakeholders*. Um exemplo notório ocorreu em 2021, quando uma das maiores empresas de comércio eletrônico do Brasil, a B2W Digital, sofreu um ataque cibernético que resultou no vazamento de dados de milhões de clientes. A empresa rapidamente tomou medidas para mitigar o impacto, informando os clientes sobre a violação, fortalecendo suas medidas de segurança e oferecendo suporte aos afetados. A resposta eficaz da B2W demonstrou a importância de construir confiança por meio da comunicação transparente e ação decisiva em face de desafios de segurança cibernética.

Uma abordagem inovadora para enfrentar esses desafios é a chamada "Confiança Zero" (*Zero Trust*), que assume que nenhum dispositivo ou usuário deve ser considerado confiável por padrão. A Microsoft, por exemplo, adotou essa abordagem em sua estratégia de segurança cibernética. A empresa implementa rigorosos protocolos de autenticação e verificações contínuas para controlar o acesso a dados e recursos. Essa abordagem visa minimizar os riscos de comprometimento de dados, limitando o acesso somente a pessoas autorizadas e apenas quando necessário.

Um elemento crucial na construção da confiança do cliente é a transparência, especialmente quando se trata de proteção de dados pessoais sob a LGPD. É essencial que as empresas sejam honestas com seus clientes sobre o uso de dados e as medidas de segurança implementadas. Mesmo que a segurança dos dados seja robusta, comunicar claramente as políticas de privacidade e solicitar o consentimento dos clientes antes de acessar informações pessoais ou financeiras é fundamental para estabelecer uma relação de confiança.

No contexto do trabalho híbrido, onde os funcionários acessam dados corporativos a partir de diferentes locais, a segurança cibernética deve ser reforçada para garantir que os dados permaneçam protegidos, independentemente do local de acesso. A implementação de autenticação multifator (*Multifactor Autentication* - MFA), criptografia de ponta a ponta e monitoramento em tempo real são algumas das práticas recomendadas para proteger os dados corporativos em um ambiente de trabalho distribuído.

Para enfrentar os desafios da segurança cibernética na era da transformação digital e do trabalho híbrido, as empresas devem adotar boas práticas robustas de cibersegurança. Algumas estratégias eficazes incluem:

- **Treinamento de Conscientização em Segurança**: educar os funcionários sobre ameaças cibernéticas, como *phishing* e engenharia social, ajuda a prevenir ações inadvertidas que podem comprometer a segurança.
- **Monitoramento Contínuo**: implementar ferramentas de monitoramento em tempo real para detectar atividades suspeitas e intrusões na rede, permitindo uma resposta rápida a incidentes.
- **Atualizações e Patches**: manter sistemas e softwares atualizados com os últimos *patches* de segurança ajuda a corrigir vulnerabilidades conhecidas.

- **Segmentação de Rede**: dividir a rede em segmentos para limitar o acesso a dados sensíveis e reduzir a superfície de ataque.
- **Política de Acesso**: definir níveis apropriados de acesso a dados e recursos com base nas funções e responsabilidades dos funcionários.

10.1. O Papel do CIO na Construção de Confiança Cibernética

O Chief Information Officer (CIO) desempenha um papel fundamental na construção da confiança cibernética durante a transformação digital e o trabalho híbrido. O CIO é responsável por liderar a estratégia de segurança cibernética, implementar medidas de proteção de dados e promover uma cultura de segurança em toda a organização. Além disso, o CIO é peça crucial na escolha e implementação de tecnologias de segurança avançadas, como autenticação biométrica, análise comportamental e detecção de anomalias.

Um exemplo notável do papel do CIO na construção da confiança cibernética é o Banco do Brasil. O banco adotou uma abordagem proativa para fortalecer sua infraestrutura de segurança cibernética, implementando autenticação multifator e monitoramento em tempo real. Além disso, o CIO do Banco do Brasil também desempenhou um papel importante na conscientização dos funcionários sobre as melhores práticas de segurança, garantindo que todos na organização entendam os riscos e saibam como mitigá-los.

À medida que as empresas continuam sua jornada de transformação digital e abraçam o trabalho híbrido, a construção de confiança cibernética se torna essencial. Proteger os dados dos clientes, cumprir regulamentações como a LGPD e adotar boas práticas em cibersegurança são imperativos para garantir que as organizações possam aproveitar os benefícios da inovação tecnológica sem comprometer a segurança.

E, como se pode observar, o CIO lidera essa empreitada, garantindo que a segurança cibernética seja integrada em todas as camadas da organização. Exemplos de empresas brasileiras, como a B2W Digital e o Banco do Brasil, destacam a importância da construção da confiança cibernética e como uma abordagem proativa pode proteger a reputação e os ativos das empresas.

O cenário da segurança cibernética possui como característica principal a evolução constante e, por isso, o CIO e as equipes de segurança devem permanecer vigilantes, adaptando suas estratégias para enfrentar as ameaças emergentes. Somente por meio de um compromisso contínuo com a segurança cibernética, transparência e conscientização, as organizações podem construir um futuro cibernético confiável e prosperar na era da transformação digital e do trabalho híbrido.

8 O POTENCIAL TRANSFORMADOR DA INTELIGÊNCIA ARTIFICIAL NA ERA DIGITAL

IA

Ao final deste capítulo, você será capaz de:

- **Compreender o impacto dos LLMs no marketing digital e sua capacidade de revolucionar as estratégias de engajamento.**
- **Identificar oportunidades e tendências no e-commerce através da aplicação dos LLMs para melhorar a experiência do cliente.**
- **Explorar as aplicações dos LLMs na saúde, educação e indústria, destacando suas contribuições e desafios.**
- **Analisar o potencial transformador dos LLMs na indústria financeira, incluindo análise de dados e previsão de tendências.**
- **Entender como os LLMs estão revolucionando o suporte ao cliente, personalizando interações e melhorando a eficiência do suporte.**

Capítulo 8: O Potencial Transformador da Inteligência Artificial na Era Digital

A transformação digital se estabeleceu como um imperativo para as organizações modernas que desejam prosperar em um cenário de constante evolução.

Neste capítulo a ênfase recai sobre a influência revolucionária dos Modelos de Linguagem de Grande Escala (LLM) em diversos setores da sociedade e indústria. Começaremos examinando como os LLMs estão redefinindo o marketing digital e, em seguida, como se tornam tendências determinantes no e-commerce e emergem como parceiros vitais na área da saúde. A educação, um pilar fundamental da sociedade, é abordada em detalhe, discutindo a transformação propiciada pelos LLMs e o papel crítico do CIO nesta mudança. A indústria financeira e o suporte ao cliente também são contemplados como campos que beneficiam imensamente da introdução de LLMs. A comunicação empresarial, outro ponto vital para o sucesso organizacional, é abordada, destacando a revolução trazida pelo LLM AI. Além disso, o papel do CIO na integração desses modelos em estratégias de transformação digital será discutido, sem deixar de mencionar os desafios que a IA representa no contexto das políticas governamentais. Ao longo do capítulo, é evidente o potencial transformador dos LLMs na era digital e a amplitude de sua aplicação em diversos domínios.

1. Inteligência Artificial

A Inteligência Artificial é um campo amplo da ciência da computação que se concentra em criar sistemas ou máquinas capazes de realizar tarefas que normalmente requerem inteligência humana. Isso inclui áreas como aprendizado de máquina, processamento de linguagem natural, visão computacional, robótica e muito mais.

Por sua vez, os Modelos de Linguagem são algoritmos de IA projetados para entender e gerar texto em linguagem natural. Os *Large Language Models* (LLM) são uma categoria de modelos de linguagem que se destacam por sua escala, com milhões ou até bilhões de parâmetros. Eles são treinados em grandes quantidades de texto não rotulado e podem ser ajustados para tarefas específicas.

O GPT (*Generative Pre-trained Transformer*) é um tipo de *Large Language Model* (LLM) desenvolvido pela OpenAI. Ele é uma implementação avançada de inteligência artificial que utiliza a arquitetura *Transformer* para entender e gerar texto em linguagem natural de maneira coesa e contextual. O GPT se destacou por sua capacidade de realizar uma variedade de tarefas de processamento de linguagem natural de forma impressionante, sem a necessidade de treinamento específico para cada tarefa. Em vez disso, ele é pré-treinado em grandes quantidades de texto não rotulado e pode ser ajustado (*finetuned*) para tarefas específicas.

A arquitetura *Transformer*, na qual o GPT é baseado, é composta por várias camadas de atenção, permitindo que o modelo compreenda a relação entre palavras em uma frase ou contexto mais amplo. Isso dá ao GPT a capacidade de gerar texto que parece escrito por um ser humano e de entender a semântica e o contexto de maneira profunda.

Alguns exemplos de aplicações para o GPT:

1. **Geração de Texto Criativo:** o GPT pode ser usado para gerar histórias, poesias, redações, entre outros tipos de texto criativo. Ele é capaz de criar conteúdo coeso e convincente com base nas informações e no estilo fornecidos.
2. **Respostas a Perguntas:** o GPT pode responder a perguntas com base no contexto fornecido. Por exemplo, pode responder a perguntas gerais de conhecimento, fornecer explicações detalhadas sobre um tópico ou até mesmo criar respostas para questões específicas.
3. **Tradução Automática:** o GPT pode ser usado para traduzir texto de um idioma para outro de maneira fluente e precisa.
4. **Assistência em Escrita:** o GPT pode ajudar na redação de e-mails, textos acadêmicos, relatórios e outros tipos de documentos, fornecendo sugestões de palavras, frases e estrutura.
5. **Atendimento ao Cliente Automatizado:** empresas podem usar o GPT para criar *chatbots* que interagem com os clientes de forma natural, respondendo a perguntas e solucionando problemas comuns.

A OpenAI tem desenvolvido o GPT e atualmente temos as seguintes versões:

1. **GPT-1:** a primeira versão do GPT tinha 117 milhões de parâmetros e foi um marco inicial na demonstração das capacidades dos LLMs.

2. **GPT-2:** a segunda versão, com 1,5 bilhão de parâmetros, chamou muita atenção devido à sua capacidade de gerar texto extremamente coeso e fluente. Sua capacidade de produzir conteúdo fictício levou a preocupações sobre desinformação.
3. **GPT-3:** a versão mais utilizada, GPT-3, possui 175 bilhões de parâmetros e é considerada um dos maiores e mais poderosos modelos de linguagem já criados. Ele pode realizar uma ampla variedade de tarefas, desde conversas em linguagem natural até programação de computadores.
4. **GPT-4:** versão mais recente do GPT, lançada em março de 2023, tem uma melhor capacidade de compreensão e geração de texto, por possuir em torno de 1 bilhão de parâmetros.

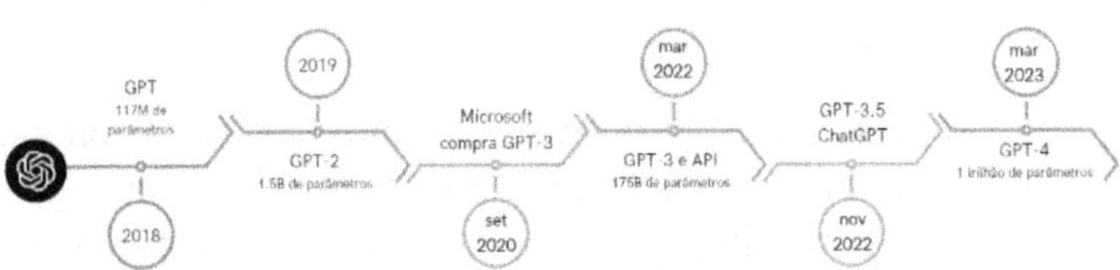

Figura 15 - Linha do tempo do GPT

Essas versões do GPT têm demonstrado um progresso notável na compreensão e geração de linguagem natural, impulsionando avanços significativos em uma variedade de campos, incluindo educação, comunicação, atendimento ao cliente, criação de conteúdo e muito mais.

O LaMDA - *Language Model for Dialogue Applications* – é outro tipo de *Large Language Model*, desenvolvido pela Google AI, e projetado especificamente para aplicações de diálogo. Ele também utiliza a arquitetura *Transformer*, mas é ajustado (*finetuned*) para ter um melhor desempenho em interações de conversação, permitindo uma compreensão mais profunda do contexto e nuances das conversas. O LaMDA foi treinado em um enorme conjunto de dados de texto e código. Ele é capaz de gerar texto, traduzir idiomas, escrever diferentes tipos de conteúdo criativo e responder a perguntas de forma informativa. O LaMDA tem 137B parâmetros, o que o torna um dos modelos de linguagem mais complexos do mundo. Ele é treinado em um enorme conjunto de dados de texto e código, o que lhe permite gerar texto que é factualmente correto e criativo.

Em resumo, GPT e LaMDA são exemplos de *Large Language Models,* que, por sua vez, fazem parte da categoria mais ampla de Modelos de Linguagem dentro do campo da Inteligência Artificial. Eles compartilham a capacidade de compreender e gerar texto em linguagem natural, mas são ajustados e otimizados para diferentes tipos de aplicações, como geração de texto geral (GPT) e interações de diálogo (LaMDA).

A tabela a seguir consolida esses conceitos:

Tabela 4: IA, LLM, GPT e LaMDA

Característica	IA	LLM	GPT	LaMDA
Definição	A inteligência artificial (IA) é um campo da ciência da computação que se preocupa em criar agentes inteligentes. Os agentes inteligentes são sistemas que podem pensar e agir de forma semelhante aos humanos.	Um modelo de linguagem grande (LLM) é um tipo específico de IA treinado em uma enorme quantidade de dados de texto. Os LLMs podem gerar texto, traduzir idiomas, escrever diferentes tipos de conteúdo criativo e responder a perguntas de forma informativa.	O GPT (Generative Pre-trained Transformer) é um tipo específico de LLM desenvolvido pela OpenAI. É um modelo de linguagem pré-treinado generativo que pode gerar texto, traduzir idiomas, escrever diferentes tipos de conteúdo criativo e responder a perguntas de forma informativa.	LaMDA (Language Model for Dialogue Applications) é um modelo de linguagem factual do Google AI treinado em um enorme conjunto de dados de texto e código. Ele pode gerar texto, traduzir idiomas, escrever diferentes tipos de conteúdo criativo e responder a perguntas de forma informativa.

Característica	IA	LLM	GPT	LaMDA
Tamanho	A IA pode variar de tamanho de alguns milhões a trilhões de parâmetros.	LLMs podem variar de tamanho de alguns milhões a bilhões de parâmetros.	GPT-3 tem 175 bilhões de parâmetros.	LaMDA não tem um tamanho específico, pois é um modelo de linguagem factual.
Tarefas	A IA pode ser usada para uma variedade de tarefas, incluindo tradução de idiomas, escrita de diferentes tipos de conteúdo criativo, resposta a perguntas de forma informativa, tomada de decisões, diagnóstico médico e muito mais.	LLMs podem ser usados para uma variedade de tarefas, incluindo tradução de idiomas, escrita de diferentes tipos de conteúdo criativo e resposta a perguntas de forma informativa.	GPT-3 pode ser usado para uma variedade de tarefas, incluindo tradução de idiomas, escrita de diferentes tipos de conteúdo criativo e resposta a perguntas de forma informativa.	LaMDA pode ser usado para uma variedade de tarefas, incluindo tradução de idiomas, escrita de diferentes tipos de conteúdo criativo e resposta a perguntas de forma informativa.
Estado atual	A IA está em desenvolvimento há décadas, mas ainda está	LLMs ainda estão em desenvolvimento, mas têm o	GPT-3 ainda está em desenvolvimento, mas já foi usado para	LaMDA ainda está em desenvolvimento, mas já foi

Caracterís-tica	IA	LLM	GPT	LaMDA
	longe de ser perfeita.	potencial de revolucionar a forma como interagimos com a tecnologia.	uma variedade de tarefas.	usado para uma variedade de tarefas.
Perspectivas futuras	Espera-se que a IA continue a se desenvolver e seja usada para uma variedade de tarefas que atualmente são consideradas impossíveis para máquinas.	Espera-se que os LLMs se tornem cada vez mais sofisticados e sejam usados para uma variedade de tarefas.	Espera-se que o GPT-3 se torne ainda mais poderoso e seja usado para uma variedade de tarefas.	Espera-se que LaMDA se torne cada vez mais sofisticado e seja usado para uma variedade de tarefas.

Algumas oportunidades para aplicação dos modelos de geração de Linguagem Natural seriam:

1. **Atendimento ao Cliente Aprimorado**: esses modelos capacitam as empresas a oferecerem um atendimento ao cliente mais eficiente e personalizado. *Chatbots* baseados em linguagem natural podem responder a perguntas, solucionar problemas e fornecer informações relevantes de maneira rápida e precisa, melhorando a experiência do cliente.

2. **Automação de Processos**: os modelos de Geração de Linguagem Natural podem automatizar uma variedade de tarefas, desde a geração de relatórios até a redação de conteúdo. Isso libera recursos internos e permite que os funcionários se concentrem em atividades de maior valor.
3. **Tomada de Decisões baseada em informações**: a análise de dados é essencial na transformação digital. Modelos desse tipo podem analisar grandes volumes de dados não estruturados, identificar padrões e fornecer *insights* valiosos para embasar decisões estratégicas.
4. **Engajamento do Cliente**: a criação de conteúdo envolvente é crucial para atrair e reter clientes. Os modelos de processamento de linguagem natural podem ajudar na geração de conteúdo relevante e cativante, desde postagens em redes sociais até campanhas de marketing personalizadas.

Como acontece com qualquer tecnologia, há alguns desafios que precisam ser encarados quando da Implementação desses modelos na Transformação Digital, como:

1. **Qualidade dos Dados**: a sua eficácia da depende da qualidade dos dados de entrada. Dados imprecisos ou desatualizados podem levar a resultados inadequados. As organizações precisam garantir a integridade e a relevância dos dados utilizados.
2. **Treinamento e Aprendizado**: os modelos de linguagem natural requerem treinamento extensivo e ajustes

para se alinharem às necessidades específicas da organização. Isso exige tempo e recursos significativos.

3. **Privacidade e Segurança**: o uso de dados sensíveis na implementação dos modelos levanta preocupações de privacidade e segurança. É essencial garantir a conformidade com regulamentações como, por exemplo, a LGPD.

Em todo esse contexto, os CIOs desempenham um papel fundamental na adoção bem-sucedida modelos de processamento de Linguagem Natural na transformação digital, especialmente na:

1. **Liderança Estratégica**: os CIOs podem identificar oportunidades para aplicar a tecnologia alinhadas com os objetivos estratégicos da organização.
2. **Avaliação de Fornecedores**: CIOs podem avaliar fornecedores da tecnologia e escolher aqueles que oferecem soluções adequadas às necessidades da organização.
3. **Integração de Sistemas**: integrar a tecnologia com sistemas existentes exige expertise técnica, e os CIOs podem garantir uma implementação suave.
4. **Gestão de Dados**: os CIOs podem supervisionar a coleta, armazenamento e proteção dos dados necessários para treinar e alimentar os modelos de processamento de linguagem natural.

A tecnologia de geração de linguagem natural, como o ChatGPT ou o Bard da Google, tem o poder de revolucionar a maneira como as organizações operam na era digital. Ao abraçar suas oportunidades e superar desafios, as organizações podem impulsionar a inovação, melhorar a eficiência e fornecer experiências excepcionais para clientes e funcionários. Com os CIOs liderando o caminho, a transformação digital com modelos de processamento de linguagem natural está posicionada para moldar o futuro das empresas de maneira notável e impactante.

Vamos ver, nas próximas seções, com essa tecnologia pode ser aplicada em diversos setores da economia.

1. LLMs: Uma Nova Ferramenta para Revolucionar o Marketing Digital

LLM – *Large Language Model* – são modelos de processamento de linguagem natural com o potencial de revolucionar o marketing digital. Essa tecnologia utiliza processamento de linguagem natural (NLP) e algoritmos de aprendizado de máquina para criar *chatbots* de inteligência artificial (IA) conversacional capazes de entender o que os clientes desejam, ajudá-los automaticamente com seus problemas e até mesmo auxiliá-los em suas compras. Empresas podem economizar tempo e ainda proporcionar aos clientes uma experiência personalizada ao automatizar partes do atendimento ao cliente e das vendas. O ChatGPT também pode ser combinado com outras tecnologias, como inteligência artificial (IA) ou ferramentas de análise, para tornar campanhas de marketing digital ainda mais eficazes.

A incorporação do ChatGPT no marketing digital trará diversas vantagens para as empresas nesse setor:

1. **Eficiência por meio da Automação:** automatizar tarefas como responder perguntas frequentes, auxiliar clientes em suas escolhas e processar transações pode aumentar a eficiência operacional das empresas. A automação libera a equipe de atendimento para focar em interações mais complexas e estratégicas.
2. **Engajamento Aprimorado dos Clientes:** o ChatGPT pode engajar os clientes de maneira mais natural e envolvente. A capacidade de compreender o contexto das conversas permite que os *chatbots* forneçam respostas relevantes e personalizadas, melhorando a experiência do cliente.
3. **Coleta de Dados Precisos:** o ChatGPT pode coletar dados relevantes durante as interações com os clientes. Esses dados podem ser utilizados para entender melhor o comportamento do consumidor, suas preferências e necessidades, permitindo que as empresas ajustem suas estratégias de marketing de forma mais precisa.
4. **Tomada de Decisões fundamentada em dados e informações:** com dados precisos em mãos, as empresas podem tomar decisões de marketing mais embasadas. A análise das interações dos clientes com o ChatGPT pode fornecer *insights* valiosos sobre as expectativas e desejos do público-alvo.
5. **Redução de Custos:** ao automatizar partes do atendimento ao cliente e das vendas, as empresas podem reduzir os custos associados a mão de obra, como responder a consultas e processar pedidos manualmente.

6. **Escalabilidade Aprimorada:** o ChatGPT pode ser facilmente implementado em diversas plataformas e canais de comunicação, permitindo que as empresas expandam suas operações para novos mercados ou alcancem públicos globais sem a necessidade de recursos humanos adicionais.

Alguns exemplos de uso do ChatGPT no Marketing Digital seriam:

1. **Atendimento ao Cliente Personalizado:** a Magazine Luiza, uma das maiores varejistas do Brasil, incorporou um assistente virtual baseado em ChatGPT para auxiliar os clientes em suas compras. O assistente pode responder a perguntas sobre produtos, recomendar itens relacionados e até mesmo processar pedidos, proporcionando uma experiência de compra mais conveniente.
2. **Campanhas de Marketing Interativas:** a Netflix utilizou o ChatGPT para criar uma campanha de marketing interativa. Os usuários podiam interagir com um *chatbot* baseado em um personagem de uma série popular, recebendo respostas personalizadas e dicas sobre a série, o que aumentou o engajamento dos espectadores.
3. **Análise de Sentimento em Mídias Sociais:** empresas como a Natura têm usado o ChatGPT para analisar o sentimento dos clientes nas redes sociais. O *chatbot* pode identificar tendências e emoções nas conversas

online, permitindo que a empresa ajuste sua estratégia de marketing de acordo.

4. **Assistente de Vendas Online:** a Avon implementou um assistente de vendas virtual com base no ChatGPT para auxiliar os consumidores a escolherem produtos de beleza. O assistente faz perguntas sobre preferências e necessidades, fornecendo recomendações personalizadas.

A adoção do ChatGPT no marketing digital representa um passo importante para aprimorar as estratégias de negócios e melhorar a interação com os clientes. A capacidade do ChatGPT de entender a linguagem natural e se adaptar a diferentes contextos oferece um novo nível de personalização e envolvimento. Ao automatizar tarefas rotineiras, coletar dados precisos e aprimorar a tomada de decisões as empresas podem aumentar a eficiência operacional e obter uma vantagem competitiva no mercado em constante evolução. O uso estratégico do ChatGPT no marketing digital tem o potencial de transformar a maneira como as empresas se comunicam e atendem seus clientes, abrindo portas para uma nova era de inovação e sucesso nos negócios.

2. LLM: a próxima grande tendência no e-commerce

Modelos de Linguagem têm o potencial de revolucionar o e-commerce. Utilizando processamento de linguagem natural e aprendizado de máquina, essa tecnologia cria *chatbots* capazes de auxiliar os clientes por conta própria. Tal abordagem pode reduzir significativamente os custos com atendimento ao cliente, ao mesmo tempo em que torna as respostas mais rápidas e precisas. O benefício mais evidente para as empresas de e-commerce é a economia de tempo e dinheiro em mão de obra e no tempo necessário para ajudar os consumidores. Com isso, os clientes podem obter respostas rapidamente, sem precisar esperar por um representante humano ou navegar por menus complexos para encontrar a resposta de que precisam. Além disso, as soluções automatizadas oferecem às empresas mais controle sobre as mensagens que seus clientes recebem e como essas mensagens são entregues - algo impossível de fazer manualmente, quando um indivíduo responde a e-mails ou consultas telefônicas de clientes em todo o mundo, um de cada vez.

Além de economizar dinheiro, existem outros benefícios, como maior precisão na compreensão das solicitações de usuários que falam diferentes idiomas em todo o mundo. Isso proporciona às empresas um acesso melhor a novos mercados e pode levar a um aumento nas vendas em áreas anteriormente inacessíveis, devido a barreiras linguísticas, com potenciais compradores ou clientes no exterior. Além disso, a capacidade de modelos de LLM de dimensionar rapidamente facilita a vida das empresas que recebem muito tráfego em seus sites durante períodos de alta demanda- como feriados, quando a procura é muito maior do que em outros dias do ano. Elas não precisam se preocupar em não serem capazes de lidar com muitas solicitações de uma só vez por falta de recursos, evitando a perda de oportunidades de negócios. Além disso, soluções de LLM fornecem às empresas de e-commerce informações úteis sobre como os clientes agem, o que lhes dá mais controle sobre como personalizar ofertas com base nos dados do usuário coletados durante as conversas.

Esse nível de personalização demonstrou ajudar quando se busca aumentar o número de vendas online. Alguns exemplos de aplicação de LLM no e-commerce seriam:

1. **Atendimento ao Cliente 24/7:** empresas de e-commerce podem usar LLM para oferecer suporte ao cliente a qualquer hora do dia, todos os dias da semana, sem a necessidade de uma equipe de atendimento trabalhando em turnos.
2. **Assistente de Compras Personalizado:** LLM pode ajudar os clientes a navegarem por catálogos de produtos, pode fornecer recomendações personalizadas e até mesmo auxiliar no processo de compra, aumentando a conveniência para os compradores.
3. **Resolução de Problemas Rápidos:** os clientes podem obter respostas imediatas para suas dúvidas e problemas, eliminando a necessidade de esperar por um representante humano para solucionar questões simples.
4. **Personalização de Ofertas:** LLM pode coletar dados sobre as preferências dos clientes e usar essas informações para personalizar ofertas, promoções e recomendações de produtos de acordo com as necessidades individuais.
5. **Expansão para Mercados Internacionais:** a capacidade de entender e responder a diferentes idiomas permite que as empresas atinjam mercados internacionais transpondo eventuais barreiras linguísticas.

Para ilustrar o potencial das LLMs, podemos citar a Sephora, uma renomada marca de beleza, que implementou o *chatbot Sephora Virtual Artist*, que utiliza a tecnologia do ChatGPT para oferecer recomendações personalizadas de maquiagem e cuidados com a pele aos clientes. Os usuários podem receber dicas, experimentar virtualmente produtos e fazer compras com base nas interações com o *chatbot*. A rede varejista H&M, outro exemplo, lançou um *chatbot* que auxilia os clientes na busca e seleção de roupas, facilitando a experiência de compra. A tecnologia do ChatGPT possibilita que os clientes expressem suas preferências em linguagem natural, permitindo que o *chatbot* sugira opções adequadas. Na área de alimentação, a Pizza Hut implementou um *chatbot* alimentado por ChatGPT para receber pedidos de pizza. Os clientes podem fazer pedidos, personalizar suas escolhas e acompanhar o status do pedido através de interações naturais com o chatbot.

Como vimos, a LLM tem o potencial de transformar a maneira como as empresas de e-commerce interagem com os clientes, oferecendo uma experiência mais ágil, personalizada e eficiente. Essa tecnologia pode impulsionar as vendas, melhorar a satisfação do cliente e aumentar a eficiência operacional, tornando-se verdadeiramente uma das próximas grandes tendências no mundo do e-commerce.

2.1. LLM: um novo aliado na saúde

O LLM é uma inovação tecnológica em ascensão com o potencial de revolucionar diversos setores, sendo a área da saúde uma das principais beneficiadas. Soluções de LLM utilizam processamento de linguagem natural e algoritmos de aprendizado de máquina para criar *chatbots* que podem oferecer auxílio aos pacientes. Essa tecnologia tem a capacidade de agilizar e aprimorar diversas tarefas no campo da saúde, como a manutenção de registros médicos e o cuidado com os pacientes, graças à sua habilidade de processar a linguagem natural de forma rápida e precisa.

No contexto do armazenamento de registros médicos, o LLM pode ser empregado na inserção de dados em prontuários eletrônicos de saúde. Isso resultaria em uma economia significativa de tempo, uma vez que as informações não precisariam ser digitadas manualmente nos sistemas de prontuários eletrônicos de saúde. Além disso, a precisão das informações seria aprimorada, uma vez que haveria menos erros. Adicionalmente, o LLM poderia auxiliar médicos e enfermeiros a se comunicarem de maneira mais ágil quando precisarem acessar os registros de pacientes ou outras informações armazenadas nos prontuários eletrônicos.

Por fim, pacientes poderiam receber atendimento direto por meio de assistentes virtuais alimentados pela tecnologia de LLM, como o ChatGPT ou o Bard. Isso facilitaria para que os pacientes obtenham respostas para perguntas comuns ou solicitações sobre seus planos de tratamento ou agendamentos, sem a necessidade de esperar muito tempo por uma resposta direta de um médico. Ao permitir que *chatbots* com aprendizado de máquina lidem com esse tipo de interação, mais tempo poderia ser direcionado para casos mais complexos que necessitam da expertise humana. No conjunto, essas mudanças prometem ser extremamente benéficas, não apenas para os profissionais de saúde, mas também para os pacientes, que receberão um atendimento aprimorado no geral, graças à maior eficiência proporcionada por essas soluções de IA.

O recente desenvolvimento dos modelos LLM, sistemas de processamento de linguagem natural que utilizam aprendizado profundo para gerar conversas que imitam o diálogo humano, pode revolucionar a forma como os cuidados de saúde são entregues. Essa tecnologia pode ser aplicada de diversas maneiras no setor médico, incluindo o fornecimento de atendimento personalizado e assistência aos pacientes, a simplificação de operações administrativas e a facilitação da comunicação entre médicos e enfermeiros. Inicialmente, o LLM pode ser um recurso valioso ao fornecer cuidados aos pacientes, oferecendo companhia virtual ou assistência emocional durante momentos difíceis. A utilização de tecnologia de IA conversacional, como o recurso de "inteligência emocional" do LLM ou as capacidades de "processamento de linguagem natural" do Microsoft Healthcare Bot, permite que médicos ofereçam assistência em tempo real aos pacientes, sem a necessidade de eles terem que se deslocar até uma clínica ou esperar por um horário disponível. Isso pode potencialmente reduzir o estresse daqueles que já enfrentam condições de saúde difíceis. Além disso, esses sistemas podem reduzir os gastos associados a consultas presenciais devido à sua falta de necessidade de pessoal adicional ou espaço físico, em comparação com as instalações médicas tradicionais. Isso os torna ideais para regiões rurais, onde o acesso a cuidados médicos de qualidade é limitado devido à escassez de recursos.

Além disso, o LLM pode facilitar a comunicação entre profissionais de hospitais, simplificando processos administrativos tediosos, como agendamento de consultas e arquivamento de documentos. Isso permite que os funcionários otimizem seu fluxo de trabalho e direcionem sua energia para questões mais críticas. Além disso, devido à sua capacidade de compreender conversas complexas, esse tipo de software pode ser utilizado como um meio para que médicos de diferentes locais possam se comunicar de maneira semelhante a um encontro físico.

Já existem exemplos notáveis de como soluções baseadas em LLM tem sido aplicadas com sucesso na área da saúde. Um caso é o uso dessa tecnologia em plataformas online de telemedicina, onde pacientes podem interagir com assistentes virtuais para agendar consultas, obter informações sobre medicamentos ou esclarecer dúvidas sobre sintomas leves. Essa abordagem tem se mostrado eficaz em agilizar o processo de atendimento, liberando tempo para médicos lidarem com casos mais complexos.

Outro exemplo é o uso de LLM em programas de prevenção e educação em saúde. Organizações de saúde têm utilizado *chatbots* para fornecer informações sobre medidas preventivas, estilo de vida saudável e orientações para gerenciamento de doenças crônicas. Isso ajuda a conscientizar os pacientes e a emponderá-los para tomar decisões informadas sobre sua saúde.

No entanto, é importante reconhecer que o uso de soluções de *chatbots* alimentados com LLM na área da saúde também traz consigo algumas preocupações e posições contrárias. Muitos especialistas alertam para o perigo de confiar inteiramente em assistentes virtuais para questões médicas, especialmente para o autodiagnóstico. A análise de condições médicas requer uma avaliação qualificada por profissionais de saúde, e a dependência excessiva de *chatbots* poderia levar a diagnósticos incorretos ou à falta de atendimento adequado. Além disso, a privacidade dos dados dos pacientes é uma consideração crítica, e os pacientes devem ser cautelosos ao compartilhar informações sensíveis por meio de *chatbots*, garantindo que os sistemas utilizados atendam aos mais altos padrões de segurança cibernética e conformidade com regulamentações, como a Lei Geral de Proteção de Dados (LGPD).

Em conclusão, o LLM possui um enorme potencial para revolucionar a prestação de cuidados de saúde, agilizando processos, melhorando a comunicação e oferecendo assistência personalizada aos pacientes. No entanto, é crucial utilizá-lo com responsabilidade, em complemento ao atendimento médico tradicional, a fim de garantir a segurança e o bem-estar dos pacientes. O equilíbrio entre a adoção dessas tecnologias e a orientação profissional é fundamental para maximizar os benefícios e mitigar os riscos associados à sua utilização na área da saúde.

3. A revolução da educação através dos modelos LLM: o papel do CIO

Os Modelos de Linguagem de Grande Escala (LLM) estão emergindo como uma força transformadora em várias indústrias, e a educação é uma das áreas que mais se beneficiará com essa tecnologia inovadora. Os LLM, como o GPT e seus sucessores, incorporam o poder do processamento de linguagem natural e aprendizado de máquina para possibilitar interações de linguagem mais naturais e ricas com sistemas computacionais. Neste capítulo, exploraremos o potencial dos modelos LLM na revolução da educação e discutiremos o papel fundamental do *Chief Information Officer* (CIO) nesse cenário em constante evolução.

3.1. Transformando a Educação com Modelos LLM

Os modelos LLM estão mudando a forma como os alunos aprendem, os professores ensinam e as instituições educacionais operam. A aplicação desses modelos na educação apresenta uma série de benefícios notáveis:

1. **Personalização do Aprendizado**: os modelos LLM têm a capacidade única de adaptar o conteúdo de aprendizado às necessidades individuais dos alunos. Isso significa que os alunos podem receber materiais educacionais sob medida para seu nível de conhecimento, estilo de aprendizado e interesses específicos. Por exemplo, um estudante que demonstra interesse em história antiga pode receber um conteúdo de leitura relacionado a essa área, enquanto outro estudante interessado em matemática recebe problemas e exercícios matemáticos.
2. **Tutoria e Suporte Individualizado**: os modelos LLM podem atuar como tutores virtuais, fornecendo assistência instantânea aos alunos durante suas atividades de aprendizado. Quando um aluno enfrenta dificuldades em um problema ou conceito, o tutor virtual baseado em LLM pode explicar a solução passo a passo,

responder a perguntas e oferecer exemplos adicionais para maior clareza.

3. **Criação de Conteúdo Educacional**: professores podem aproveitar os modelos LLM para criar materiais educacionais envolventes e interativos. Isso inclui a geração de questões de avaliação, exercícios práticos, vídeos explicativos e até mesmo narrativas educacionais atraentes.

4. **Acesso a Informações e Recursos**: os modelos LLM podem atuar como assistentes de pesquisa para alunos, permitindo-lhes acessar informações relevantes de maneira rápida e eficiente. Os alunos podem fazer perguntas em linguagem natural e receber respostas bem embasadas, tornando o processo de pesquisa mais eficaz.

3.2. O Papel Estratégico do CIO na Implementação de LLM na Educação

O *Chief Information Officer* (CIO) desempenha um papel vital na incorporação bem-sucedida dos modelos LLM na educação, haja vista ser o responsável por liderar a estratégia tecnológica das instituições educacionais e garantir a integração eficaz dos modelos LLM. Algumas maneiras pelas quais o CIO pode desempenhar um papel essencial incluem:

1. **Seleção e Implantação de Plataformas LLM**: o CIO colabora com os líderes educacionais para identificar as melhores plataformas LLM que atendam às necessidades da instituição. Ele lidera a implantação dessas

plataformas, garantindo que estejam integradas aos sistemas existentes.

2. **Gerenciamento de Dados e Privacidade**: os modelos LLM lidam com dados sensíveis dos alunos. O CIO trabalha para garantir que os dados sejam coletados, armazenados e protegidos de acordo com as regulamentações de privacidade, como a LGPD.
3. **Treinamento e Desenvolvimento**: o CIO coordena a capacitação de educadores e alunos para usar efetivamente os modelos LLM. Isso inclui fornecer recursos de treinamento, workshops e suporte contínuo.
4. **Avaliação de Impacto**: o CIO é responsável por medir o impacto dos modelos LLM na educação. Ele analisa métricas como o engajamento do aluno, o desempenho acadêmico e a satisfação geral para avaliar o sucesso da implementação.

3.3. Cases de Sucesso e Posições Contrárias

Exemplos de sucesso incluem instituições de ensino que implementaram modelos LLM para melhorar a interação aluno-professor, como a criação de *chatbots* educacionais para auxiliar alunos em suas dúvidas e o desenvolvimento de plataformas de tutoria online baseadas em LLM.

Instituições de ensino poderiam implementar *chatbots* educacionais baseados em modelos LLM para auxiliar os alunos em suas dúvidas sobre matérias, horários de aulas e informações acadêmicas – algumas inclusive já estão implementando tais inovações, como será visto. Esses *chatbots* foram capazes de responder de forma precisa e rápida às perguntas dos alunos, aliviando a carga de trabalho dos administradores e permitindo que os alunos obtenham suporte imediato. Outra aplicação que já está sendo implementada especialmente em instituições de ensino online é a utilização de modelos LLM para desenvolver sistemas de avaliação e correção automatizada de redações. Esses sistemas são capazes de analisar a estrutura, gramática e coerência do texto, proporcionando uma correção mais objetiva e eficiente em exames nacionais.

Podemos citar como um exemplo de sucesso a Khan Academy, uma plataforma de ensino online que incorporou modelos LLM para fornecer tutoria virtual personalizada. Os alunos podem fazer perguntas em linguagem natural sobre tópicos específicos, e a plataforma responde com explicações detalhadas e exemplos relevantes. Isso permite que os alunos avancem no seu próprio ritmo e obtenham ajuda sob medida para suas necessidades.

Por outro lado, as posições contrárias alertam para o risco de dependência excessiva de tecnologia na educação, argumentando que a interação humana é fundamental para o desenvolvimento social e emocional dos alunos. Além disso, a preocupação com a precisão e a confiabilidade das respostas fornecidas pelos modelos LLM também é levantada. De forma sintetizada, são apresentados os seguintes argumentos como base para a oposição à utilização desses modelos no processo de aprendizagem:

1. **Ênfase na Interação Humana:** críticos argumentam que a dependência excessiva de modelos LLM na

educação pode diminuir a interação humana, que desempenha um papel crucial no desenvolvimento social e emocional dos alunos. A capacidade de aprender com os outros, debater e construir relacionamentos interpessoais são aspectos importantes que podem ser negligenciados em um ambiente puramente tecnológico.

2. **Limitações da Precisão e Confiabilidade:** há preocupações sobre a precisão das respostas fornecidas pelos modelos LLM. A tecnologia, embora avançada, pode não ser capaz de compreender contextos complexos ou oferecer orientação completa e precisa em todos os cenários. Isso pode resultar em informações incorretas ou incompletas sendo comunicadas aos alunos, afetando negativamente sua aprendizagem.

3. **Falta de Personalização Adequada:** outra preocupação é que os modelos LLM podem não ser capazes de oferecer uma personalização tão eficaz quanto um professor humano. A compreensão das necessidades individuais de cada aluno, suas dificuldades específicas e estilos de aprendizado únicos podem ser mais bem atendidas por professores reais que possam adaptar suas abordagens conforme necessário.

Em resumo, os modelos LLM têm o potencial de revolucionar a educação, proporcionando personalização do aprendizado, tutoria individualizada e acesso a informações de maneira eficiente. O CIO desempenha um papel central na implementação bem-sucedida dessa tecnologia, garantindo que ela seja integrada de forma estratégica e responsável. Ao fazer isso, a educação pode se beneficiar significativamente das vantagens oferecidas pelos modelos LLM, preparando os alunos para um futuro cada vez mais tecnológico e interconectado.

4. O Potencial do Uso de Modelos LLM na Indústria Financeira

Os modelos LLM (*Large Language Models*) representam uma tecnologia emergente com o potencial de revolucionar diversos setores, sendo a indústria financeira uma das principais beneficiárias dessas inovações. Essa tecnologia, que utiliza processamento de linguagem natural e algoritmos de aprendizado de máquina, tem o poder de otimizar diversas operações no setor financeiro, proporcionando maior eficiência e interatividade.

- **Otimização da Eficiência no Atendimento ao Cliente:** instituições financeiras, como bancos e empresas de investimento, lidam diariamente com um grande volume de consultas e solicitações de clientes. Os modelos LLM podem desempenhar um papel fundamental nesse contexto, oferecendo respostas instantâneas e precisas para perguntas rotineiras. Por exemplo, os clientes podem verificar seus saldos de conta, esclarecer dúvidas sobre transações recentes ou obter informações sobre taxas de juros por meio de um assistente virtual baseado em LLM. Isso permite que os representantes de atendimento humano se concentrem em interações mais complexas e personalizadas, otimizando recursos e aprimorando a qualidade do atendimento. Um exemplo notável é o Banco Inter, no Brasil, que implementou assistentes virtuais para auxiliar os clientes em questões financeiras cotidianas.

- **Aconselhamento Financeiro Personalizado:** um dos maiores benefícios dos modelos LLM na indústria financeira é sua capacidade de fornecer aconselhamento financeiro altamente personalizado e recomendações sob medida. Ao analisar dados do cliente e interações passadas, esses modelos podem oferecer *insights* individualizados sobre oportunidades de investimento, planejamento de aposentadoria e estratégias de gestão de patrimônio. Esse nível de personalização fortalece a fidelidade dos clientes e estabelece uma relação de confiança entre os clientes e as instituições financeiras. O Nubank, por exemplo, poderia aproveitar os modelos LLM para fornecer aos clientes *insights* em tempo real sobre o uso otimizado de cartões de crédito, gerenciamento de despesas e definição de metas financeiras.
- **Gestão de Riscos e Detecção de Fraudes:** a detecção de atividades fraudulentas é um desafio constante na indústria financeira. Os modelos LLM podem desempenhar um papel crucial na prevenção de fraudes, analisando padrões de interação e comportamento do cliente. Ao identificar anomalias e possíveis sinais de alerta, as instituições financeiras podem agir prontamente para combater atividades suspeitas e minimizar perdas. Esse enfoque proativo é exemplificado pelo uso de sistemas de detecção de fraude baseados em IA pelo Banco do Brasil, que monitoram o

comportamento do cliente para identificar padrões de gastos incomuns ou acessos não autorizados.

- **Aprendizado Contínuo e Precisão Aprimorada:** os modelos LLM são alimentados por algoritmos de aprendizado de máquina que passam por treinamentos contínuos com novos conjuntos de dados coletados a partir das interações dos usuários. Esse processo de aprendizado constante garante que o sistema permaneça atualizado e preciso ao responder a tipos de perguntas que ainda não foram vistas, assegurando respostas confiáveis e rápidas, independentemente do tipo de pergunta.

Nesse contexto, os *Chief Information Officers* (CIOs) desempenham um papel central na implementação e aproveitamento do potencial dos modelos LLM na indústria financeira. Eles são responsáveis por orquestrar a integração de soluções baseadas em LLM na infraestrutura tecnológica existente, garantindo segurança de dados e conformidade com regulamentações do setor. Além disso, os CIOs colaboram com cientistas de dados e especialistas em IA para ajustar os algoritmos dos modelos LLM para casos de uso financeiro específicos, como otimização de portfólios de investimento ou avaliação de risco de crédito. É preciso ressaltar que os CIOs desempenham um papel fundamental na condução da mudança cultural necessária para adotar tecnologias impulsionadas pela IA, garantindo que os funcionários sejam treinados para aproveitar efetivamente as ferramentas baseadas em modelos LLM e que as interações com os clientes mantenham uma fusão perfeita de expertise humana e assistência baseada em IA.

A incorporação de modelos LLM representa um grande avanço para a indústria financeira. Desde a otimização da eficiência do atendimento ao cliente até o fornecimento de conselhos financeiros personalizados e a gestão de riscos, os modelos LLM estão prontos para transformar a maneira como as instituições financeiras operam e se relacionam com seus clientes. Com uma implementação adequada e liderança estratégica dos CIOs, os modelos LLM podem impulsionar a inovação, aprimorar as experiências dos clientes e impulsionar a indústria financeira para uma nova era de avanço tecnológico e foco no cliente.

5. GPT: Uma Ferramenta Essencial para Desenvolvedores com Evidências Substanciais

Como mostrado, o GPT (*Generative Pre-trained Transformer*) tem se mostrado uma ferramenta extremamente útil para desenvolvedores em várias vertentes da programação e engenharia de software. Sua aplicação abrange desde modelos de geração de texto até sistemas de tradução de linguagem e preenchimento automático de código. Comprovadamente, o GPT se torna um recurso inestimável quando se trata de revisar código e encontrar bugs para correção.

- **A Ferramenta que Simplifica a Correção de Bugs:** o GPT se estabelece como uma ferramenta de correção de bugs fundamental. Dependendo da linguagem de programação em uso, ele pode fornecer exemplos de estruturas de código. Esse recurso proporciona aos desenvolvedores e pesquisadores mais tempo para aprimorar recursos essenciais, ao invés de se perderem em horas tentando encontrar erros de sintaxe irritantes ou outros problemas decorrentes de erros manuais na codificação.

- **Análise de Códigos Existentes com Precisão:** a capacidade de processamento de linguagem natural do GPT permite analisar códigos-fonte existentes com mais precisão do que a maioria dos leitores humanos seria capaz. Isso facilita a detecção de problemas potenciais, uma vez que o sistema automaticamente identificará qualquer inconsistência entre diferentes partes da estrutura do programa - antes mesmo que você tenha a chance de analisá-las pessoalmente.
- **Geração Eficiente de Código-fonte:** um aspecto igualmente crucial é a habilidade do GPT de gerar novas partes de código-fonte com base em amostras já existentes. Isso significa que um programador pode rapidamente criar diferentes versões de seu programa até encontrar uma que funcione perfeitamente, sem precisar investir horas na criação manual de cada uma.

Alguns exemplos reais ilustram a eficácia do GPT como ferramenta essencial para desenvolvedores:

1. **OpenAI Codex:** o Codex, alimentado pelo GPT, oferece uma abordagem avançada para desenvolvimento de software. Ele consegue criar trechos de código coerentes e funcionais, simplificando o processo de escrita e economizando tempo.

2. **GitHub Automação:** muitos projetos no GitHub estão utilizando o GPT para automatizar tarefas, como a criação de documentação ou a sugestão de correções em problemas ("issues"), agilizando o desenvolvimento colaborativo.

3. **Tradução Automática de Código:** o GPT tem sido aplicado na tradução automática de código entre diferentes linguagens de programação, facilitando a migração de projetos ou a colaboração entre equipes com conhecimentos em linguagens distintas.

Pode-se notar, a partir de tais premissas, que o *Chief Information Officer* (CIO) desempenha um papel fundamental na adoção estratégica e bem-sucedida do GPT nas operações de desenvolvimento. É responsabilidade do CIO identificar as áreas em que o GPT pode trazer maior eficiência e produtividade. Além disso, deverá supervisionar a integração eficaz do GPT nos fluxos de trabalho existentes, garantindo que a tecnologia seja aplicada de maneira segura e ética.

Como visto, o GPT emerge como uma ferramenta essencial para desenvolvedores, proporcionando correção de bugs mais ágil, análise precisa de códigos-fonte e geração eficiente de novas partes de código. Seu potencial transformador é evidente nas iniciativas de automatização e otimização de tarefas de programação em diversas empresas. Como um aliado valioso para desenvolvedores, o GPT contribui para a eficácia, agilidade e qualidade do desenvolvimento de software, evidenciando sua posição inquestionável como ferramenta essencial para aqueles que buscam a excelência no mundo da programação.

6. Como os modelos LLM transformarão o suporte ao cliente

Os modelos de Linguagem de Grande Porte (LLM) representam uma revolução no suporte ao cliente, proporcionando um assistente virtual alimentado por inteligência artificial projetado para otimizar os serviços de atendimento. Os LLM podem fornecer respostas automatizadas para perguntas frequentes, acelerar os tempos de resposta e reduzir a carga de trabalho dos representantes de atendimento ao cliente. Além disso, eles são capazes de oferecer sugestões proativas e auxiliar os clientes a encontrar soluções de maneira mais eficaz e rápida. Essa tecnologia também permite que os clientes entrem rapidamente em contato com os agentes de suporte por meio de interações com *chatbots* que facilitam conversas naturais, eliminando a necessidade de esperar na linha ou gastar tempo ao telefone com os representantes de atendimento.

Os modelos LLM representam uma plataforma baseada em nuvem que oferece uma alternativa eficiente para profissionais de centrais de atendimento. Eles capacitam os agentes de atendimento ao cliente a resolverem rapidamente as consultas dos clientes em tempo real. Esses modelos de IA têm a capacidade de entender as perguntas dos clientes, identificar informações relevantes, sugerir soluções possíveis e responder com a resposta mais apropriada. Além disso, eles podem acessar várias fontes de dados para fornecer aos clientes respostas mais abrangentes às suas perguntas. Esse processo ajuda a reduzir a necessidade de intervenção humana custosa e acelerar os tempos de resolução.

Além disso, os modelos de LLM estão se mostrando extremamente versáteis e eficazes em várias tarefas de suporte ao cliente. A capacidade de compreender e gerar linguagem natural os torna ideais para aprimorar a experiência do cliente. Eles podem ser empregados em várias áreas:

1. **Automação de Respostas:** modelos de LLM podem automatizar respostas para perguntas frequentes, liberando o tempo dos representantes para lidar com consultas mais complexas e personalizadas.

2. **Suporte Multilíngue:** com a habilidade de compreender e traduzir várias línguas, os modelos de LLM são ideais para fornecer suporte multilíngue instantâneo.

3. **Personalização do Atendimento:** com base no histórico de interações e preferências do cliente, os modelos de LLM podem personalizar as respostas, proporcionando uma experiência mais relevante.

4. **Resolução de Problemas Complexos:** os modelos de LLM têm a capacidade de analisar detalhes complexos e fornecer soluções para problemas mais elaborados.

Apesar das vantagens notáveis, os modelos de LLM têm suas limitações. Alguns cenários e tarefas ainda requerem intervenção humana, devido à sua complexidade ou necessidade de interpretação subjetiva. Além disso, a qualidade das respostas depende da qualidade e abrangência dos dados com os quais o modelo foi treinado. É crucial lembrar que, embora os modelos de LLM possam melhorar significativamente o suporte ao cliente, eles não substituem totalmente a interação humana, especialmente em situações delicadas ou emocionalmente carregadas.

Nesse contexto, o *Chief Information Officer* (CIO) desempenha um papel crucial na implementação eficaz dos modelos de LLM nas operações de atendimento ao cliente. É responsabilidade do CIO avaliar as necessidades específicas da organização, identificar as áreas em que os modelos de LLM podem ser mais benéficos e supervisionar a integração dessa tecnologia nos processos existentes. O CIO também é encarregado de garantir que os modelos de LLM sejam implantados de maneira segura, ética e em conformidade com regulamentos e normas pertinentes.

Os modelos de Linguagem de Grande Porte (LLM) representam uma evolução significativa no suporte ao cliente, oferecendo respostas automatizadas, personalização, resolução de problemas e eficiência geral. Embora não possam substituir completamente a interação humana, são ferramentas essenciais para diversos profissionais, como aqueles alocados em centrais de atendimento, acelerando, nesse caso, a resolução de consultas e proporcionando uma experiência de cliente aprimorada. O papel do CIO é fundamental na adoção bem-sucedida dessa tecnologia, assegurando que ela seja aplicada de forma estratégica e alinhada aos objetivos organizacionais.

7. Revolucionando a comunicação empresarial com LLM AI: o caminho para o sucesso futuro

O mundo dos negócios está à beira de uma transformação revolucionária com o surgimento dos Modelos de Linguagem de Grande Escala (LLM). Modelos LLM estão prontos para remodelar a forma como as empresas interagem com seus clientes, impulsionando as empresas para uma nova era de eficiência, excelência no atendimento ao cliente e *insights* incomparáveis. Essa tecnologia anuncia uma era em que conversas naturais, eficientes e responsivas entre empresas e seus clientes não são mais apenas uma visão, mas uma realidade alcançável.

O LLM promete reduzir drasticamente os custos operacionais das empresas. A capacidade de automatizar interações, responder a perguntas e fornecer soluções sem a necessidade contínua de agentes humanos oferece uma redução substancial nos gastos operacionais. A indústria financeira e bancária, por exemplo, pode aproveitar o LLM para fornecer respostas imediatas a perguntas de clientes relacionadas a saldos de contas, históricos de transações e até mesmo conselhos de investimento. O setor de aviação pode agilizar processos de reserva e responder a perguntas frequentes com precisão, ao mesmo tempo que minimiza os custos com mão de obra.

Aprimorar o atendimento ao cliente é outro aspecto crucial da integração do LLM. Ao explorar as imensas capacidades de processamento de linguagem do LLM, as empresas podem criar uma experiência contínua e personalizada para o cliente. Por exemplo, gigantes do comércio eletrônico podem usar *chatbots* alimentados pelo LLM para ajudar os clientes a encontrar os produtos certos com base em suas preferências, compras anteriores e histórico de navegação. Isso não apenas aumenta a satisfação do cliente, mas também impulsiona as vendas e promove a fidelidade à marca.

Uma das vantagens mais convincentes do LLM está em sua capacidade de compreender e analisar vastas quantidades de dados textuais. Essa compreensão das interações, sentimentos e preferências dos clientes pode ser uma mina de ouro de informações para empresas que buscam tomar decisões informadas. Departamentos de marketing podem usar o LLM para analisar os feedbacks dos clientes em plataformas de mídia social, análises online e pesquisas para avaliar a percepção pública e ajustar suas estratégias de acordo com os cenários verificados. Essa abordagem orientada por dados capacita as organizações a aprimorar seus produtos, serviços e campanhas de marketing, resultando em um alcance mais eficaz e direcionado.

Assim como seu antecessor, o ChatGPT AI, o LLM não é uma ferramenta estática. É uma entidade dinâmica que aprende e evolui continuamente a cada interação. As capacidades de aprendizado de máquina do LLM permitem que ele se adapte e melhore ao longo do tempo, garantindo que as respostas e soluções que oferece se mantenham precisas, atualizadas e relevantes. Isso é particularmente crucial em setores acelerados, onde estar atualizado com os últimos desenvolvimentos pode significar a diferença entre o sucesso e a obsolescência.

Para ilustrar, podemos trazer alguns exemplos que mostram o potencial transformador do LLM em diversos setores:

1. **Diagnósticos de Saúde:** modelos LLM têm sido utilizados para auxiliar profissionais médicos no diagnóstico de doenças e interpretação de relatórios médicos. Organizações como a PathAI usam o LLM para

analisar imagens de patologia e detectar anomalias, levando a diagnósticos mais rápidos e precisos.

2. **Pesquisa Jurídica:** escritórios de advocacia estão empregando o LLM para vasculhar vastas bases de dados jurídicos e extrair informações relevantes para pesquisas de casos. Modelos LLM podem identificar rapidamente precedentes legais, economizando tempo e recursos valiosos para profissionais jurídicos.

3. **Criação de Conteúdo:** meios de comunicação estão utilizando o LLM para gerar artigos de notícias, relatórios e até mesmo conteúdo criativo. Por exemplo, o The Washington Post emprega o *Heliograf*, uma ferramenta alimentada por LLM para auxiliar na geração de notícias e atualizações.

Novamente, O CIO desempenha um papel fundamental na adoção bem-sucedida do LLM nas empresas. As responsabilidades do CIO incluem avaliar os requisitos exclusivos da organização, identificar áreas onde o LLM pode ter o maior impacto e supervisionar a integração harmoniosa dessa tecnologia aos sistemas existentes. Além disso, cabe ao CIO garantir a segurança dos dados, observando diligentemente a privacidade e as considerações éticas ao implementar soluções LLM.

A trajetória da comunicação empresarial está sendo remodelada pelo poder transformador do LLM, abrangendo desde operações simplificadas até experiências aprimoradas para o cliente e *insights* incomparáveis e tomada de decisões baseada em dados. Ou seja, o LLM está posicionado para se tornar uma ferramenta indispensável para empresas em diversos setores. Abraçar essa tecnologia sob a orientação estratégica do

CIO pode posicionar as organizações na vanguarda da inovação, conduzindo-as para um caminho de sucesso sustentável na era digital. À medida que o LLM continua a evoluir, é imperativo que as empresas explorem suas capacidades, aproveitem seu potencial e trilhem o caminho para um futuro em que as conversas não apenas sejam trocadas, mas sejam verdadeiramente compreendidas, aprimorando a dinâmica das interações entre empresas e clientes de maneiras profundas e significativas.

8. A Transformação Digital Impulsionada pelos Modelos de Linguagem de Grande Escala (LLM) e o Papel do CIO

A era digital trouxe consigo uma onda de inovações tecnológicas que têm o poder de remodelar fundamentalmente a forma como os negócios operam e como a sociedade se engaja. Nesse cenário, os Modelos de Linguagem de Grande Escala (LLM) emergem como uma ferramenta transformadora, oferecendo possibilidades impressionantes de automatização, personalização e melhoria da eficiência em diversas indústrias. *O Chief Information Officer* (CIO) tem uma posição estratégica crucial na orquestração dessa revolução digital.

O CIO performará a definição de uma visão estratégica que alinhe a adoção de LLM aos objetivos de negócios da organização. Ele, assim, deve compreender como esses modelos podem impulsionar a transformação digital, identificando oportunidades específicas em que a tecnologia LLM pode ser aplicada para criar valor. Um exemplo inspirador desse potencial pode ser visto no citado setor de saúde, no qual os modelos LLM estão sendo empregados para analisar vastos conjuntos de dados clínicos e pesquisas médicas, possibilitando diagnósticos mais precisos e desenvolvimento de tratamentos inovadores.

Ou seja, o CIO lidera a integração perfeita dos modelos LLM na infraestrutura tecnológica existente. Isso envolve assegurar que os modelos LLM trabalhem harmoniosamente com sistemas legados, garantindo a segurança dos dados e criando uma arquitetura que suporte análises de dados em tempo real. Por exemplo, no setor de varejo, os modelos LLM podem ser integrados aos sistemas de comércio eletrônico para fornecer recomendações de produtos altamente personalizadas com base no histórico de compras e preferências do cliente.

Os LLMs capacitam as empresas a automatizarem uma variedade de tarefas, desde o atendimento ao cliente até a análise de dados complexos. E, nesse panorama, o CIO supervisiona a criação de soluções inteligentes que aproveitam os modelos LLM para otimizar fluxos de trabalho internos e melhorar a eficiência operacional. Além disso, os LLM têm o poder de analisar grandes volumes de dados em tempo real, permitindo uma tomada de decisões mais informada e estratégica. No setor financeiro, por exemplo, os modelos LLM podem ser usados para prever tendências de mercado e identificar oportunidades de investimento.

Alguns exemplos notáveis dessa transformação já podem ser vistos no mercado:

1. **Setor Bancário no Brasil:** o Banco Bradesco implementou um assistente virtual alimentado por modelos

LLM para interagir com os clientes. O assistente fornece respostas imediatas a perguntas sobre produtos e serviços bancários, melhorando a experiência do cliente e otimizando os processos de atendimento.

2. **Indústria de Varejo Global:** grandes varejistas, como a Amazon, utilizam modelos LLM para personalizar recomendações de produtos com base nos históricos de compras e navegação dos clientes. Isso resulta em experiências de compra mais atraentes e aumenta as taxas de conversão.

3. **Atendimento ao Cliente na Telecomunicação:** empresas de telecomunicações empregam modelos LLM para automatizar a interação com os clientes em canais de atendimento, como chat e redes sociais. Isso reduz o tempo de espera do cliente e libera agentes para tratar de questões mais complexas.

Desafios e Oportunidades: apesar do enorme potencial dos modelos LLM, também existem desafios a serem enfrentados, como a necessidade de mitigar vieses e garantir a segurança dos dados. Novamente, o CIO desempenha um papel vital na supervisão da implementação ética e eficaz dessas tecnologias, assegurando que elas sejam utilizadas de maneira responsável para alcançar resultados significativos.

Em uma era caracterizada por mudanças rápidas e constantes, os Modelos de Linguagem de Grande Escala emergem como a força motriz da transformação digital. O CIO, como líder tecnológico, desempenha um papel central na condução dessa mudança, moldando estratégias, integrando tecnologias, impulsionando a inovação e garantindo a excelência operacional. Ao aproveitar o potencial dos LLM, as organizações podem alcançar uma vantagem competitiva sustentável, proporcionar experiências excepcionais aos clientes e moldar um futuro digital mais promissor.

9. Os desafios da IA no âmbito das políticas governamentais

A inteligência artificial (IA) está transformando as economias e prometendo novas oportunidades para produtividade, crescimento e resiliência. A adoção da transformação habilitada por IA depende da disponibilidade de infraestrutura e software para treinar e usar modelos de IA em escala. Garantir que os países tenham capacidade de computação de IA suficiente para atender às suas necessidades é fundamental para capturar o potencial econômico total da IA.

Muitos países desenvolveram estratégias nacionais de IA sem avaliar completamente se têm infraestrutura e software de computação de IA doméstica suficiente para atingir seus objetivos. Outros impulsionadores da IA, como dados, algoritmos e habilidades, recebem atenção significativa nos círculos de políticas, mas o hardware, software e infraestrutura relacionada, que tornam os avanços da IA possíveis, receberam comparativamente menos atenção. Hoje, medidas padronizadas de capacidade de computação de IA nacional permanecem uma lacuna na política. Tais medidas dariam aos países e parceiros uma compreensão melhor da computação de IA e sua relação com a difusão da IA, além de melhorar a implementação de estratégias de IA e informar futuras políticas e investimentos.

A demanda por computação de IA cresceu dramaticamente para sistemas de aprendizado de máquina, especialmente *deep learning* e redes neurais. Pesquisas indicam que as capacidades computacionais necessárias para treinar sistemas de aprendizado de máquina modernos, medidas em número de operações matemáticas (ou seja, operações de ponto flutuante por segundo, ou FLOPS), multiplicaram-se por centenas de milhares de vezes desde 2012, apesar de melhorias nos algoritmos e nos softwares que reduzem as necessidades de energia de computação. As crescentes necessidades de computação dos sistemas de IA criam mais demanda por software de IA especializado, hardware e infraestrutura relacionada, junto com a força de trabalho qualificada necessária para utilizá-los de forma eficiente e eficaz.

Um desequilíbrio de tais recursos de computação corre o risco de reforçar as divisões socioeconômicas, criando novas diferenças na vantagem competitiva e nos ganhos de produtividade entre os países. Na última década, as iniciativas lideradas pelo setor privado dentro dos países têm cada vez mais se beneficiado de recursos de computação de IA de última geração, principalmente de provedores de serviços de nuvem comercial, em comparação com institutos de pesquisa pública e acadêmica.

Nesse contexto, os formuladores de políticas podem avaliar as necessidades de tecnologia e desenvolver planos nacionais de computação de IA considerando a capacidade de computação (disponibilidade e uso), a efetividade (pessoas, políticas, inovação, acesso) e a resiliência (segurança, soberania, sustentabilidade). As lacunas de descobertas e medição são identificadas para informar o futuro trabalho no desenvolvimento de métricas específicas de IA para quantificar e comparar a capacidade de computação de IA entre países. Eles incluem:

- As iniciativas de política nacional de IA precisam levar em conta a capacidade de computação de IA;
- Os padrões de coleta e medição de dados nacionais e regionais precisam ser expandidos;
- Os formuladores de políticas precisam de *insights* sobre as demandas de computação dos sistemas de IA;
- As medições específicas de IA devem ser diferenciadas das medições de computação de uso geral;
- Os trabalhadores precisam ter acesso a treinamento e habilidades relacionados à computação de IA para o uso eficaz da computação de IA; e
- As cadeias de suprimentos e insumos de computação de IA precisam ser mapeadas e analisadas.

Tomar decisões informadas e baseadas em evidências para planejar a capacidade de computação nacional para as necessidades em constante mudança dos sistemas de IA pode ser um desafio. Uma variedade de indicadores e proxies será necessária para medir a capacidade de computação de IA nacional e a preparação para atender às metas de IA. Esta seção identifica lacunas nas ferramentas de medição existentes e discute as descobertas preliminares.

Atualmente, as iniciativas de política de IA nacional não incluem medidas detalhadas da capacidade de computação de IA e necessidades nacionais correspondentes, concentrando-se em vez disso na computação de uso geral. Como tal, medir e planejar a computação de IA necessária para realizar os planos nacionais de IA é um desafio e depende de metas estratégicas de alto nível articuladas nas estratégias nacionais de IA. Traduzir as ambições de IA contidas nesses planos em considerações mais concretas - como revisar a capacidade de computação nacional atual e as necessidades de computação de IA de atores do setor público e privado - permitiria um planejamento de investimentos em computação de IA mais eficiente e direcionado. Também deve ser dada atenção ao fato de a computação de IA nacional ser de propriedade nacional ou alugada de provedores estrangeiros, como por meio de serviços de nuvem. Com base nas necessidades nacionais e nas prioridades de segurança, a atenção à capacidade de computação de propriedade nacional pode ser justificada.

É preciso capacitar a força de trabalho com habilidades e treinamento relacionados à computação de IA: O hardware de computação de IA por si só não é suficiente para permitir o desenvolvimento e a implantação. Os usuários, como pesquisadores e desenvolvedores, precisam poder acessar adequadamente a computação de IA e os serviços de suporte relacionados

Indubitavelmente, a inteligência artificial (IA) é uma tecnologia de uso geral que impacta quase todos os aspectos da economia global, o que leva os governos a formularem e publicar estratégias nacionais de IA, cuja implementação bem-sucedida pode se tornar um dos fatores que definem a capacidade de um país de gerar inovação, ganhos de produtividade e crescimento de longo prazo. Por isso que, como citado, tem-se observado um crescente movimento pelo qual os governos estão alocando verbas e investindo em fundos públicos para apoiar a implementação de tais estratégias e programas de IA.

No entanto, muitos países desenvolveram planos de IA sem uma avaliação completa de sua capacidade de computação de IA doméstica suficiente para atingir esses objetivos. As preocupações estão crescendo sobre o reforço das divisões entre aqueles que têm os recursos para criar e usar modelos de IA complexos para gerar vantagem competitiva e ganhos de produtividade, e aqueles que não os têm. Sem dados sobre a capacidade de computação nacional e as necessidades dos ecossistemas de IA, os decisores políticos podem não ser capazes de implementar e aproveitar eficazmente os investimentos e planos nacionais estratégicos de IA para o crescimento econômico e a competitividade.

A compreensão da computação de IA e sua relação com a realidade de cada nação pode melhorar a implementação de estratégias nacionais de IA e orientar as políticas e investimentos futuros. Os países devem considerar sistematicamente avaliar a capacidade de computação nacional existente e rever as necessidades atuais e emergentes de seu ecossistema de IA. Planos nacionais de computação de IA baseados em definições, padrões e coleta de dados comuns podem equipar governos e formuladores de políticas a tomar decisões informadas em uma economia digital global em rápida mudança e fechar as divisões de computação em todo o mundo.

9 CASOS DE SUCESSO NA TRANSFORMAÇÃO DIGITAL

Sucesso

Ao final deste capítulo, você será capaz de:

- **Analisar o estudo de caso da Construtora MRV e compreender as estratégias bem-sucedidas adotadas em sua transformação digital.**
- **Examinar a jornada de transformação digital do Nubank, explorando como a digitalização e a inovação levaram à competitividade no setor financeiro.**
- **Compreender a revolução do Pix e seu impacto na transformação de pagamentos e finanças, examinando como a tecnologia impulsionou essa transformação.**
- **Investigar a transformação digital do governo brasileiro por meio da plataforma gov.br, analisando como ela revolucionou a prestação de serviços públicos e a interação com os cidadãos.**

Capítulo 9: Casos de Sucesso na Transformação Digital

A transformação digital tem sido uma força motriz para a evolução e inovação em organizações de todo o mundo. Empresas que adotaram estratégias de transformação digital eficazes têm testemunhado melhorias significativas em sua eficiência operacional, experiência do cliente e vantagem competitiva.

Este capítulo, tem o objetivo de oferecer uma análise detalhada sobre como algumas organizações e iniciativas de grande destaque no Brasil conseguiram implementar com êxito estratégias de transformação digital. O primeiro tópico discute a jornada da construtora MRV, explorando como a empresa adaptou suas operações e estratégias no contexto digital. Em seguida, o capítulo mergulha no sucesso fenomenal do Nubank, focando em sua diversificação, digitalização e como enfrentou a concorrência no setor financeiro. O Pix, o inovador sistema de pagamentos instantâneos brasileiro, é analisado em sua capacidade de revolucionar o mundo dos pagamentos e finanças no país.

Por fim, o capítulo aborda a transformação digital do governo brasileiro com a introdução da plataforma gov.br, ilustrando a evolução e o impacto deste projeto na melhoria da prestação de serviços públicos. Ao longo deste capítulo, os leitores poderão entender os principais fatores e estratégias que levaram estas iniciativas a se tornarem referências em transformação digital no Brasil.

1. Estudo de Caso: Transformação Digital da Construtora MRV

A Transformação Digital tornou-se uma necessidade para empresas de todos os setores que buscam permanecer competitivas em um ambiente de negócios em constante evolução. A Construtora MRV, uma das maiores incorporadoras do Brasil, é um exemplo notável de como uma empresa tradicional pode abraçar a digitalização e diversificação para enfrentar os desafios da concorrência e atender às demandas crescentes dos clientes.

A MRV, conhecida por sua atuação no mercado imobiliário de média e baixa renda, decidiu adotar uma abordagem de diversificação e digitalização para impulsionar seu crescimento e se destacar no cenário competitivo. Uma das estratégias fundamentais da empresa foi expandir sua atuação para o setor financeiro, aproveitando o surgimento das *fintechs*[24] e a crescente popularidade dos bancos digitais.

A Construtora MRV percebeu que, ao oferecer serviços financeiros integrados, poderia atender de maneira mais abrangente às necessidades de seus clientes. Em 2019, lançou a MRV&CO, uma plataforma habitacional que reúne diferentes empresas do grupo, incluindo a AHS Urbanismo (loteamentos), Urba Desenvolvimento (empreendimentos de alto

---

[24] Fintechs são empresas que introduzem inovações nos mercados financeiros por meio do uso intenso de tecnologia, com potencial para criar novos modelos de negócios. Atuam por meio de plataformas online e oferecem serviços digitais inovadores relacionados ao setor.

padrão), Sensia (soluções de energia solar) e o Banco Inter, parceiro na oferta de serviços bancários digitais.

A estratégia da MRV envolveu a criação de um ecossistema onde os clientes podem não apenas adquirir um imóvel, mas também acessar serviços financeiros convenientes, como financiamento imobiliário, consórcios, empréstimos, seguros e investimentos. Essa abordagem visa aprofundar o relacionamento com os clientes e aumentar a fidelização, tornando a MRV uma solução completa para suas necessidades imobiliárias e financeiras.

A entrada da MRV no setor financeiro a coloca diretamente em competição com as *fintechs*, bancos digitais e, mais recentemente, o movimento de *open banking*. No entanto, a MRV não viu essas tendências como uma ameaça, mas sim como uma oportunidade para inovar e oferecer soluções únicas aos seus clientes.

A parceria estratégica com o Banco Inter foi um passo crucial para a MRV entrar no cenário dos bancos digitais. O Banco Inter é um dos pioneiros no modelo de *open banking* no Brasil, o que permitiu à MRV integrar seus serviços financeiros ao ecossistema do Banco Inter. Isso inclui a oferta de crédito imobiliário com taxas competitivas, além de outros produtos e serviços financeiros que podem ser acessados diretamente pelos clientes da MRV por meio da plataforma MRV&CO.

Os números e resultados demonstram a eficácia da abordagem de transformação digital da MRV:

- Crescimento Financeiro: a MRV&CO teve um rápido crescimento desde seu lançamento, registrando um aumento significativo na receita e nos lucros. O banco

Inter, como parte da estratégia, também experimentou um aumento acentuado no número de clientes e na base de ativos.

- Fidelização do Cliente: a oferta de serviços financeiros integrados resultou em uma maior fidelização dos clientes da MRV. Os clientes têm mais motivos para permanecerem no ecossistema da empresa, aproveitando tanto os serviços imobiliários quanto os financeiros.
- Expansão de Mercado: a entrada no setor financeiro permitiu à MRV expandir sua atuação para além da construção e venda de imóveis. Isso aumentou sua presença no mercado e a diversificação de suas fontes de receita.
- Inovação e Competitividade: ao abraçar a digitalização e a diversificação, a MRV posicionou-se como uma empresa inovadora e competitiva, capaz de enfrentar a concorrência tanto no setor imobiliário quanto no setor financeiro.

A transformação digital da MRV foi possibilitada por uma combinação de tecnologias avançadas e estratégias inovadoras, com o papel central do *Chief Information Officer* (CIO) desempenhando um papel vital na condução dessa mudança:

1. **Inteligência Artificial (IA) e Análise de Dados:** a MRV adotou a IA e análise de dados para entender as preferências dos clientes, identificar padrões de comportamento e personalizar suas ofertas. Isso permitiu uma abordagem mais precisa e direcionada,

melhorando a experiência do cliente e aumentando a fidelização.

2. ***Chatbots* e Processamento de Linguagem Natural (NLP):** a implantação de *chatbots* alimentados por tecnologia de NLP permitiu à MRV oferecer suporte instantâneo e personalizado aos clientes. Essa abordagem reduziu o tempo de espera e melhorou significativamente a satisfação do consumidor.

3. **Plataforma Online Integrada:** a criação de uma plataforma digital integrada, onde os clientes podem acessar serviços imobiliários e financeiros, simplificou a jornada e proporcionou uma experiência de usuário mais fluida e conveniente.

4. **Parceria com o Banco Inter:** a colaboração estratégica com o Banco Inter permitiu à MRV alavancar a expertise do banco em serviços financeiros digitais e *open banking*. Isso resultou em uma oferta abrangente de produtos e serviços bancários dentro do ecossistema MRV&CO.

Como dito, a entrada da MRV no setor financeiro a colocou em concorrência direta com as *fintechs*, bancos digitais e o movimento de *open banking*. E, pelo quanto exposto acima, pode-se concluir que a estratégia de diversificação e digitalização da MRV mostrou-se eficaz no enfrentamento dessa concorrência e na criação de valor para seus clientes.

Em todo esse cenário, fatalmente o *Chief Information Officer* (CIO) desempenhou um papel crucial na condução da transformação digital da MRV. Suas responsabilidades incluíram:

1. **Liderança Tecnológica:** o CIO liderou a estratégia tecnológica da empresa, identificando as tecnologias-chave necessárias para a transformação digital e garantindo sua implementação eficaz.
2. **Inovação e Parcerias:** o CIO buscou parcerias estratégicas com empresas líderes no setor de tecnologia financeira, como o Banco Inter, para impulsionar a diversificação dos serviços.
3. **Gestão de Dados:** o CIO supervisionou a coleta e análise de dados para entender as preferências dos clientes e melhorar a personalização das ofertas.
4. **Integração de Plataformas:** o CIO foi responsável por integrar as diferentes plataformas dentro do ecossistema MRV&CO, garantindo uma experiência coesa e integrada para os clientes.

O caso da Construtora MRV ilustra de forma vívida como a transformação digital, impulsionada por tecnologias inovadoras e liderança estratégica, pode capacitar uma empresa tradicional a enfrentar os desafios da concorrência e atender às demandas dos clientes em um ambiente em constante evolução. A diversificação nos serviços financeiros e a criação do ecossistema MRV&CO demonstram a capacidade de adaptação da empresa às tendências emergentes, como *fintechs* e *open banking*, e como essa adaptação pode resultar em crescimento financeiro, fidelização do cliente e inovação.

2. Transformação Digital do Nubank - Diversificação, Digitalização e Enfrentando a Concorrência

A história do Nubank é uma das mais fascinantes no cenário das *fintechs* e sua jornada de transformação digital é um exemplo inspirador de como a inovação tecnológica pode revolucionar o setor financeiro. A empresa não apenas redefiniu a experiência do cliente, mas também enfrentou com sucesso a concorrência das *fintechs*, bancos digitais e o advento do *open banking*. Fundada em 2013, a empresa começou como um desafio ao sistema financeiro tradicional no Brasil, com a missão de oferecer serviços bancários mais transparentes, acessíveis e eficientes para os consumidores. O Nubank começou sua jornada como um emissor de cartões de crédito sem taxas anuais e com um aplicativo móvel amigável. Sua abordagem simplificada e orientada ao cliente desafiou os modelos tradicionais dos bancos.

Desde o seu início, o Nubank se destacou por sua proposta de valor única: um cartão de crédito sem anuidade, tarifas abusivas ou burocracia. Essa oferta atraiu uma base inicial de clientes ansiosos por uma alternativa mais transparente e amigável aos bancos tradicionais. Assim, a abordagem inovadora rapidamente chamou a atenção do público, gerando interesse e curiosidade em relação à empresa.

Uma das estratégias inteligentes que o Nubank adotou no início foi a criação de uma lista de espera por convite. Isso não apenas gerou um senso de exclusividade e escassez em torno do produto, mas também permitiu que a empresa controlasse cuidadosamente seu crescimento, garantindo que pudesse oferecer um excelente serviço aos primeiros clientes antes de expandir rapidamente.

A lista de espera por convite não apenas aumentou o desejo das pessoas de se tornarem clientes do Nubank, mas também incentivou o boca a boca. Aqueles que já faziam parte da comunidade do Nubank estavam ansiosos para compartilhar suas experiências positivas com amigos e familiares, criando um efeito viral que contribuiu para o crescimento orgânico da base de clientes.

No entanto, a transformação digital do Nubank não se limitou a apenas cartões de crédito. A empresa rapidamente expandiu seus serviços para criar uma plataforma abrangente que atende às diversas necessidades financeiras dos clientes.

A introdução da NuConta, uma conta digital com rendimento superior à poupança, marcou um passo importante na diversificação. Isso permitiu ao Nubank atrair uma base de clientes mais ampla e estabelecer relacionamentos mais profundos com eles. Além disso, o Nubank lançou o Nubank Rewards, um programa de recompensas baseado em pontos, que ofereceu aos clientes uma experiência mais personalizada e gratificante.

A tecnologia desempenhou um papel fundamental na digitalização dos serviços do Nubank. Seu aplicativo móvel intuitivo, aliado a análises de dados avançadas, permitiu que a empresa compreendesse as preferências dos clientes e oferecesse recomendações personalizadas. A inteligência artificial também foi incorporada, com *chatbots* capazes de fornecer suporte instantâneo e resolver consultas dos clientes de maneira eficiente.

Ou seja, é inegável que o surgimento de *fintechs* e bancos digitais trouxe uma concorrência significativa ao setor financeiro. Além disso, o *open banking*, que permite o compartilhamento seguro de dados entre instituições financeiras, introduziu um novo paradigma de colaboração e concorrência. Para enfrentar esses desafios, o Nubank aproveitou sua agilidade e capacidade de inovação. A empresa percebeu a importância de manter uma abordagem centrada no cliente e continuou aprimorando sua plataforma para atender às demandas em constante evolução dos consumidores.

Nesse cenário, o Nubank adotou uma série de tecnologias inovadoras que desempenharam um papel crucial em sua transformação digital:

1. **Análise de Dados Avançada:** o Nubank coleta e analisa dados das interações dos clientes para entender seus comportamentos e preferências. Isso permite a personalização de ofertas e serviços, aumentando o envolvimento do cliente.

2. **Inteligência Artificial e *Chatbots*:** a IA é usada para criar *chatbots* inteligentes que oferecem suporte ao cliente instantâneo e personalizado, reduzindo a carga de trabalho dos atendentes humanos.

3. **Aplicativo Móvel Intuitivo:** o aplicativo do Nubank é uma interface amigável que permite aos clientes gerenciar suas finanças com facilidade e realizar transações de maneira conveniente.

4. **Segurança Cibernética Avançada:** dada a natureza sensível das informações financeiras, o Nubank prioriza medidas rigorosas de segurança cibernética para proteger os dados dos clientes.

5. **Inovação Contínua:** o papel do *Chief Information Officer* (CIO) no Nubank é essencial. O CIO lidera a estratégia tecnológica, identifica oportunidades de inovação e garante que a empresa permaneça na vanguarda da tecnologia financeira.

Conforme o Nubank se consolidava como líder no setor de fintechs no Brasil, enfrentou a crescente concorrência de outras startups financeiras, bancos digitais e as mudanças trazidas pelo *open banking*. Essa concorrência incentivou o Nubank a continuar inovando e aprimorando sua oferta de produtos e serviços.

O *open banking*, por exemplo, permitiu que o Nubank expandisse ainda mais sua gama de serviços, possibilitando que os clientes conectassem suas contas Nubank a outras instituições financeiras e a aplicativos, agregando todos os seus dados financeiros em um só lugar.

Nesse contexto, por certo, *o Chief Information Officer* (CIO) desempenhava um papel fundamental na jornada de transformação digital do Nubank. O CIO seria responsável por liderar a estratégia tecnológica da empresa, identificando oportunidades de inovação, adotando novas tecnologias e garantindo que a infraestrutura de TI suporte as operações em constante expansão.

O CIO também devia garantir a segurança cibernética dos sistemas do Nubank, protegendo as informações sensíveis dos clientes e a integridade das transações financeiras. Além disso, o CIO foi um indutor na criação de uma cultura de inovação dentro da empresa, incentivando a experimentação e o desenvolvimento de soluções tecnológicas que agregam valor aos clientes.

O sucesso da transformação digital do Nubank é evidenciado por resultados concretos:

1. **Crescimento Exponencial:** o Nubank experimentou um crescimento surpreendente desde sua fundação, ultrapassando a marca de 85 milhões de clientes em 2023.
2. **Valoração Significativa:** o Nubank é avaliado em mais de US$ 31 bilhões (2023), demonstrando seu impacto no mercado financeiro e tecnológico.
3. **Alta Satisfação do Cliente:** o Nubank é consistentemente elogiado por sua abordagem centrada no cliente, alta qualidade de atendimento e experiência do usuário excepcional.
4. **Influência Global:** o Nubank se tornou um líder reconhecido globalmente no setor de *fintechs*, servindo como inspiração para outras empresas inovadoras.

A transformação digital do Nubank é um testemunho do poder da inovação tecnológica no setor financeiro. Ao diversificar seus serviços, digitalizar operações e adotar tecnologias avançadas, a empresa não apenas conquistou um lugar de destaque em um mercado competitivo, mas também inspirou uma nova geração de empresas a repensar a maneira como oferecem serviços financeiros. Atualmente, o Nubank está entre as maiores instituições financeiras do Brasil e do Mundo, com mais de 85 milhões de clientes.

3. A Revolução Digital do Pix: Transformando Pagamentos e Finanças

O Brasil sempre foi uma referência em tecnologia no setor financeiro e bancário, e o lançamento do Pix pelo Banco Central do Brasil solidificou ainda mais essa posição de vanguarda. A transformação digital do sistema de pagamentos com o Pix é uma prova concreta de como o país está na vanguarda das inovações financeiras e tecnológicas e de como está utilizando essa expertise para revolucionar a maneira como as transações financeiras são realizadas. O sistema financeiro e bancário do Brasil é conhecido por sua sofisticação e complexidade e, ao longo das décadas, o país desenvolveu uma infraestrutura financeira robusta que incorpora as mais recentes tecnologias e práticas do setor. Desde a implementação pioneira de caixas eletrônicos e serviços de internet banking, o Brasil tem demonstrado uma capacidade notável de adotar e integrar inovações tecnológicas para melhorar a experiência dos clientes e a eficiência das operações bancárias.

Além disso, o Brasil é conhecido por sua base sólida de instituições financeiras, incluindo bancos tradicionais e uma crescente presença de *fintechs*. Essa diversidade no setor financeiro contribuiu para um ambiente competitivo que estimula a inovação e a busca por soluções tecnológicas avançadas. O Pix, lançado pelo Banco Central do Brasil em novembro de 2020, é um marco revolucionário na transformação digital do sistema financeiro e de pagamentos no país. Essa inovação tecnológica tem o potencial de redesenhar completamente a maneira como as transações financeiras são realizadas, proporcionando maior eficiência, agilidade e conveniência para consumidores, empresas e instituições financeiras.

A concepção do Pix remonta ao início da década de 2010, quando o Banco Central do Brasil reconheceu a necessidade de desenvolver um sistema de pagamentos mais ágil e flexível. O contexto era marcado por avanços tecnológicos, como a expansão dos dispositivos móveis e o aumento do uso da internet, que mudaram a maneira como as pessoas interagiam e realizavam transações financeiras.

Nesse cenário, o Banco Central buscou uma abordagem inovadora para atender às necessidades emergentes dos cidadãos e das empresas. A ideia era criar um sistema de pagamentos que permitisse transferências instantâneas, sem restrições de horário ou dia da semana, e que fosse acessível a todos os brasileiros, independentemente de possuírem conta bancária ou não.

O Pix se destacou desde o seu lançamento devido a uma série de benefícios atraentes para os usuários. Ao permitir transferências e pagamentos instantâneos, 24 horas por dia, 7 dias por semana, incluindo fins de semana e feriados, o Pix elimina a necessidade de aguardar dias úteis para que transações sejam concluídas, como é comum em outros métodos de pagamento. Essa agilidade é particularmente valiosa em situações emergenciais e para empresas que necessitam de fluxo de caixa constante. Assim, por meio do Pix, o Brasil se destacou globalmente ao introduzir um sistema de pagamento instantâneo que simplifica e agiliza as transações financeiras. A iniciativa visou a atender à crescente demanda por pagamentos mais eficientes, rápidos e convenientes. Isso é especialmente relevante em um país de dimensões continentais como o Brasil, no qual a agilidade nas transações pode impactar diretamente a economia e a vida cotidiana das pessoas.

O Pix é impulsionado por uma série de tecnologias de ponta que garantem sua eficiência, segurança e praticidade. Uma das principais tecnologias por trás do Pix é a plataforma de liquidação instantânea, que permite a transferência de fundos em questão de segundos, independentemente do dia ou horário. Essa infraestrutura tecnológica de alto desempenho foi desenvolvida para processar um volume significativo de transações em tempo real, mantendo a integridade e a segurança das operações. Certamente, a tecnologia desempenhou um papel central na concepção e implementação do sistema, que foi projetado para ser seguro, eficiente e escalável, capaz de lidar com um volume significativo de transações em tempo real. Para isso, foram necessárias soluções tecnológicas avançadas em várias áreas-chave:

1. **Infraestrutura de Pagamento Instantâneo:** o desenvolvimento de uma plataforma de liquidação instantânea foi essencial para permitir a transferência instantânea de fundos. A tecnologia por trás dessa infraestrutura permitiu que as transações fossem processadas em questão de segundos, independentemente do horário ou do dia da semana.
2. **Chaves Pix e QR Codes:** a introdução das chaves Pix e dos códigos QR simplificou o processo de identificação e autorização de transações. Essas tecnologias permitiram que os usuários vinculassem suas informações de pagamento a uma chave única, como CPF, e-mail ou número de telefone, eliminando a necessidade de compartilhar dados sensíveis em cada transação.

3. **Plataformas de Integração:** a implementação do Pix exigiu a integração entre diferentes instituições financeiras e sistemas. A tecnologia desempenhou um papel fundamental na criação de plataformas de integração que permitiam que os bancos e outras instituições se conectassem ao sistema de pagamento instantâneo de forma segura e eficiente.

A praticidade do Pix também está associada à sua simplicidade e ampla disponibilidade. Com um QR Code ou chave Pix, os usuários podem efetuar transações de forma rápida e fácil, eliminando a necessidade de fornecer informações complexas, como números de contas e agências. Isso simplifica significativamente o processo de pagamento e aumenta a segurança, uma vez que menos informações sensíveis são compartilhadas.

O sucesso do Pix não passou despercebido internacionalmente. O modelo inovador de pagamento instantâneo do Brasil atraiu a atenção de outros países e instituições financeiras ao redor do mundo. Sua implementação bem-sucedida e a rápida adoção pelo público demonstraram o potencial desse sistema para otimizar as transações financeiras em escala global. O interesse internacional pelo Pix está relacionado à sua capacidade de modernizar e democratizar o acesso aos serviços financeiros. Países que buscam melhorar a inclusão financeira e reduzir a dependência de sistemas de pagamento tradicionais veem no Pix um exemplo de como a tecnologia pode ser usada para alcançar esses objetivos.

O Pix também trouxe impactos significativos para a economia e para os negócios no Brasil. A agilidade das transações impulsiona a circulação de dinheiro na economia, promovendo um aumento no consumo e nas vendas, especialmente em setores como o varejo e o comércio eletrônico. Além disso, empresas podem se beneficiar das vantagens operacionais do Pix, como a automação de pagamentos recorrentes e a simplificação das operações de caixa.

A redução dos custos associados a transações e pagamentos também é um aspecto importante do Pix. A eliminação de taxas frequentemente associadas a transferências bancárias tradicionais pode resultar em economias significativas para consumidores e empresas, aumentando a eficiência financeira e permitindo o redirecionamento de recursos para outras áreas.

Embora o Pix tenha trazido uma série de benefícios e oportunidades, ele também enfrenta desafios que precisam ser abordados para garantir seu contínuo sucesso. A cibersegurança é um aspecto crítico, uma vez que a digitalização das transações financeiras também aumenta o risco de ataques cibernéticos e fraudes. Portanto, investimentos em tecnologias de segurança robustas são essenciais para garantir a proteção dos usuários e a integridade das transações.

Desde seu lançamento, o Pix tem apresentado resultados impressionantes e oportunidades significativas. De acordo com dados do Banco Central do Brasil, até junho de 2021, o Pix já havia registrado mais de 5,3 bilhões de transações, totalizando um valor superior a R$ 3,6 trilhões. Esses números destacam a rápida adoção e aceitação do Pix entre os usuários brasileiros.

O Pix, assim, representa uma transformação digital revolucionária no sistema financeiro do Brasil, oferecendo uma experiência de pagamento instantâneo, segura e conveniente para usuários de todos os perfis. Seu sucesso tem atraído interesse internacional e demonstrado o poder da tecnologia na modernização dos serviços financeiros.

Com a liderança estratégica do CIO e a adoção contínua de inovações tecnológicas, o Pix está bem posicionado para enfrentar os desafios e aproveitar as oportunidades que surgem em um cenário financeiro em constante evolução. A digitalização do setor financeiro, exemplificada pelo Pix, tem o potencial de moldar o futuro das transações financeiras e pavimentar o caminho para uma economia mais ágil, inclusiva e eficiente.

4. A Transformação Digital do Governo Brasileiro com a Plataforma gov.br: Uma Revolução na Prestação de Serviços Públicos

A plataforma gov.br é um marco na transformação digital do governo brasileiro, revolucionando a maneira como os serviços públicos são oferecidos aos cidadãos. O gov.br é uma plataforma de governo digital que reúne serviços públicos federais, estaduais e municipais em um único lugar. O objetivo do gov.br é simplificar a vida do cidadão, tornando mais fácil encontrar e acessar os serviços públicos que precisa. A plataforma foi criada em 2018 e, desde então, vem sendo constantemente atualizada com novos serviços e funcionalidades. Em 2022, o gov.br já conta com mais de 1.800 serviços disponíveis, e mais de 100 milhões de pessoas já acessaram a plataforma. Ela representa uma mudança significativa em relação ao cenário anterior, que muitas vezes era caracterizado por processos burocráticos, longas filas e papelada. Assim, a adoção da plataforma gov.br trouxe uma série de benefícios, desafios e inovações tecnológicas que impactaram profundamente a interação entre o governo e a população.

Antes da implementação da plataforma gov.br, a prestação de serviços públicos no Brasil frequentemente envolvia uma série de obstáculos. Cidadãos enfrentavam longas filas, documentos físicos e uma burocracia complexa ao acessar serviços essenciais, como emissão de documentos, pagamento de impostos e acesso a benefícios sociais. A falta de integração entre os diversos órgãos governamentais muitas vezes resultava em redundâncias, atrasos e ineficiências. Além disso, a ausência de uma abordagem digital dificultava o acesso a serviços públicos por parte das populações mais vulneráveis, que muitas vezes enfrentavam barreiras geográficas ou econômicas para se deslocarem até os locais de atendimento.

Nesse cenário, a plataforma gov.br foi concebida como uma solução abrangente para os desafios enfrentados no cenário anterior. Ela representa uma abordagem integrada, centrada no cidadão e baseada em tecnologia para a prestação de serviços públicos. A transformação digital promovida pela gov.br se baseia em vários pilares-chave:

1. **Integração de Serviços:** a plataforma gov.br unificou a oferta de serviços públicos, permitindo que os cidadãos acessem uma ampla variedade de serviços por meio de uma única conta digital. Isso eliminou a necessidade de múltiplos cadastros e agilizou o acesso a

serviços diversos, desde a emissão de documentos até a obtenção de informações sobre programas sociais.

2. **Digitalização de Processos:** a plataforma promoveu a digitalização de processos governamentais, reduzindo a necessidade de documentos físicos e simplificando procedimentos. Os cidadãos podem realizar diversas atividades online, como agendar atendimentos, enviar documentação e acompanhar o status de solicitações.
3. **Acesso Universal:** a plataforma gov.br se esforça para garantir que todos os cidadãos tenham acesso aos serviços, incluindo populações mais vulneráveis. A possibilidade de acessar serviços pela internet supera barreiras geográficas e econômicas, permitindo que pessoas de todas as regiões do país usufruam dos benefícios da transformação digital.
4. **Dados e Analytics:** a plataforma utiliza tecnologias de dados e *analytics* para melhor compreender as necessidades dos cidadãos e a eficácia dos serviços prestados. Isso permite uma abordagem mais orientada por dados, resultando em melhorias contínuas e personalização dos serviços.

A transformação digital promovida pela plataforma gov.br é respaldada por números e estatísticas impressionantes, que demonstram o impacto positivo nas vidas dos cidadãos e a eficiência dos serviços públicos. Alguns exemplos incluem:

1. **Milhões de Usuários Registrados:** a plataforma gov.br já registrou milhões de usuários cadastrados,

demonstrando a adesão e a demanda por serviços digitais por parte dos cidadãos.

2. **Redução de Tempo:** processos que antes demoravam semanas para serem concluídos, como a solicitação de benefícios sociais, agora podem ser finalizados em questão de minutos por meio da plataforma gov.br.

3. **Economia de Recursos:** a digitalização de processos resultou em economia de recursos para o governo, reduzindo gastos com papel, impressão e infraestrutura física de atendimento.

4. **Acesso Descentralizado:** cidadãos de áreas remotas e de difícil acesso agora podem acessar serviços governamentais sem a necessidade de deslocamento, o que promove maior inclusão.

Apesar dos avanços significativos, a transformação digital enfrenta desafios que requerem atenção contínua. Questões relacionadas à segurança cibernética, privacidade de dados e inclusão digital precisam ser abordadas de forma abrangente. Além disso, é fundamental garantir que a plataforma gov.br seja acessível e fácil de usar para todos os cidadãos, independentemente do nível de familiaridade com a tecnologia.

No entanto, os desafios também trazem oportunidades. A plataforma gov.br pode se beneficiar do uso de tecnologias emergentes, como inteligência artificial e análise de dados, para aprimorar ainda mais a experiência do usuário e otimizar a prestação de serviços.

Nesse processo, o *Chief Information Officer* (CIO) deve desempenhar um papel central na transformação digital da plataforma gov.br, como:

1. **Estratégia Tecnológica:** o CIO lidera a definição da estratégia tecnológica da plataforma gov.br, identificando as tecnologias-chave que impulsionarão a transformação digital e alinhando-as com os objetivos do governo.

2. **Seleção de Tecnologias:** o CIO é responsável por escolher as tecnologias apropriadas para a plataforma, garantindo que elas sejam seguras, escaláveis e capazes de atender às necessidades dos cidadãos.

3. **Integração de Sistemas:** a plataforma gov.br envolve a integração de sistemas e dados de diversos órgãos governamentais. O CIO lidera esse esforço, garantindo que a interoperabilidade seja alcançada de maneira eficiente.

4. **Segurança e Privacidade:** a segurança cibernética e a proteção de dados são prioridades essenciais. O CIO implementa medidas de segurança robustas para proteger as informações dos cidadãos e garantir a conformidade com regulamentações de privacidade.

5. **Inovação Contínua:** o CIO busca constantemente oportunidades de inovação, explorando novas tecnologias que possam aprimorar a plataforma gov.br e oferecer serviços mais eficientes e personalizados.

A transformação digital promovida pela plataforma gov.br tem paralelos interessantes com o caso da Estônia, país conhecido por sua abordagem inovadora na prestação de serviços governamentais digitais. A Estônia implementou uma série de soluções tecnológicas, como a identificação digital e assinaturas eletrônicas que revolucionaram a interação entre o governo e os cidadãos. Ambos os casos demonstram que a transformação digital é capaz de superar obstáculos históricos e culturais, promovendo eficiência, inclusão e simplificação dos serviços públicos. A abordagem centrada no cidadão e a adoção de tecnologias avançadas são fatores-chave para o sucesso da transformação digital, tanto no Brasil quanto na Estônia. De forma sintética, a tabela comparativa a seguir destaca as principais semelhanças, diferenças, resultados e tecnologias envolvidas nas transformações digitais promovidas pelo gov.br no Brasil e pela Estônia. Ambos os casos demonstram a importância da digitalização na melhoria da prestação de serviços públicos, com o CIO desempenhando um papel fundamental na condução dessas transformações.

Aspectos	Brasil (gov.br)	Estônia
Semelhanças	Abordagem centrada no cidadão; Identificação digital; Simplificação de processos; Eficiência governamental.	Abordagem centrada no cidadão; Identificação digital; Simplificação de processos; Eficiência governamental.
Diferenças	Maior escala e complexidade; Educação digital em andamento; Contexto político e cultural distintos.	Menor escala; Cultura digital estabelecida; Infraestrutura governamental ágil.
Resultados e Números	Mais de 100 milhões de usuários cadastrados; Economia de R$ 2 bilhões/ano; Ampliação do acesso a serviços.	99% dos serviços públicos online; Identidade digital universal; Tempo médio de 20 minutos para registrar uma empresa.

 Tecnologias	Plataforma gov.br; Identificação digital; Automação de processos; Integração de sistemas.	Identidade digital universal; Assinaturas eletrônicas; Automação tributária; Infraestrutura digital robusta.

De qualquer forma, é inegável que a plataforma gov.br representa uma transformação profunda na maneira como os serviços públicos são prestados no Brasil. Ao unificar serviços, simplificar processos e promover a inclusão digital, a plataforma gov.br demonstra o poder da tecnologia na melhoria da vida dos cidadãos e na otimização dos serviços governamentais. O papel do CIO é fundamental para garantir o sucesso dessa transformação, liderando a estratégia tecnológica, garantindo a segurança dos dados e impulsionando a inovação contínua. A plataforma gov.br não apenas modernizou a interação governo-cidadão, mas também serviu de exemplo para outras nações em busca de soluções digitais eficazes e centradas no cidadão.

CIO 5.0

O GUIA DEFINITIVO PARA LIDERAR A TRANSFORMAÇÃO DIGITAL

10 ABRAÇANDO O FUTURO: NAVEGANDO COM SUCESSO NA ERA DA TRANSFORMAÇÃO DIGITAL

Ação!

Ao final deste capítulo, você será capaz de:

- **Compreender os fundamentos e os passos essenciais da transformação digital.**
- **Definir uma visão clara e estabelecer objetivos tangíveis para a transformação.**
- **Avaliar a situação atual da organização e identificar áreas de melhoria.**
- **Envolver a liderança e promover uma cultura de transformação digital.**
- **Desenvolver um plano estratégico, implementá-lo com eficácia e capacitar a equipe para a jornada de transformação.**

Capítulo 10: Abraçando o Futuro: Navegando com Sucesso na Era da Transformação Digital

A transformação digital é um processo essencial para empresas que desejam se manter competitivas e relevantes no cenário atual. Este capítulo fornece um guia passo a passo para organizações que desejam embarcar e prosperar nesta nova era digital.

O início do capítulo enfatiza a importância de compreender o que realmente significa a transformação digital e seu impacto no cenário empresarial atual. Em seguida, são abordadas estratégias para definir uma visão clara e objetivos tangíveis que orientem o processo de transformação.

O capítulo também destaca a relevância de avaliar a situação atual da organização, envolver a liderança, estabelecer uma cultura organizacional alinhada, e definir prioridades. A escolha de tecnologias adequadas é outro ponto crucial, bem como o desenvolvimento e a implementação de um plano robusto. A formação e capacitação da equipe é salientada como vital para garantir que todos estejam equipados com as habilidades necessárias para a transformação. O último passo enfatiza a adaptabilidade, ressaltando que a transformação digital é um processo contínuo de evolução.

Finalmente, o capítulo conclui com insights sobre os próximos passos que as organizações podem seguir para continuar a sua jornada de transformação digital. Ao longo de todo o capítulo, o leitor é orientado sobre como navegar com sucesso nas turbulentas águas da era digital.

1. Passo 1: Compreendendo a Transformação Digital

Antes de iniciar qualquer jornada de transformação digital, é de vital importância compreender em profundidade o significado e o impacto dessa revolução tecnológica. A transformação digital transcende a mera adoção de tecnologias; é um processo holístico que redefine a forma como uma organização opera, interage com seus clientes e cria valor em um cenário cada vez mais conectado e digitalizado.

A transformação digital vai muito além da simples atualização de sistemas e softwares. Ela envolve uma mudança cultural e estratégica que permeia todos os aspectos de uma organização, desde a cultura interna até os processos de negócios e o relacionamento com os clientes. Em essência, é uma abordagem que abraça a tecnologia como uma alavanca para impulsionar a inovação, otimizar operações e criar outras formas de agregar valor.

A transformação digital tem o poder de redefinir setores inteiros e ditar o sucesso ou fracasso das organizações em um ambiente competitivo. Por exemplo, empresas que antes eram dominantes em seus mercados podem perder relevância rapidamente se não se adaptarem às mudanças digitais. Tome-se o exemplo da indústria de entretenimento, em que a ascensão das plataformas de streaming de vídeo revolucionou a forma como o conteúdo é produzido, distribuído e consumido. Empresas como a Netflix não apenas reinventaram o modelo de negócios, mas também transformaram a maneira como os espectadores interagem com o entretenimento.

A transformação digital é uma sinergia complexa de diversos elementos, que vão desde a implementação de novas tecnologias até a mudança de mentalidade dos colaboradores. Alguns dos principais elementos incluem:

- **Tecnologias Disruptivas**: as tecnologias emergentes, como inteligência artificial (IA), internet das coisas (IoT), análise de dados e blockchain, estão no cerne da transformação digital. Essas tecnologias têm o potencial de impulsionar a automação, a personalização e a tomada de decisões mais informadas.
- **Estratégia Digital**: uma estratégia clara é fundamental para guiar a transformação digital. Isso inclui estabelecer metas claras, identificar oportunidades de inovação e definir como as novas tecnologias serão integradas aos processos existentes.
- **Cultura Organizacional:** uma cultura que abraça a mudança, a experimentação e a colaboração é essencial. A transformação digital exige que todos os membros da organização estejam dispostos a adotar novas abordagens e desafiar o *status quo.*
- **Estrutura de Dados e Análise:** a capacidade de coletar, processar e analisar grandes volumes de dados é crucial para a transformação digital. Assim, a análise de dados oferece *insights* valiosos sobre os clientes, operações e tendências do mercado.
- **Experiência do Cliente**: a transformação digital coloca o cliente no centro de todas as atividades. Oferecer uma experiência do cliente aprimorada,

personalizada e multicanal é, portanto, fundamental para manter a competitividade.

Como vimos nos capítulos anteriores, o *Chief Information Officer* (CIO) desempenha um papel crítico na condução da transformação digital. O CIO é responsável por orquestrar a implementação de tecnologias, alinhar a estratégia digital com os objetivos de negócios e garantir que as iniciativas de transformação estejam em harmonia com a visão global da organização. Ele lidera a seleção e implementação de tecnologias disruptivas, como IA, IoT e análise de dados. Além disso, é responsável por supervisionar a estrutura de dados e análise, garantindo que a organização tenha as ferramentas necessárias para extrair *insights* valiosos dos dados coletados. Ressalta-se também que o CIO é um agente de mudança cultural, incentivando a colaboração, a inovação e a adaptação a novas formas de trabalho. Por isso, como líder tecnológico e visionário, desempenha um papel multifacetado e estratégico na transformação digital. Suas responsabilidades vão além da simples aquisição e implementação de tecnologias; ele é o arquiteto da estratégia digital da organização, garantindo que a transformação ocorra de maneira coerente e alinhada aos objetivos de negócios. As diversas dimensões do papel do CIO nesse contexto, seriam principalmente:

1. **Definição da Estratégia Digital**: o CIO é responsável por definir uma estratégia digital abrangente que orienta as iniciativas de transformação. Ele deve compreender as tendências tecnológicas emergentes, identificar oportunidades de inovação e alinhar a estratégia digital aos objetivos de negócios de longo prazo da organização.

2. **Seleção e Implementação de Tecnologias**: o CIO lidera a seleção e implementação de tecnologias disruptivas que impulsionam a transformação digital. Ele avalia as soluções tecnológicas mais adequadas às necessidades da organização e garante que sejam implementadas de maneira eficaz e integradas aos processos existentes.
3. **Gestão da Infraestrutura Tecnológica**: o CIO supervisiona a infraestrutura tecnológica, garantindo a disponibilidade, escalabilidade e segurança dos sistemas e aplicativos utilizados na transformação digital. Ele deve lidar com desafios como a integração de sistemas legados com novas tecnologias e a adoção de práticas de cibersegurança robustas.
4. **Inovação e Experimentação**: a transformação digital requer uma cultura de inovação e experimentação. O CIO desempenha um papel fundamental ao incentivar a experimentação de novas tecnologias, abordagens e modelos de negócios. Ele deve estar disposto a adotar riscos calculados para impulsionar a inovação.
5. **Governança de Dados e Análise**: a gestão eficaz dos dados é um componente crítico da transformação digital. O CIO estabelece políticas de governança de dados, garantindo a qualidade, integridade e conformidade dos dados. Além disso, ele lidera a implementação de soluções de análise de dados para extrair *insights* valiosos.

6. **Liderança Cultural e Transformação**: a transformação digital envolve uma mudança cultural profunda. O CIO é um líder que deve inspirar e envolver a equipe, promovendo a mentalidade de transformação e incentivando a colaboração interdepartamental.

Um exemplo concreto do papel do CIO na transformação digital é o da Maersk, uma gigante da indústria de transporte marítimo. O CIO da Maersk liderou uma transformação digital que envolveu a implementação de soluções baseadas em IoT para monitorar e otimizar a operação de contêineres, resultando em maior eficiência operacional e economia significativa de custos. Outro exemplo é o da Coca-Cola, na qual o CIO liderou a implementação de soluções de análise de dados para entender melhor o comportamento do consumidor e personalizar campanhas de marketing em tempo real. Essa abordagem orientada por dados permitiu que a empresa aumentasse o envolvimento do cliente e a eficácia de suas estratégias de marketing.

Como sempre replicado aqui, o CIO desempenha um papel central e estratégico na transformação digital. Ele é responsável por definir a estratégia digital, selecionar e implementar tecnologias inovadoras, liderar a mudança cultural e garantir que a organização esteja alinhada com os objetivos de negócios. A compreensão dessa função é fundamental para garantir que a transformação digital seja bem-sucedida, permitindo que a organização aproveite plenamente as oportunidades e os benefícios da revolução tecnológica.

Como também dito, a transformação digital é uma jornada complexa e multifacetada que tem o potencial de redefinir organizações e setores inteiros. E, por isso, compreender o significado da transformação digital, seus elementos-chave e o papel fundamental do CIO é essencial para aproveitar plenamente as oportunidades.

2. Passo 2: Definindo uma Visão e Objetivos Claros

A transformação digital não é um objetivo vago; é uma jornada estratégica que requer uma visão clara e objetivos bem definidos. Neste segundo passo, como abordado anteriormente, é importante estabelecer uma visão sólida e definir objetivos claros para direcionar e medir o sucesso da sua transformação digital.

Uma visão *clara* é como um farol que orienta a transformação digital. Ela oferece uma imagem inspiradora e aspiracional do futuro desejado da organização após a conclusão da transformação. Uma visão *envolvente* ajuda a motivar e alinhar a equipe, proporcionando um senso de propósito e direção. Ao comunicar uma visão convincente, os líderes podem inspirar a equipe a abraçar a mudança e se esforçar para alcançar resultados excepcionais.

Além disso, a definição de objetivos claros – que podem incluir o uso da metodologia SMART e outras vistas no capítulo 6 – é fundamental para medir o progresso e garantir que a transformação digital esteja gerando resultados tangíveis. De qualquer forma, os objetivos devem ser:

- **Específicos**: são objetivos claros e bem definidos, deixando pouca margem para interpretação.
- **Mensuráveis**: podem ser quantificados para avaliar o progresso e o sucesso.
- **Alcançáveis**: são realistas e viáveis, considerando os recursos e capacidades da organização.
- **Relevantes**: estão alinhados com a visão e a estratégia de negócios.
- **Temporais**: têm prazos definidos para criação de um senso de urgência e foco.

Para ilustrar, vamos considerar a meta: "aumentar as vendas online em 20% nos próximos 12 meses". Este objetivo atende aos critérios SMART:

- **Específico**: o objetivo é aumentar as vendas online.
- **Mensurável**: a medição é clara: um aumento de 20% nas vendas online.
- **Alcançável**: com base na análise de dados e tendências de mercado, a meta de 20% é viável.
- **Relevante**: aumentar as vendas online está alinhado com a estratégia de negócios de expansão digital.
- **Temporais**: o prazo é definido em 12 meses.

Outro exemplo pode ser o de melhorar a experiência do cliente. Um objetivo SMART poderia ser: "Reduzir o tempo de resposta médio do atendimento ao cliente para menos de 1 hora até o final do próximo trimestre". Esse objetivo aborda especificamente a experiência do cliente, é mensurável, alcançável, relevante para a satisfação do cliente e tem um prazo definido.

Para definir uma visão e objetivos claros, as organizações podem se apoiar em tecnologias que facilitam o processo de estabelecimento e acompanhamento de metas. Algumas ferramentas tecnológicas úteis incluem:

1. **Plataformas de Gestão de Projetos**: ferramentas como o Asana, Trello ou Jira podem ajudar a definir, monitorar e coordenar os objetivos de transformação digital em toda a organização.
2. **Ferramentas de Análise de Dados**: soluções como o Google Analytics ou ferramentas de análise internas podem auxiliar na medição do progresso em relação a metas quantitativas, como aumento nas vendas online.
3. **Plataformas de Comunicação**: ferramentas de comunicação interna, como o Slack ou o Microsoft Teams, permitem que os membros da equipe colaborem, compartilhem informações e se mantenham alinhados em relação aos objetivos.
4. **Sistemas de Gestão de Desempenho**: plataformas como o *Balanced Scorecard ou* o OKR (*Objectives and Key Results*) auxiliam na definição de objetivos, indicadores de desempenho e metas tangíveis.

Um caso de sucesso notável é o da General Electric (GE). Quando enfrentou desafios em suas operações, a GE estabeleceu a visão de se tornar uma "empresa digital industrial". Seus objetivos

SMART incluíam a digitalização de processos de fabricação e a criação de uma plataforma de análise de dados para melhorar a eficiência operacional. A visão e os objetivos claros impulsionaram a GE a implementar soluções tecnológicas inovadoras, resultando em economias substanciais de custos e ganhos de produtividade.

Nesse processo de definição de metas e objetivos claros, o *Chief Information Officer* (CIO), ou Diretor de Tecnologia da Informação, desempenha um papel fundamental. O CIO é o líder tecnológico da organização e tem a expertise necessária para alinhar a estratégia de transformação digital com os objetivos de negócios. Como vimos durante os capítulos anteriores, o CIO pode atuar nesse processo de definição de visão e metas, especialmente nos itens abaixo:

1. Alinhamento Estratégico: o CIO trabalha em colaboração com a alta administração para entender a estratégia global da empresa e como a transformação digital se encaixa nessa visão. Com base nesse entendimento, o CIO pode contribuir para a definição de uma visão digital que esteja alinhada aos objetivos de negócios de longo prazo.

2. Identificação de Oportunidades Tecnológicas: o CIO é responsável por identificar as tecnologias emergentes que podem impulsionar a transformação digital da organização. Com seu conhecimento profundo das tendências tecnológicas, o CIO pode sugerir soluções inovadoras que ajudarão a alcançar os objetivos estabelecidos. Por exemplo, ele pode sugerir o uso de análise de dados avançada para melhorar a experiência do cliente, ou a implementação de inteligência artificial para automatizar processos internos.

3. **Definição de Métricas e Indicadores:** o CIO desempenha um papel crucial na definição de métricas e indicadores que ajudarão a medir o progresso da transformação digital. Com base nos objetivos SMART, o CIO pode determinar quais métricas são relevantes e como elas serão coletadas e monitoradas. Por exemplo, se o objetivo é aumentar as vendas online, o CIO pode estabelecer indicadores como o número de transações online ou a taxa de conversão.

4. **Seleção de Ferramentas Tecnológicas:** com base nos objetivos definidos, o CIO pode orientar a seleção das ferramentas tecnológicas apropriadas para suportar a transformação digital. Ele pode avaliar e escolher plataformas de análise de dados, sistemas de gestão de projetos e outras soluções que ajudarão a atingir as metas estabelecidas.

5. **Gerenciamento da Implementação:** uma vez que a visão e os objetivos estejam claros, o CIO lidera a implementação das soluções tecnológicas necessárias. Isso inclui supervisionar a integração de sistemas, a configuração de ferramentas e o treinamento da equipe. O CIO garante que as tecnologias escolhidas sejam implementadas de maneira eficaz e alinhadas aos objetivos estratégicos.

6. **Monitoramento e Avaliação:** o CIO continua desempenhando um papel ativo no monitoramento e avaliação dos resultados da transformação digital. Ele analisa regularmente os indicadores de desempenho, identifica desvios em relação às metas e faz ajustes conforme necessário. O CIO também comunica os progressos e resultados alcançados aos principais *stakeholders* da organização.

Para ilustrar a importância do CIO neste passo, suponha que uma empresa de varejo esteja passando por uma transformação digital com o objetivo de melhorar a experiência do cliente. O CIO desempenharia o seguinte papel:

- **Alinhamento Estratégico**: o CIO trabalha com a liderança para entender que uma experiência de compra online aprimorada é fundamental para o crescimento da empresa.
- **Identificação de Oportunidades Tecnológicas**: o CIO sugere a implementação de um sistema de análise de dados para entender o comportamento do cliente e personalizar as ofertas.
- **Definição de Métricas e Indicadores**: o CIO propõe indicadores como taxa de abandono de carrinho, tempo médio de navegação no site e taxa de conversão como métricas para medir o sucesso.
- **Seleção de Ferramentas Tecnológicas**: o CIO lidera a seleção e implementação de um sistema de análise de dados e uma plataforma de personalização de marketing.
- **Gerenciamento da Implementação**: o CIO garante que as equipes de TI e marketing estejam alinhadas na implementação das soluções escolhidas.
- **Monitoramento e Avaliação**: o CIO monitora regularmente os indicadores de desempenho e ajusta as estratégias com base nos resultados, assegurando que a experiência do cliente seja aprimorada.

Definir uma visão e objetivos claros é um passo essencial na jornada de transformação digital. Uma visão inspiradora e objetivos SMART direcionam a ação, motivam a equipe e fornecem um meio de avaliar o progresso. Tecnologias facilitadoras, como ferramentas de gestão de projetos e análise de dados, podem fortalecer a definição e monitoramento dos objetivos. Exemplos da indústria, como a GE, demonstram como a definição de metas claras pode levar a resultados tangíveis e impactantes. Portanto, ao embarcar na transformação digital, é importante começar com uma visão sólida e objetivos SMART para orientar a jornada rumo ao sucesso digital. E, nesse contexto, o CIO desempenha um papel crucial na definição de uma visão e objetivos claros para a transformação digital, haja vista que sua experiência em tecnologia, alinhamento estratégico e habilidades de gestão são essenciais para direcionar a jornada de transformação e garantir que os objetivos SMART sejam alcançados com sucesso.

3. Passo 3: Avaliando a Situação Atual

Avaliar a situação atual da empresa é um passo crítico na jornada de transformação digital. Esse processo envolve uma análise profunda dos sistemas, procedimentos, cultura organizacional e competências existentes. Ao compreender as forças e fraquezas internas, bem como as ameaças e oportunidades externas, a empresa estará mais bem preparada para planejar e implementar a transformação digital de maneira eficaz. A realização de uma avaliação abrangente da situação atual e sua importância na condução bem-sucedida da transformação digital teria, como principais itens:

1. Análise dos Processos de Negócios: a primeira etapa na avaliação da situação atual é analisar os processos de negócios existentes. Isso inclui identificar os fluxos de trabalho, os pontos de contato com os clientes, os sistemas utilizados e os gargalos que podem afetar a eficiência. Por exemplo, uma empresa de manufatura pode identificar processos de produção que são demorados e propensos a erros. Por meio da transformação digital, esses processos podem ser otimizados pela automação e pela integração de sistemas.

2. Avaliação da Infraestrutura Tecnológica: é essencial avaliar a infraestrutura tecnológica existente para determinar se ela está pronta para suportar a transformação digital. Isso inclui sistemas de TI, redes, bancos de dados e outros ativos tecnológicos. Se a infraestrutura atual for obsoleta ou incompatível com as novas tecnologias que serão implementadas, pode ser necessário realizar atualizações ou migrações. Por exemplo, um varejista que deseja implementar um sistema de gerenciamento de inventário baseado em nuvem precisa garantir que sua infraestrutura de rede possa suportar o tráfego de dados necessário.

3. Avaliação da Cultura Organizacional: a cultura organizacional desempenha um papel fundamental na transformação digital. É importante avaliar se a cultura atual da empresa é receptiva à mudança e à adoção de novas tecnologias. Isso envolve a análise da mentalidade dos funcionários em relação à tecnologia, sua disposição para aprender e se adaptar, e se existe uma cultura de inovação. Por exemplo, uma empresa tradicional com uma cultura hierárquica pode enfrentar desafios na adoção de ferramentas colaborativas baseadas em nuvem.

4. Identificação de Pontos Fracos e Fortes: durante a avaliação da situação atual, é crucial identificar os pontos fracos e fortes da empresa. Isso pode envolver a análise de indicadores de desempenho, feedback dos clientes, avaliações de funcionários e dados financeiros. Por exemplo, um varejista pode descobrir que sua plataforma de comércio eletrônico tem uma alta taxa de abandono de carrinho, indicando um ponto fraco na experiência do cliente. Por outro lado, eles podem ter uma equipe de atendimento ao cliente altamente eficiente, que é um ponto forte a ser capitalizado.

5. Identificação de Áreas de Oportunidade: ao avaliar a situação atual, é importante identificar as áreas de oportunidade que podem ser aprimoradas por meio da transformação digital. Isso pode envolver a análise das tendências de mercado, a compreensão das necessidades dos clientes e a identificação de lacunas nos processos existentes. Por exemplo, um banco pode identificar a oportunidade de oferecer serviços bancários móveis mais intuitivos e convenientes para atender às demandas dos clientes por conveniência.

6. Identificação de Obstáculos e Desafios: a avaliação da situação atual também deve incluir a identificação de possíveis obstáculos e desafios que podem surgir durante a transformação digital. Isso pode envolver a análise das restrições orçamentárias, a resistência à mudança por parte dos funcionários, a concorrência acirrada ou mesmo barreiras regulatórias. Por exemplo, uma empresa de saúde que deseja implementar registros médicos eletrônicos pode enfrentar desafios relacionados à segurança e privacidade dos dados dos pacientes.

Durante a avaliação da situação atual, várias tecnologias podem ser utilizadas para coletar e analisar dados de maneira eficiente. Algumas dessas tecnologias incluem:

- **Análise de Dados**: ferramentas de análise de dados podem ajudar a extrair *insights* valiosos dos dados existentes, permitindo uma compreensão mais profunda dos processos, desempenho e tendências.
- **Pesquisas Online e Feedback dos Clientes**: plataformas de pesquisa online e coleta de feedback dos clientes podem ser usadas para obter informações sobre a experiência do cliente e suas necessidades.
- **Análise de Sentimento Social:** ferramentas de análise de sentimento social podem rastrear as conversas online sobre a empresa e identificar percepções positivas e negativas.
- **Plataformas de Automação de Processos:** essas plataformas podem automatizar a coleta e análise de dados, agilizando o processo de avaliação.

Para ilustrar, imagine uma cadeia de restaurantes deseja realizar uma transformação digital para melhorar a eficiência operacional e a experiência do cliente. Nesse cenário, o CIO lidera uma análise dos processos de atendimento ao consumidor, identificando gargalos e áreas onde a automação pode ser implementada para agilizar o processo de pedidos e entrega.

Além disso, ele avalia a infraestrutura tecnológica atual, identificando, por exemplo, que os sistemas de ponto de venda são desatualizados e incapazes de integrar-se a um aplicativo de pedidos móveis. O CIO analisa a cultura organizacional e identifica resistência à adoção de tecnologia entre os funcionários do restaurante. Ele propõe programas de treinamento para capacitar a equipe na utilização das novas soluções tecnológicas. Por meio de ferramentas de análises de dados, o CIO identifica que os clientes frequentemente abandonam o ciclo de pedidos online devido a um processo complicado. Isso é identificado como um ponto fraco a ser abordado. Noutro turno, o CIO identifica uma oportunidade de melhoria ao observar que os tempos de espera nas filas dos restaurantes são longos. Ele propõe a implementação de quiosques de autoatendimento para agilizar o processo de pedidos. Por fim, o CIO também identifica o desafio de garantir a segurança dos dados dos clientes no aplicativo de pedidos móveis, considerando regulamentações de privacidade. Isso é considerado ao planejar a implementação.

Avaliar a situação atual é um passo fundamental na jornada de transformação digital. Por isso, o CIO desempenha um papel crucial na identificação de áreas de melhoria, oportunidades e obstáculos, além de ajudar a empresa a entender como suas operações e cultura organizacional podem ser alinhadas com a transformação digital. Uma avaliação abrangente permitirá que a empresa direcione seus esforços para áreas de maior impacto e garanta uma transformação digital bem-sucedida.

4. Passo 4: Envolvendo a Liderança e a Cultura Organizacional

A transformação digital é uma jornada que transcende as tecnologias e sistemas implementados. Ela requer uma mudança cultural profunda e o envolvimento ativo da liderança da organização para que seja verdadeiramente eficaz. Neste capítulo, mergulharemos nos detalhes do Passo 4 da transformação digital: envolver a liderança e cultivar uma cultura organizacional voltada para a inovação e a mentalidade digital.

O envolvimento da liderança é fundamental para o sucesso da transformação digital. A alta direção da organização precisa entender, apoiar e comunicar a visão da transformação digital. Isso envolve:

- **Definir a Visão:** a liderança deve definir uma visão clara do que a transformação digital representa para a organização. Eles devem comunicar essa visão de forma inspiradora para engajar e alinhar a equipe em torno do objetivo comum.
- **Comprometimento Demonstrado:** a liderança deve demonstrar seu comprometimento pessoal com a transformação digital. Isso pode envolver a alocação de recursos, o estabelecimento de metas e a participação ativa em iniciativas-chave.
- **Tomada de Decisão Orientada por Dados:** a liderança deve liderar pelo exemplo, tomando decisões informadas por dados e análises. Isso cria uma cultura de base em que a tomada de decisões é baseada em evidências e *insights*.

Uma cultura organizacional que valoriza a inovação e abraça a mentalidade digital é essencial para sustentar a transformação digital. Aqui estão alguns passos-chave para promover essa cultura:

- **Estímulo à Experimentação:** incentive a equipe a experimentar novas abordagens e soluções. Isso inclui permitir o fracasso como parte do processo de aprendizado e encorajar a busca de novas ideias.
- **Colaboração Interdepartamental:** fomente a colaboração entre diferentes departamentos e equipes. A transformação digital muitas vezes requer a integração de diferentes funções para alcançar resultados holísticos.
- **Valorização da Aprendizagem Contínua:** promova a aprendizagem contínua e o desenvolvimento de habilidades digitais. Isso pode incluir programas de treinamento, workshops e recursos de aprendizado online.
- **Reconhecimento da Inovação:** reconheça e celebre as iniciativas de inovação bem-sucedidas. Isso motiva a equipe a continuar procurando maneiras de melhorar e impulsiona uma cultura de excelência.

Para ilustrar, imagine uma empresa de tecnologia está passando por uma transformação digital para melhorar a agilidade no desenvolvimento de produtos e aprimorar a experiência do cliente. O CIO desempenha um papel crucial neste processo:

- **Definindo a Visão:** o CIO trabalha com a alta liderança para definir uma visão clara de como a transformação digital ajudará a empresa a desenvolver produtos inovadores mais rapidamente e oferecer uma experiência do cliente excepcional.
- **Comprometimento Demonstrado:** o CIO alocou um orçamento significativo para a transformação digital, demonstrando o comprometimento da liderança em investir nos recursos necessários. Ele também participa regularmente de reuniões de acompanhamento para revisar o progresso e tomar decisões informadas.
- **Promovendo a Cultura de Inovação:** o CIO lidera a implementação de um programa de incentivo à inovação, no qual os funcionários são encorajados a apresentar ideias criativas para melhorar os processos de desenvolvimento de produtos e solucionar desafios.
- **Mentalidade Digital:** o CIO introduz workshops de capacitação em habilidades digitais para toda a equipe de tecnologia. Ele também promove uma abordagem colaborativa, incentivando a colaboração entre desenvolvedores, designers e profissionais de marketing.

Para promover uma cultura de inovação e mentalidade digital, o CIO pode utilizar tecnologias como:

- **Plataformas de Colaboração:** ferramentas como Slack, Microsoft Teams ou Trello permitem a colaboração e a comunicação eficaz entre equipes, independentemente de sua localização geográfica.

- **Plataformas de Aprendizado Online:** plataformas como Udemy, Coursera ou LinkedIn Learning oferecem cursos e recursos de aprendizado online para desenvolvimento de habilidades digitais.
- **Ferramentas de Feedback e Reconhecimento:** ferramentas como o TINYpulse permitem que os funcionários forneçam feedback regular e reconheçam as contribuições uns dos outros.

O Passo 4 da transformação digital envolve o envolvimento ativo da liderança e a promoção de uma cultura organizacional que valorize a inovação e a mentalidade digital. Novamente, o CIO desempenha um papel vital na definição da visão, no comprometimento demonstrado e na criação de um ambiente propício à transformação digital. Ao promover uma cultura de experimentação, colaboração e aprendizado contínuo, a empresa estará bem posicionada para enfrentar os desafios e aproveitar as oportunidades da era digital.

5. Passo 5: Definindo Prioridades

Após compreender a transformação digital, estabelecer uma visão clara e avaliar a situação atual, é hora de definir as prioridades para sua jornada de transformação. Cada organização é única e, portanto, as áreas-chave a serem transformadas podem variar significativamente. Identificar essas áreas é crucial para direcionar seus esforços e recursos de maneira eficaz.

Por isso, definir prioridades é fundamental para garantir que a transformação digital seja direcionada para as áreas que realmente impulsionarão o crescimento e a eficiência do negócio. Ao identificar as áreas-chave, você pode concentrar seus recursos e energia nas iniciativas que têm o potencial de trazer os maiores benefícios. Além disso, ao ter uma lista clara de prioridades, você evita a dispersão de esforços em várias direções e maximiza o impacto de suas ações.

Vamos considerar alguns exemplos de prioridades comuns em diferentes setores:

1. **Varejo:** melhorar a experiência do cliente nas lojas físicas e online, incorporando tecnologias como realidade aumentada para permitir que os clientes visualizem produtos antes de comprá-los.
2. **Saúde:** implementar telemedicina e sistemas de prontuário eletrônico para melhorar a acessibilidade dos pacientes aos cuidados de saúde e otimizar os processos internos.
3. **Indústria Manufatureira:** utilizar a Internet das Coisas (IoT) para monitorar a produção em tempo real, otimizar a cadeia de suprimentos e reduzir o tempo de inatividade das máquinas.
4. **Serviços Financeiros:** desenvolver aplicativos móveis e plataformas online para oferecer serviços bancários e de investimento de forma conveniente e segura.

Para definir as prioridades, é importante contar com dados e análises que embasem suas decisões. Aqui estão algumas tecnologias e ferramentas que podem ser utilizadas nesse processo:

1. **Análise de Dados:** utilize dados históricos e métricas de desempenho para identificar quais áreas do negócio estão gerando maior valor e quais precisam de melhorias.
2. **Modelagem de Negócios:** ferramentas de modelagem permitem simular diferentes cenários e entender como as mudanças em uma área afetarão outras partes do negócio.
3. **Automação de Processos:** identifique processos manuais que podem ser automatizados para aumentar a eficiência e reduzir erros.
4. **Pesquisa de Mercado:** realize pesquisas para entender as necessidades e expectativas dos clientes, identificando as áreas que mais impactam sua satisfação.

O *Chief Information Officer* (CIO) é extremamente importante na definição de prioridades na transformação digital. Como líder de tecnologia da organização, o CIO deve colaborar com as equipes de liderança e entender as metas estratégicas do negócio. Ao conhecer as tecnologias disponíveis e suas aplicações, o CIO pode fornecer *insights* valiosos sobre quais áreas podem se beneficiar mais da transformação digital.

O CIO também pode conduzir análises detalhadas para avaliar o potencial de retorno sobre o investimento (ROI) de cada iniciativa. Ao considerar fatores como custo, complexidade de implementação e impacto nos resultados, o CIO pode ajudar a identificar as prioridades que proporcionarão os maiores ganhos.

Um exemplo real de como a definição de prioridades pode impulsionar a transformação digital é o caso do Nubank. Quando a *fintech* brasileira surgiu, seu foco era oferecer um cartão de crédito sem taxas anuais e com uma experiência digital inovadora. Isso permitiu ao Nubank estabelecer uma base sólida de clientes e ganhar reconhecimento no mercado.

No entanto, à medida que crescia, o Nubank identificou a oportunidade de diversificar seus serviços e se tornar uma plataforma financeira abrangente. A empresa definiu a expansão para produtos como conta digital e empréstimos pessoais como prioridades estratégicas. Essa decisão foi baseada na análise das necessidades dos clientes e nas tendências do mercado de serviços financeiros.

O papel do CIO no caso do Nubank foi essencial para identificar as tecnologias adequadas que viabilizariam essa expansão. A equipe de tecnologia liderada pelo CIO desenvolveu aplicativos móveis, sistemas de processamento de pagamentos e plataformas seguras para suportar a oferta de novos serviços. Além disso, o CIO trabalhou em colaboração com os líderes de negócios para garantir que a estratégia de transformação digital estivesse alinhada com as metas gerais da empresa.

Definir prioridades na transformação digital é um passo crítico que orienta os esforços de toda a organização. Ao compreender a importância de direcionar os recursos para as áreas que mais impactam o negócio, as empresas podem maximizar os benefícios da transformação digital e o CIO desempenha um papel central nesse processo: fornecendo *insights*, análises e expertise tecnológica para ajudar a identificar as melhores oportunidades. Ao seguir esse passo, as empresas estarão preparadas para avançar em direção a uma transformação digital bem-sucedida e alinhada com sua estratégia de negócios.

6. Passo 6: Escolhendo Tecnologias Adequadas

A escolha das tecnologias certas é um dos pilares fundamentais da transformação digital de uma organização. Neste passo capital, as empresas pesquisam, avaliam e selecionam as ferramentas e soluções que melhor atendem às suas necessidades específicas. A escolha criteriosa de tecnologias é essencial para garantir que a transformação digital seja bem-sucedida e capaz de impulsionar a inovação, eficiência e competitividade.

Isso porque as tecnologias escolhidas desempenharão um papel fundamental em como a organização operará, interagirá com os clientes, otimizará processos e alcançará seus objetivos de negócios. A seleção inadequada pode resultar em incompatibilidades, dificuldades de integração e altos custos de manutenção. Portanto, é crucial adotar uma abordagem estratégica e cuidadosa para identificar as tecnologias que melhor se alinham às metas da transformação digital daquela empresa. Alguns exemplos de tecnologias que impulsionam a Transformação Digital seriam:

1. **Sistemas de Gerenciamento de Relacionamento com o Cliente (CRM):** um CRM é uma ferramenta essencial para melhorar o relacionamento com os clientes, coletar dados valiosos e fornecer *insights* sobre o comportamento do cliente.

2. **Automação de Processos:** a automação de processos permite que tarefas manuais e repetitivas sejam executadas automaticamente, aumentando a eficiência e reduzindo erros.

3. **Análise de Dados:** plataformas de análise de dados permitem que as empresas transformem grandes volumes de dados em *insights* acionáveis. A análise de dados ajuda na tomada de decisões informadas, identificação de tendências e antecipação de demandas do mercado.

4. **Inteligência Artificial (IA) e Aprendizado de Máquina:** a IA oferece oportunidades para automatizar tarefas complexas, melhorar a personalização e prever padrões. Exemplos incluem *chatbots* de atendimento ao cliente, algoritmos de recomendação de produtos e análises preditivas.

Contudo, é essencial que as tecnologias escolhidas se integrem bem umas com as outras, evitando silos de dados e sistemas isolados. Aqui estão algumas tecnologias que facilitam a integração e a interoperabilidade:

1. **APIs (Interfaces de Programação de Aplicativos):** APIs permitem que diferentes sistemas se comuniquem e compartilhem informações de forma eficiente. Por exemplo, uma empresa pode integrar seu sistema de CRM com seu sistema de automação de marketing usando APIs.

2. **Plataformas de Integração:** plataformas disponíveis no mercado oferecem recursos robustos de

integração, permitindo que aplicativos, dados e dispositivos se conectem de maneira transparente.

Novamente, o *Chief Information Officer* (CIO) desempenha um papel relevante na escolha das tecnologias adequadas. Isso porque precisa estar ciente das últimas tendências tecnológicas, compreender as necessidades da empresa e alinhar as tecnologias com a estratégia de negócios – o que demanda constante atualização e estudos. Além disso, o CIO deve avaliar as capacidades técnicas, a escalabilidade e a segurança das tecnologias escolhidas, de modo a garantir que atendam aos requisitos da organização.

Um exemplo notável de como a escolha das tecnologias certas impulsionou a transformação digital é o caso da Uber. A Uber revolucionou a indústria de transporte ao adotar uma abordagem baseada em tecnologia para conectar motoristas e passageiros. A empresa escolheu tecnologias como aplicativos móveis, geolocalização e pagamento digital para criar uma plataforma de compartilhamento de caronas inovadora. O CIO foi fundamental nessa jornada, liderando a equipe de tecnologia para desenvolver aplicativos intuitivos e confiáveis que permitissem aos usuários solicitarem e pagar por viagens de forma conveniente. Além disso, o uso de algoritmos de roteamento e aprendizado de máquina otimizou a alocação de motoristas e melhorou a experiência do cliente.

A escolha das tecnologias adequadas, portanto, é um passo essencial na transformação digital, e o CIO desempenha um papel crítico nesse processo. Ao compreender as necessidades da organização, pesquisar as opções disponíveis e garantir a integração eficaz das tecnologias, as empresas podem impulsionar a inovação, melhorar a eficiência operacional e obter vantagem competitiva em um mundo cada vez mais digital.

7. Passo 7: Desenvolvendo um Plano de Implementação

Após definir uma visão clara, estabelecer objetivos e escolher as tecnologias adequadas, o próximo passo crucial na jornada de transformação digital é criar um plano de implementação detalhado. Esse plano servirá como um guia estratégico para direcionar a organização por meio de mudanças digitais, garantindo que cada etapa seja cuidadosamente planejada e executada.

Assim, um plano de implementação bem elaborado é fundamental para garantir que a transformação digital ocorra de maneira eficaz e eficiente. Ele permite que a organização alinhe seus recursos, prioridades e esforços de equipe em direção aos objetivos definidos. Além disso, um plano detalhado ajuda a evitar obstáculos e desafios comuns que podem surgir durante o processo de transformação. De uma maneira simplista, os passos para o desenvolvimento desse plano seriam:

1. **Defina Etapas Claras:** divida o processo de transformação digital em etapas menores e mais gerenciáveis. Cada etapa deve ter um objetivo claro e mensurável. Por exemplo, se o objetivo é melhorar o atendimento ao cliente, uma etapa poderia ser a implementação de um *chatbot* de atendimento.
2. **Estabeleça Marcos:** defina marcos ou pontos de referência ao longo do processo de implementação. Isso

permite avaliar o progresso e identificar qualquer desvio do plano original. Os marcos podem ser cronogramas específicos, metas de desempenho ou outros indicadores-chave de sucesso.

3. **Aloque Recursos:** garanta que recursos adequados sejam alocados para cada etapa do plano. Isso inclui orçamento, equipe, tecnologia e tempo. Uma alocação cuidadosa de recursos é essencial para garantir que cada etapa seja executada com sucesso.
4. **Priorize Tarefas:** determine a ordem de execução das tarefas com base na importância estratégica e na dependência entre elas. Priorizar tarefas ajuda a manter o foco nas áreas que têm maior impacto na transformação digital.
5. **Defina Responsabilidades:** atribua responsabilidades claras para cada membro da equipe envolvida na implementação. Isso garante que todos saibam o que é esperado deles e promove a colaboração eficaz.
6. **Comunique-se:** a comunicação é fundamental durante a implementação. Mantenha a equipe e os *stakeholders* informados sobre o progresso, desafios e próximos passos. A transparência na comunicação ajuda a construir confiança e a manter todos 'alinhados'.

A Starbucks é um exemplo inspirador de como um plano de implementação bem-sucedido pode impulsionar a transformação digital. A empresa focou em melhorar a experiência do cliente e otimizar suas operações por meio de tecnologia inovadora. Em um dos seus passos de implementação, a Starbucks lançou o aplicativo móvel, permitindo que os clientes fizessem pedidos antecipados e pagassem pelo celular. Isso não apenas melhorou a conveniência para os clientes, mas também permitiu que a empresa coletasse dados valiosos sobre as preferências e comportamentos dos consumidores. Ao CIO coube liderar a equipe de tecnologia na concepção, desenvolvimento e implementação do aplicativo, assegurando que o aplicativo fosse intuitivo, seguro e capaz de se integrar ao sistema de ponto de venda existente.

Em resumo, o passo de desenvolvimento de um plano de implementação é fundamental para o sucesso da transformação digital. Ele fornece uma estrutura clara para garantir que as mudanças sejam executadas de maneira coordenada, eficaz e alinhada aos objetivos estratégicos da organização. Assim, o papel do CIO é o de liderar a seleção e a integração das tecnologias certas, garantindo que a implementação seja realizada com sucesso e que resulte em resultados positivos.

8. Passo 8: Implementando e Monitorando

O sucesso da transformação digital depende da execução eficaz do plano de implementação e da monitorização contínua dos resultados. Neste passo, as estratégias e tecnologias selecionadas começam a se materializar e impactar diretamente os processos e operações da organização. Vamos explorar em detalhes como implementar e monitorar as mudanças digitais, acompanhando de perto os resultados obtidos.

Após a fase de planejamento detalhado, é hora de colocar as estratégias em ação. Cada etapa do plano de implementação deve ser executada com foco na qualidade e na integração perfeita com os sistemas e processos existentes. As equipes responsáveis pela implementação devem colaborar de forma eficaz, comunicar-se regularmente e resolver quaisquer desafios que possam surgir ao longo do caminho.

Um exemplo notável de implementação bem-sucedida é a transformação digital da Domino's Pizza. A empresa investiu em uma plataforma de pedidos online intuitiva e eficiente, permitindo que os clientes fizessem pedidos com facilidade e personalizem suas refeições. O processo de implementação envolveu o desenvolvimento e teste rigoroso do aplicativo, a integração com os sistemas de cozinha e entrega, além da criação de uma experiência de usuário fluida. Como resultado, a Domino's conseguiu aumentar significativamente o volume de pedidos online e melhorar a satisfação do cliente.

Por isso, repisa-se: a transformação digital é um processo contínuo e o monitoramento constante é essencial para avaliar a eficácia das mudanças implementadas. O uso de métricas-chave ajuda a medir o impacto das iniciativas digitais e a identificar oportunidades de melhoria. Nesse sentindo, algumas métricas relevantes podem incluir:

1. **Aumento de Vendas:** acompanhe o aumento nas vendas online ou em canais digitais após a implementação das estratégias digitais. Por exemplo, uma empresa de varejo pode monitorar o aumento nas vendas através do comércio eletrônico.
2. **Redução de Custos Operacionais:** avalie se as tecnologias digitais estão contribuindo para a redução de

custos operacionais, como automação de processos que diminuem a necessidade de intervenção manual.

3. **Satisfação do Cliente:** realize pesquisas de satisfação do cliente para medir se as mudanças digitais estão melhorando a experiência do cliente. Isso pode incluir avaliações de usabilidade de aplicativos ou feedback sobre atendimento ao cliente.
4. **Eficiência Interna:** meça se as novas tecnologias estão otimizando os processos internos da organização, resultando em maior eficiência e produtividade.

Durante a implementação e monitoramento, várias tecnologias desempenham um papel crucial:

1. **Sistemas de Gerenciamento de Projetos:** ferramentas como o Jira e o Monday auxiliam na gestão das equipes, tarefas e cronogramas de implementação.
2. **Análise de Dados:** plataformas de análise de dados, como o Google Analytics e o Adobe Analytics, fornecem *insights* valiosos sobre o desempenho das iniciativas digitais.
3. **Automação de Processos:** ferramentas de automação, como o Zapier e o Integromat, permitem integrar diferentes sistemas e automatizar tarefas repetitivas.
4. **Feedback do Cliente:** plataformas de feedback do cliente, como o SurveyMonkey e o Qualtrics, permitem coletar e analisar opiniões dos clientes sobre as mudanças implementadas.

Nesse cenário, é responsabilidade do CIO garantir que as tecnologias selecionadas sejam implementadas de maneira eficaz e estejam alinhadas com a visão de transformação digital. Isso porque a ele cabe a liderança da equipe de tecnologia, supervisionando o processo de novas implementações, garantindo que os recursos sejam alocados de forma adequada.

O CIO também desempenha um papel fundamental na escolha das métricas-chave para monitorar e avaliar o progresso. Isso porque a ele caber garantir que os sistemas de análise de dados sejam configurados para rastrear as métricas relevantes e fornecer insights acionáveis. Além disso, o CIO é responsável por tomar decisões rápidas e eficazes para ajustar o plano de implementação, caso surjam desafios ou oportunidades inesperadas.

Assim, o passo de implementação e monitoramento é a fase concreta da transformação digital, onde as estratégias planejadas ganham vida e são testadas na prática. Ao executar as etapas do plano com eficiência e monitorar continuamente os resultados, as organizações podem garantir que a transformação digital seja bem-sucedida e alcance os objetivos desejados. O CIO é essencial nesse processo, pois lidera a implementação tecnológica, garantindo que as mudanças sejam integradas de maneira eficaz e resultem em resultados mensuráveis e positivos. Ao adotar uma abordagem estratégica e orientada a dados, as empresas podem enfrentar os desafios e aproveitar as oportunidades da era digital com confiança e sucesso.

9. Passo 9: Capacitando a Equipe

Uma das chaves para o sucesso na transformação digital é capacitar a equipe para adotar e utilizar eficazmente as novas tecnologias e processos. A mudança para um ambiente digital pode ser desafiadora para os colaboradores, especialmente aqueles que não estão familiarizados com as ferramentas e abordagens digitais. Neste passo, vamos explorar a importância de capacitar a equipe e como isso pode ser alcançado de forma eficaz. A capacitação da equipe é essencial porque a transformação digital requer uma mudança na maneira como as tarefas são executadas e os processos são gerenciados. Sem o devido treinamento, os funcionários podem se sentir perdidos ou inseguros ao adotar novas tecnologias, o que pode levar à resistência à mudança ou à utilização inadequada das ferramentas disponíveis.

Além disso, a capacitação adequada tem o potencial de aumentar a produtividade e a eficiência da equipe. Funcionários que se sentem confiantes em usar as novas tecnologias podem realizar suas tarefas de maneira mais eficaz, o que pode levar a um aumento na qualidade do trabalho e na satisfação do cliente.

Existem várias estratégias que podem ser adotadas para capacitar a equipe durante a transformação digital:

1. **Treinamento Personalizado:** ofereça treinamento personalizado com base nas funções e responsabilidades individuais dos funcionários. Isso garante que cada membro da equipe esteja recebendo as informações relevantes para o seu papel.
2. **Workshops e Sessões de Treinamento:** realize workshops e sessões de treinamento práticos, nos

quais os funcionários podem "aprender fazendo". Isso pode incluir simulações de uso das novas tecnologias em situações reais de trabalho.

3. **Recursos Online:** disponibilize recursos online, como tutoriais em vídeo, manuais e guias, para que os funcionários possam aprender no seu próprio ritmo.
4. **Mentoria Interna:** designe funcionários experientes para atuarem como mentores, auxiliando seus colegas na adoção das novas tecnologias.

A Microsoft é um exemplo de empresa que investe significativamente em programas de capacitação para a equipe durante transformações digitais. A empresa oferece uma plataforma chamada Microsoft Learn, que fornece cursos online e recursos de aprendizado para funcionários e desenvolvedores aprenderem a usar produtos e tecnologias da Microsoft. Essa abordagem ajuda a garantir que os colaboradores estejam bem-preparados para adotar novas soluções e aprimorar suas habilidades digitais.

Tecnologias desempenham um papel fundamental na capacitação da equipe durante a transformação digital:

1. **Plataformas de E-Learning:** plataformas como a Coursera, Udemy e LinkedIn Learning oferecem cursos online sobre uma variedade de tópicos relacionados à transformação digital.
2. **Realidade Virtual (RV) e Realidade Aumentada (RA):** essas tecnologias podem ser usadas para criar simulações interativas que permitem que os

funcionários pratiquem o uso de novas ferramentas em um ambiente controlado.

3. **Aplicativos de Treinamento:** desenvolva aplicativos personalizados que permitam que os funcionários pratiquem o uso das novas tecnologias em situações realistas.

O *Chief Information Officer* (CIO) desempenha um papel essencial na capacitação da equipe, pois é responsável por identificar as necessidades de treinamento da equipe e garantir que os recursos adequados sejam alocados para a capacitação. Também lhe cabe eventual colaboração com outros líderes para desenvolver estratégias de treinamento eficazes e selecionar as melhores tecnologias de aprendizado.

Além disso, o CIO pode fornecer liderança e orientação para os funcionários durante a capacitação, demonstrando a importância da transformação digital e incentivando a adoção das novas tecnologias. O CIO também pode medir o impacto da capacitação, monitorando a proficiência da equipe nas novas ferramentas e avaliando se os objetivos de treinamento estão sendo alcançados.

Como se pode deduzir, a capacitação da equipe é um passo crítico na transformação digital, pois determina a adoção eficaz das novas tecnologias e processos. Ao investir em treinamento personalizado, workshops, recursos online e tecnologias inovadoras, as organizações podem garantir que seus funcionários estejam bem-preparados para abraçar as mudanças digitais. Assim, o CIO é responsável por liderar a estratégia de capacitação, assegurando que os recursos apropriados sejam alocados e que a equipe esteja motivada e confiante para abraçar a era digital. Ao capacitar a equipe, as organizações podem maximizar o potencial da transformação digital e colher os benefícios de uma força de trabalho digitalmente capacitada e produtiva.

10. Passo 10: Adaptando-se e Evoluindo

A transformação digital não é apenas um destino, mas sim um contínuo e dinâmico processo de evolução. Neste último passo do nosso guia para a transformação digital, vamos explorar a importância de se adaptar e evoluir constantemente no cenário digital em constante mudança. A transformação digital não tem um ponto final definitivo. À medida que a tecnologia e as necessidades do mercado evoluem, as organizações devem estar preparadas para se adaptar e ajustar suas estratégias de transformação digital. A abordagem de "um e feito" simplesmente não se aplica à transformação digital, pois novas oportunidades e desafios surgem constantemente.

Por isso, a adaptação contínua é crucial para garantir que a organização permaneça relevante e competitiva na era digital, o que envolve estar atento às tendências tecnológicas emergentes e compreender como elas podem impactar seu setor. À medida que novas tecnologias surgem, como inteligência artificial avançada, análise preditiva e computação em nuvem, as empresas devem considerar como podem aproveitar essas ferramentas para impulsionar ainda mais sua transformação digital.

A Netflix é um exemplo notável de uma empresa que adotou uma abordagem de adaptação constante na era digital. A empresa começou como um serviço de entrega de DVD pelo correio e, ao perceber as mudanças no consumo de conteúdo, rapidamente se adaptou para se tornar uma plataforma de streaming líder. À medida que a tecnologia evoluiu, a Netflix continuou a inovar, incorporando recomendações de algoritmos avançados, criação de conteúdo original e personalização da experiência do usuário.

Uma abordagem baseada em dados é essencial para a adaptação e evolução bem-sucedidas na transformação digital. Ao implementar novas tecnologias e estratégias, é importante monitorar de perto os resultados e avaliar se os objetivos estão sendo alcançados. As métricas-chave, como aumento de receita, eficiência operacional e satisfação do cliente, devem ser constantemente avaliadas. Se os resultados não estiverem atendendo às expectativas, as organizações devem estar dispostas a fazer ajustes e refinamentos em sua abordagem. Isso pode envolver a experimentação com diferentes abordagens, a identificação de pontos fracos na implementação e a busca de oportunidades para otimização.

Várias tecnologias podem apoiar a adaptação e evolução contínuas na transformação digital:

- **Análise de Dados Avançada**: ferramentas de análise de dados avançada, como aprendizado de máquina e análise preditiva, podem fornecer *insights* valiosos sobre as tendências do mercado e o comportamento do cliente.
- **Inteligência Artificial (IA):** a IA pode ser usada para automatizar processos, personalizar experiências do cliente e tomar decisões baseadas em dados.

- **IoT (Internet das Coisas):** a IoT permite a coleta e análise de dados em tempo real a partir de dispositivos conectados, possibilitando uma compreensão mais profunda do desempenho do produto e das preferências do cliente.

O *Chief Information Officer* (CIO) deve estar atualizado com as últimas tendências tecnológicas e entender como elas podem ser aplicadas para impulsionar a transformação digital da organização. Além disso, deve liderar a avaliação dos resultados e a identificação de oportunidades de melhoria.

O CIO também pode desempenhar um papel fundamental na promoção de uma cultura de inovação e aprendizado contínuo dentro da organização. Isso envolve incentivar a equipe a experimentar novas tecnologias, abordagens e soluções, e estar disposto a aceitar erros como oportunidades de aprendizado.

Como dito, o décimo e último passo da transformação digital é um lembrete constante de que a mudança digital é uma jornada contínua, não um destino. Adaptar-se e evoluir no cenário digital em constante mudança é essencial para garantir que uma organização permaneça relevante, competitiva e preparada para enfrentar os desafios e oportunidades do mundo digital. A tecnologia continua a evoluir, e as organizações que abraçam essa evolução estão posicionadas para colher os benefícios da transformação digital a longo prazo. O papel do CIO nesse processo é fundamental, pois eles lideram a exploração de novas tecnologias, avaliam resultados e promovem uma cultura de adaptação e aprendizado constante.

11. Próximos passos para a transformação digital em sua organização

Como a transformação digital é um processo contínuo e dinâmico, após a implementação dos passos anteriores, é hora de olhar adiante e considerar os próximos passos para garantir o sucesso contínuo da transformação digital em sua organização. Nesta seção, exploraremos os passos essenciais que podem ser seguidos após a implementação inicial da transformação digital.

Após a implementação das mudanças digitais, é crucial realizar uma avaliação contínua para determinar o impacto das iniciativas de transformação. Isso envolve monitorar de perto as métricas-chave de desempenho, como aumento de receita, eficiência operacional e satisfação do cliente. A análise desses dados permitirá identificar o que está funcionando bem e onde podem ser necessários ajustes. A Amazon é um exemplo notável de uma empresa que realiza avaliações contínuas para otimizar sua transformação digital. A empresa constantemente analisa os dados de compras, preferências do cliente e padrões de uso para ajustar sua experiência de compra online. Eles refinam constantemente sua abordagem com base no feedback do cliente e nas análises de dados.

Algumas tecnologias, já abordadas ao longo deste livro, são impulsionadores para o processo de avaliação contínua, como:

- ***Business Intelligence* (BI):** plataformas de BI podem ajudar a visualizar e analisar dados de desempenho de forma significativa, permitindo uma compreensão mais profunda do impacto das iniciativas de transformação digital.

- **Analytics Avançada:** ferramentas de análise preditiva e de aprendizado de máquina podem revelar *insights* valiosos sobre padrões de comportamento do cliente e tendências do mercado.

A transformação digital deve ser vista como uma jornada de inovação contínua. À medida que novas tecnologias emergem e as expectativas dos clientes evoluem, a organização deve estar pronta para inovar e experimentar novas abordagens. A Apple, por exemplo, é conhecida por sua cultura de inovação constante. A empresa continua a lançar produtos revolucionários, como o iPhone e o iPad, ao mesmo tempo em que atualiza regularmente seus sistemas operacionais para melhorar a experiência do usuário.

Algumas tecnologias, já abordadas ao longo deste livro, são impulsionadores para o processo de Inovação Contínua, como:

- **Design Thinking:** uma abordagem centrada no cliente que envolve a exploração criativa de novas soluções para os desafios do cliente.

- **Hackathons e Laboratórios de Inovação:** ambientes onde as equipes podem experimentar novas ideias e desenvolver protótipos rapidamente.

Conforme a transformação digital avança, novas oportunidades podem surgir. Isso pode envolver a exploração de novos mercados, parcerias estratégicas ou até mesmo a expansão para novas linhas de negócios. O Google, originalmente um mecanismo de busca, expandiu-se para uma variedade de produtos e serviços, incluindo Android, Google Cloud e Google Workspace. Essa expansão permitiu que a empresa diversificasse suas fontes de receita e alcance.

Algumas tecnologias para aproveitar novas oportunidades seriam:

- **Plataformas de Nuvem:** a computação em nuvem permite escalabilidade e flexibilidade para experimentar novos produtos e serviços com rapidez.
- **Análise de Mercado:** ferramentas de análise de mercado podem ajudar a identificar oportunidades emergentes e lacunas no mercado.

Fato é que o CIO possui uma função capital na condução da continuidade da transformação digital, estando sempre atento às tendências tecnológicas em constante evolução, visando a entender como essas podem ser aproveitadas para impulsionar a inovação e o crescimento da organização. O CIO também é responsável por liderar a implementação de novas tecnologias e garantir que a infraestrutura de TI esteja alinhada com as metas de transformação digital.

Assim, os próximos passos para a transformação digital envolvem a avaliação contínua, a inovação constante e a exploração de novas oportunidades. Como replicado neste livro, a transformação digital é um processo dinâmico que exige adaptação contínua às mudanças no cenário digital e no ambiente de negócios. Ao seguir esses passos e contar com a liderança efetiva e proativa do CIO, a organização estará bem posicionada para abraçar a era digital e colher os benefícios de uma transformação bem-sucedida.

Sobre o autor

Fábio Correa Xavier

Diretor do Departamento de Tecnologia da Informação (CIO) do Tribunal de Contas do Estado de São Paulo.

Professor e Coordenador de Graduação e Pós-graduação, colunista do MIT Technology Review Brasil e do IT Fórum

Formação Acadêmica

Mestre em Ciência da Computação pela USP, com MBA em Gestão de Negócios pelo IBMEC/RJ, e Especialização Network Engineering pela JICA-Japão, possui ainda Pós-graduação em Lei Geral de Proteção de Dados, Pós-graduação em Direito Público, Pós-graduação em Gestão Pública e Responsabilidade Fiscal e Pós-graduação em Projetos de Redes.

Possui as certificações IAPP CIPM – *Certified Information Privacy Manager* e CDPO/BR – Certified Data Protection Officer

- Brazil. EXIN Privacy and Data Protection. (ISC)² Certified in Cibersecurity.

Resumo profissional

Profissional com mais de 30 anos de experiência na área de tecnologia e segurança da informação, com atuação em empresas de grande porte, do setor público e privado. Atuação por mais de quinze anos em atividades de ensino, como professor, coordenador de graduação, pós-graduação e coordenação geral. Avaliador de curso do BASIS do MEC/INEP e professor integrante das comissões assessoras do ENADE/2008 e ENADE/2011, na área de redes de computadores.

Alguns Prêmios e Reconhecimentos:

- Prêmio Case de Sucesso 2023 no 4CIO Public Sectors
- Prêmio IBGP 10 anos de Inovação no Setor Público com foco no Cidadão
- Palestrante Destaque no ENASTIC MP e TCs, 2023
- Executivo de TI finalista do Prêmio de Inovação Judiciário Exponencial - Edição 2022
- Ranking 100 Empresas + Inovadoras no Uso de TI 2020, 2021 e 2022 (TCESP)
- Prêmio Empresa +Digital 2020, categoria Governo
- Prêmio Security Leaders Case do Ano 2020, sendo um dos finalistas em 2019.
- Prêmio Ministro Gama Filho 2019, do Tribunal de Contas do Estado do Rio de Janeiro.
- Prêmio Nacional de Educação Fiscal 2019, da Febrafite
- Finalista do prêmio CIO Destaque no CIO Jud Nacional de 2019.

- CIO homenageado na cerimônia 4Network Awards 2019.
- Ganhador do Prêmio Security Leaders 2013, na área de Governo, sendo finalista em outras duas oportunidades: 2014 e 2018.

Trabalhos voluntários:

Secretário Executivo do Comitê Gestor de Tecnologia, Governança e Segurança da Informação dos Instituto Rui Barbosa – IRB.

Membro do Conselho de Administração do Instituto do Câncer Dr. Arnaldo.

http://www.fabioxavier.com.br/

https://www.linkedin.com/in/fabiocorreaxavier/

https://twitter.com/fabiocx

Livros e capítulos do autor

LGPD: boas práticas para os municípios brasileiros

A obra elucida os contornos sobre a utilização das informações e os impactos trazidos pela LGPD ao poder público, trazendo um arcabouço de orientações com base nas diretrizes elaboradas pela Autoridade Nacional de Proteção de Dados (ANPD) e nas boas práticas de governança voltadas aos entes públicos, além de estabelecer conceitos doutrinários desenvolvidos pelos maiores especialistas de privacidade e proteção de dados do país.

LGPD no Setor Público: Boas práticas para a jornada de adequação

Este livro apresenta uma coletânea de artigos sobre a aplicação da LGPD no setor público, apresentando boas práticas e recomendações dadas pela Autoridade Nacional de Proteção de Dados – ANPD, por meio de vários guias informativos, especialmente o Guia para Tratamento de Dados pelo Poder Público, o Guia de Segurança da Informação para Agentes de Tratamento de Pequeno Porte e o Guia Orientativo para Definições dos Agentes de Tratamento de Dados Pessoais e do Encarregado. O livro traz recomendações e boas práticas para o setor público em geral, abordando aspectos relacionados ao uso de técnicas de anonimização e pseudonimização, e outros temas relevantes sobre privacidade e proteção de dados.

Roteadores Cisco: Guia básico de configuração e operação

Este livro explica, passo a passo, a configuração e o funcionamento de um roteador Cisco. Apresenta também conceitos e componentes dos roteadores, comparando-os com computadores pessoais, o que facilita a compreensão e desmistifica esse equipamento tão importante.

Para obter-se uma leitura mais produtiva, apresentamos um cenário de rede fornecendo ao leitor as ferramentas (comandos e suas explicações) necessárias para configurá-la.

Esta obra destina-se a estudantes e profissionais de redes que desejam aprender como configurar um roteador Cisco e estão ingressando no fascinante mundo das redes.

Tecnologia, inovação e outros assuntos: em análise

Esta é uma obra que reúne os artigos, pensamentos e análises que foram publicados em diversas mídias, durante os anos de 2019 e 2020. A ideia é reunir em uma única obra os artigos que tratam de tecnologia, inovação, comportamento humano na área de TI, sem a intenção de se tornar uma referência, mas sim, mais uma fonte de informação complementar para os interessados nessa empolgante área da tecnologia da informação.

Cartilha de Governança em Proteção de Dados para Municípios

A Lei Geral de Proteção de Dados Pessoais já é uma realidade na Administração Pública. Considerando a aplicabilidade da LGPD, para que os municípios consigam atingir um nível adequado de conformidade das diretrizes previstas na Lei, faz-se necessário realizar a implementação da cultura de proteção de dados que corrobore com todas as esferas e sociedade.

Para atingir esse objetivo, a Rede Governança Brasil (RGB), juntamente com o Instituto Latino-Americano de Governança e Compliance Público (IGCP) e com apoio da Escola Nacional de Administração Pública (ENAP), acaba de lançar uma Cartilha, que foi elaborada pelo Comitê de LGPD da RGB, do qual o autor é um dos coordenadores.

Os Tribunais de Contas, a pandemia e o futuro do controle

Iniciativa do Instituto Rui Barbosa e coordenada pelo Conselheiro Edilberto Carlos Pontes Lima (TCE-CE), a obra tem como objetivo reunir reflexões sobre o futuro das instituições de controle em face das experiências institucionais com a pandemia do coronavírus tem o condão, em primeiro lugar, de prestar homenagem às vítimas diretas e indiretas dessa catástrofe.

Fábio Correa Xavier foi o autor do capítulo intitulado "**Passos mínimos necessários para a adequação à LGPD pelas Cortes de Contas brasileiras**".

Comentários à Lei Geral de Proteção de Dados Pessoais

A obra "Comentários à Lei Geral de Proteção de Dados Pessoais", da Editora Migalhas, reúne artigos dos principais especialistas da área e aborda ações para adequação, desafios e soluções.

Fábio Correa Xavier é autor do capítulo "**Ações para adequação à LGPD pela Administração Pública**".

www.fabioxavier.com.br

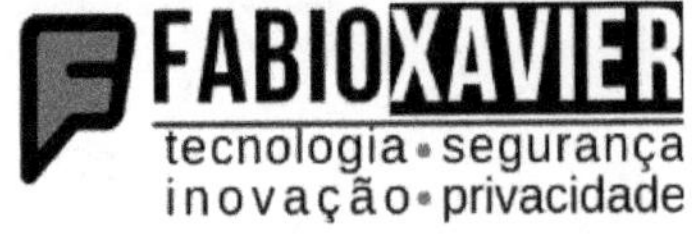

www.ingramcontent.com/pod-product-compliance
Lightning Source LLC
LaVergne TN
LVHW010534160826
845677LV00013B/2884

* 9 7 8 6 5 0 0 7 7 7 7 8 9 *